主 编　胡锦光

副主编　王 锴　郑 磊

备案审查研究

Journal of Regulations Filing and Review

2022

第 2 辑

总第4辑　北京航空航天大学备案审查制度研究中心　编

中国民主法制出版社

图书在版编目（CIP）数据

备案审查研究.2022年.第2辑/北京航空航天大学
备案审查制度研究中心编.—北京：中国民主法制出版
社，2022.10
　　ISBN 978-7-5162-2926-2

　　Ⅰ.①备… Ⅱ.①北… Ⅲ.①法律-研究-中国
Ⅳ.①D920.4

　　中国版本图书馆 CIP 数据核字（2022）第 175322 号

图书出品人：刘海涛
出 版 统 筹：贾兵伟
图 书 策 划：张　涛
责 任 编 辑：周冠宇

书名/ 备案审查研究　2022 年 第 2 辑
作者/ 北京航空航天大学备案审查制度研究中心　　编

出版·发行/ 中国民主法制出版社
地址/ 北京市丰台区右安门外玉林里 7 号（100069）
电话/（010）53055259（总编室）　　83910658　63056573（人大系统发行）
传真/（010）53055259
http：//www.npcpub.com
E-mail：mzfz@ npcpub.com
经销/ 新华书店
开本/ 16 开　710 毫米×1000 毫米
印张/ 18.5　**字数/** 236 千字
版本/ 2022 年 9 月第 1 版　2022 年 9 月第 1 次印刷
印刷/ 三河市宏图印务有限公司

书号/ ISBN 978-7-5162-2926-2
定价/ 68.00 元
出版声明/ 版权所有，侵权必究。

目 录 CONTENTS

特 稿

规章备案审查事项理解与把握问题探究　张豫青　张崇斌／1

主题探讨

"强制亲子鉴定"规定与上位法抵触分析　秦奥蕾　张梓建／19

计划生育从义务到权利的法律规范转向——以强制亲子鉴定为中心

　　刘练军　戴晓军／47

强制相对人协助合法性的双重法律保留检视——以强制亲子鉴定备审案为例

　　张子诚／86

理论研究

规范冲突概念的比较分析——以规范冲突的判断为中心　袁　勇／110

民族学校教学语言问题的宪法分析　张梦奇／132

备案审查制度的运行、影响及问题　卢剑峰　吴　泓／154

实务探讨（浙江专栏）

备案审查数字化改革的理念、方法与浙江实践　刘永华／180

新时代备案审查工作的浙江实践　王贤祥／189

地方规范性文件备案审查纠错案件化办理研究

　　——以审查报告构造为切入点　嘉兴市人大常委会法工委课题组／201

比较研究

德国联邦宪法法院对防疫立法的审查——"联邦紧急制动案I"评介　姚子骁／217

会议综述

备案审查案例分析的一次比较法研讨尝试——2021年备案审查比较研究
　国际研讨会会议综述　朱家玮／262
宪法解释的制度、方法和实践：中德宪法解释国际会议综述　张帅宇／275

特稿

规章备案审查事项理解与把握问题探究

张豫青　　张崇斌*

摘　要: 规章是中国特色社会主义法律规范体系的重要组成部分,加强对规章的备案审查监督,切实解决违反上位法问题,对于维护国家法治统一、保障宪法法律正确实施、推动"良法善治"具有重要意义。《法规规章备案条例》第十条规定了规章备案审查的五个事项,对这五个事项的理解和把握是做好备案审查和规章制定的关键。这五个事项涵盖合法性审查、合理性审查和程序性审查,需要通过梳理相关法律规定来厘清,也需要以实践为基础加以必要探讨来明确,推动理解和把握的有机统一,更加充分发挥备案审查制度作用,提高规章制定水平。

关键词: 规章　备案审查　审查事项　合法性　适当性

备案审查是重要的立法监督制度,自建立以来一直是与立法工作同频共振、互动发展。在立法监督中监督与被监督的目的是一致的,都是为了维护国家法治统一、保障宪法法律实施、推动"良法善

---

* 张豫青,司法部法治督察局备案审查处处长;张崇斌,司法部法治督察局备案审查处三级主任科员。

治"。对于立法工作来讲,备案审查既是"检验器"又是"风向标",对于备案审查来讲,从发现的问题出发,以问题为导向、以解决问题为核心加强立法指导也是应有之意。因此,备案审查与立法之间加强互动沟通十分必要,而互动沟通的首要任务和基础性工程就是对备案审查事项的理解与把握。《法规规章备案条例》第十条规定了备案审查的五个事项,对于规章的备案审查来讲,推动审立双方准确理解和把握这五个事项,为立法标注"红线"、划清"底线"、明确空间,既能实现维护国家法治统一的目的又能切实提高立法质量,更好发挥立法引领、推动和保障作用。

一、关于是否超越权限

立法权是国家主权的重要内容,根据我国宪法确立的立法体制,全国人大及其常委会是立法机关,统一行使国家立法权。但是为了更好地实现社会管理以及发挥地方的积极性、主动性,宪法和地方组织法又赋予国务院、地方人大及其常委会、国务院部门和地方政府等享有不同形式的立法权,由此形成了具有中国特色的统一的多层次的立法体制。因此,由不同国家机关制定的法律、行政法规、自治条例和单行条例、规章,都是具有法律效力的规范性文件,它们对调整社会关系,规范人们的行为,维护社会秩序都起着重要的作用。但它们的制定机关不同,立法权限也是不一样的,立法法第七条、第八条、第九条、第六十五条、第七十二条、第七十三条、第七十四条、第七十五条、第八十条、第八十一条、第八十二条分别对全国人大及其常委会、国务院、自治地方的人大及其常委会、地方人大及其常委会、国务院各部门和地方政府的立法权限作了比较明确的划分,制定机关应当在自己的权限范围内行使权力。超越权限进行的立法,应属无效,应当由有关机关予以改变或者撤销。① 从该审查事项来看,以下三个问题应当明确。

---

① 全国人大常委会法制工作委员会:《中华人民共和国立法法释义》,法律出版社 2015 年版,第 298—299 页。

（一）关于部门规章制定权问题

部门规章是指国务院各部门根据法律和国务院的行政法规、决定、命令在本部门的权限内按照规定程序所制定的规定、办法、规则等规范性文件的总称。[①] 部门规章制定权是宪法、立法法等法律赋予部门的一项重要职权，也是部门履行行政管理职能的重要方式。实践中，关于部门规章制定权的认定可以从以下六个方面来把握：一是根据宪法第九十条第二款、国务院组织法第十条规定，国务院各部、各委员会可以制定规章。二是根据立法法第八十条第一款规定，除国务院各部、各委员会外，中国人民银行、审计署和具有行政管理职能的直属机构可以制定规章。三是根据《企业国有资产监督管理暂行条例》第十三条第二款规定，国务院直属特设机构国务院国资委可以制定规章。四是具有行政管理职能的党的机构，同时在国务院加挂牌子的直属机构如国家新闻出版署、国家宗教局等可以制定规章。五是根据证券法、银行业监督法、保险法、密码法、保密法等的规定，国务院直属事业单位中国证监会、中国银保监会、国家密码局、国家保密局可以制定规章。六是中国气象局、国家网信办、国家档案局可以制定规章。除上述六种情形外，国务院办事机构、国务院部委管理的国家局一般没有规章制定权。

（二）关于规章的立法权限问题

立法法第八十条第二款、第八十二条第六款中规定了没有法律、法规依据，规章不得设定减损公民、法人和其他组织权利或者增加其义务的规范。规章超越权限作出减损公民、法人和其他组织的权利、增加其义务或者违法设定国家机关的权力与责任的，应予撤销、纠正。[②] 在实践中，如何来认识和把握此类问题呢？这里以案例来加以解析。比如，在最低生活保障制度方面，有的规章规定，最低生活保障

[①] 全国人大常委会法制工作委员会：《中华人民共和国立法法释义》，法律出版社 2015 年版，第 259 页。

[②] 全国人大常委会法制工作委员会法规备案审查室：《规范性文件备案审查理论与实务》，中国民主法制出版社 2020 年版，第 118—119 页。

家庭中法定劳动年龄段内有劳动能力及条件的人员未就业的,按照当地月最低工资标准计算其收入。按照该规定,最低生活保障家庭中只要存在达到法定劳动年龄、有劳动能力及条件的人员就不能再享受最低生活保障。但是,最低生活保障制度是国家对家庭人均收入低于最低生活保障标准的公民给予一定资助以保障该家庭成员基本生活所需的社会保障制度[①],领取最低生活保障金是最低生活保障家庭成员获得基本生活物质帮助的权利[②]。国务院公布的《社会救助暂行办法》第四十五条对最低生活保障金的减发和停发条件作了较为严格的规定,一是要求家庭中存在有劳动能力但未就业的人员;二是要求连续 3 次拒绝介绍工作;三是要求介绍的工作必须是与其健康状况、劳动能力等相适应;四是要求无正当理由拒绝;五是要求只能减发或者停发其本人的最低生活保障金。而规章的规定减少了上位法中“连续三次拒绝介绍工作”“介绍的工作必须是与其健康状况、劳动能力等相适应”“无正当理由拒绝”等条件,并且,一个地区的最低工资标准是远高于最低生活保障标准的,按照最低工资标准计算某一家庭成员收入会致使该家庭人均收入高于最低生活保障标准,最终导致该家庭所有成员都不能领取最低生活保障金,超出“减发或者停发其本人的最低生活保障金”的范围,构成对该家庭其他成员权利的减损。因此,该规章的规定减少了国务院公布的《社会救助暂行办法》规定的减发或者停发最低生活保障金的条件,减损了最低生活保障家庭成员获得基本生活物质帮助的权利,超越了规章的立法权限。

（三）关于设区的市、自治州的人民政府规章制定权限问题

根据立法法第八十二条规定,设区的市、自治州的人民政府制定地方政府规章,限于“城乡建设与管理、环境保护、历史文化保护”三个方面的事项。在实践中,有不少立法工作者都表示“城乡建设与管理”

---

① 参见百度词条“最低生活保障”。
② 《城市居民最低生活保障条例》第二条规定:“持有非农业户口的城市居民,凡共同生活的家庭成员人均收入低于当地城市居民最低生活保障标准的,均有从当地人民政府获得基本生活物质帮助的权利。”

的边界不明确、事项不好把握。针对这一问题,在 2015 年立法法修改时全国人大法律委在审议结果报告中曾对此作过说明,认为"城乡建设与管理"包括"城乡规划、基础设施建设、市政管理等"。① 在第二十一次全国地方立法研讨会上作了进一步阐释,认为"城乡建设既包括城乡道路交通、水电气热市政管网等市政基础设施建设,也包括医院、学校、文体设施等公共设施建设。城乡管理除了包括对市容、市政等事项的管理,也包括对城乡人员、组织的服务和管理以及对行政管理事项的范围等"。② 此后,又通过援引《中共中央 国务院关于深入推进城市执法体制改革改进城市管理工作的指导意见》和《中共中央 国务院关于进一步加强城市规划建设管理工作的若干意见》将"出于城市管理需要而延伸的吸引社会力量和社会资本参与城市管理,建立健全市、区(县)、街道(乡镇)、社会管理网格,推动发挥社区作用,动员公众参与,提高市民文明意识等相关举措"③也明确为城市管理的范畴。至此,"城乡建设与管理"的边界从理论来看已经基本清晰。

二、关于下位法是否违反上位法的规定

法律的位阶是一个相对概念,是在两个法律文件之间作比较,效力等级高的,是上位法;效力等级低的,是下位法。立法法第八十八条至第九十一条规定了不同法律文件之间的效力等级。即法律是上位法,行政法规、地方性法规和规章都是下位法;行政法规是上位法,地方性法规和规章是下位法;地方性法规是上位法,本级和下级地方政

---

① 第十二届全国人民代表大会法律委员会关于《中华人民共和国立法法修正案(草案)》审议结果的报告,中国人大网,http://www.npc.gov.cn/wxzl/gongbao/2015-05/07/content_1939079.htm,最后访问时间:2022 年 1 月 12 日。

② 李适时:《全面贯彻实施修改后的立法法——在第二十一次全国地方立法研讨会上的小结(摘登)》,中国人大网,http://www.npc.gov.cn/zgrdw/npc/lfzt/2015-09/28/content_1947314.htm,最后访问时间:2022 年 1 月 12 日。

③ 李适时:《在第二十二次全国地方立法研讨会上的小结》,中国人大网,http://www.npc.gov.cn/zgrdw/npc/lfzt/2016-09/18/content_1997525314.htm,最后访问时间:2022 年 1 月 12 日。

府规章是下位法;上级地方政府规章是上位法,下级地方政府规章是下位法。如果下位法与上位法相冲突,违反了上位法的规定,下位法就不能适用,就应当被改变或者撤销。[①] 规章违反上位法规定的具体情形可以从以下五个方面来探讨。

(一)违法变更上位法禁止事项范围

这类问题就是我们俗称的立法"放水"问题,是下位法违背上位法规定,降低监管力度,缩小监管范围的行为。主要表现为一些地方立法将上位法中关于禁止行为的种类缩减,将禁止从事该行为的主体范围缩小或者将禁止事项转变为许可、审批事项等。比如,2017 年 7 月,党中央公开通报甘肃祁连山自然保护区生态环境遭受严重破坏的问题,《甘肃祁连山国家自然保护区管理条例》成为"在立法层面为破坏生态行为放水"实例[②]。国家公布实施的自然保护区条例规定了自然保护区禁止的 10 类活动,包括狩猎、开垦、烧荒、砍伐、放牧、捕捞、采药、开矿、采石、挖沙。但是,《甘肃祁连山国家自然保护区管理条例》却将国家禁止的 10 类活动缩减为 3 类,仅保留狩猎、垦荒、烧荒 3 项,而这 3 项恰恰是很少发生[③]、基本已经得到控制的事项。这不是立法技术问题,而是在立法政策上放松监管责任、放任违法行为。经过祁连山立法"放水"问题的警示教育和多次专项清理,这种情况已大为改观。[④] 但也偶有发生,比如,有的规章规定,封山禁牧区内林木确需抚育采伐的,必须在报经有关主管部门审核批准后实施。我们审查

---

① 全国人大常委会法制工作委员会:《中华人民共和国立法法释义》,法律出版社 2015 年版,第 299 页。

② 沈春耀:《在第二十四次全国地方立法座谈会上的小结讲话》,中国人大网,http://www.npc.gov.cn/npc/c35860/201809/7f4b86ece2904088a6ccle38cfac954b.shtml,最后访问时间:2022 年 3 月 18 日。

③ 栗战书:《在第二十六次全国地方立法工作座谈会上的讲话》,中国人大网,http://www.npc.gov.cn/npc/c30834/202012/4c4977ef03a34651b9a416f2099aa2c9.shtml,最后访问时间:2022 年 3 月 18 日。

④ 2017 年,《中共中央办公厅　国务院办公厅关于甘肃祁连山国家级自然保护区生态环境问题的通报》发布后,全国人大常委会、国务院部署开展了生态环境保护领域法规、规章、规范性文件的清理工作,各地也多次开展相关领域清理工作。

认为,封山育林是利用林木天然更新能力,在有条件的山区,禁止或者限制开荒、砍柴或者其他有害于林木生长的活动,经过封禁和管理,使森林植被得以恢复的育林方式,具有用工少、成本低、效益好的特点。其关键之处就是要严格限制人为因素的干预,充分发挥林木的天然更新能力。[①] 因此,森林法第六十条、森林法实施条例第三十一条明确规定采伐封山育林区内林木的不得核发林木采伐许可证,也就是说封山育林区内的林木不得进行采伐。从该规章规范的内容总体来看,其规定的"封山禁牧区"即"封山育林区"。规章将法律、行政法规明确禁止的事项转为审核后实施的事项,缩减了上位法禁止事项的范围,违反了上位法的规定。

(二)违法设定、变更行政许可

行政许可设定权和规定权是两种不同的立法权。所谓设定权是指法的创制权,是立法机关创制新的行为规范的权力,是从"无"到"有"。规定权是指现有的法的规范具体化的权力,不创制新的行为规范,是从"粗"到"细"。设定权和规定权都属于广义的立法权。[②] 根据行政许可法第十五条规定,只有省级人民政府的规章才有行政许可设定权,部门规章和设区的市政府的规章没有行政许可设定权。在规章的行政许可设定权方面,根据行政许可法的规定,省级地方政府规章设定行政许可还应当遵守以下规定:(1)只能设定临时性的行政许可,这种临时性的行政许可有效期为1年,如果需要继续执行,应当上升为地方性法规。(2)在属于行政许可法第十二条规定的可以设定行政许可的事项范围内设定行政许可。(3)通过行政许可法第十三条规定的四种方式能够解决的,不得设定行政许可。(4)尚未制定法律、行政法规和地方性法规的。(5)不得设定应当由国家统一确定的公民、法人或者其他组织资格、资质的行政许可;不得设定企业或者其他组织的设立登记及其前置性行政许可;设定的行政许可,不得限制其他地区的个人或者企业到本地区从事生产经营和提供服务;不得限制其

---

① 参见北大法宝《中华人民共和国森林法》条文释义第四十六条中关于"封山育林"的解释。

② 参见北大法宝《中华人民共和国行政许可法》条文释义第十六条的解释。

他地区的商品进入本地区市场。① 在规章的行政许可规定权方面,根据行政许可法的规定,规章可以在上位法设定的行政许可事项范围内,对实施该行政许可作出具体规定,但不得增设行政许可,也不得增设违反上位法的其他条件,②即主要是对行政许可的条件、程序等作出具体规定。"不得增设行政许可"应当把握以下内容:如法律、法规规定设立某类企业需要某个部门批准后,就可以到市场监管部门登记注册,规章在作具体规定时,规定还要另外一个部门批准,这就属于增设了行政许可。对于上位法作出规定的管理事项,如果需要设定行政许可,应当由上位法设定,上位法没有设定,应当理解为不需要用设定行政许可的方式管理,下位法不能增设新的行政许可。这样规定是为了防止不同立法主体重复设定行政许可。"不得增设违反上位法规定的其他条件"应当把握以下内容:上位法在设定行政许可时,有时没有规定条件,有时条件规定得比较概括,出现这两种情况时,都需要法规、规章进一步具体规定,但不得增设违反上位法规定的其他条件。如何理解是对许可的条件进行具体化还是增设新的条件,实践中往往难以区分。应当结合设定行政许可的目的来判断。比如,某法律、法规规定:"经营烟草制品批发业务的企业,必须经国务院烟草专卖行政主管部门或者省级烟草专卖行政主管部门批准,取得烟草专卖批发企业许可证,并经市场监管部门核准登记。"没有对取得"烟草专卖批发企业许可证"的条件作规定,需要规章作出具体规定。如果规章规定必须经营指定的烟厂生产的卷烟,就属于增设了违反上位法规定的条件。再如,某法律、法规规定:"制造修理计量器具的企业、事业单位,必须具备与所制造、修理的计量器具相适应的设施、人员和检定仪器设备,经县级以上人民政府计量行政部门考核合格,取得《制造计量器具许可证》或者《修理计量器具许可证》。"但对必须具备什么样的设施、

---

① 参见北大法宝《中华人民共和国行政许可法》条文释义第十五条的解释。
② 《中华人民共和国行政许可法》第十六条规定,规章可以在上位法设定的行政许可事项范围内,对实施该行政许可作出具体规定。法规、规章对实施上位法设定的行政许可作出的具体规定,不得增设行政许可;对行政许可条件作出的具体规定,不得增设违反上位法的其他条件。

人员和检定仪器设备没有规定。规章可以作具体规定,如果规章规定生产规模必须达到多少才发证,也属于增设新的条件。[①]

在实践中,比较典型的增设行政许可的问题是建设工程竣工验收问题。比如,有的规章规定,建设单位在组织建设工程竣工验收时,应当通知公安机关、市容环卫、卫生等部门参加。但是根据《建设工程质量管理条例》第三条规定,建设单位、勘察单位、设计单位、施工单位、工程监理单位依法对建设工程质量负责。根据《建设工程质量管理条例》第十六条第一款规定,竣工验收的组织主体是建设单位,参与主体是勘察、设计、施工、工程监理等有关单位。实践中,在《工程竣工验收报告》质量合格文件上签字确认的是建设、勘察、设计、施工、工程监理等五家单位,无需建设行政主管部门和有关部门签字确认。根据《建设工程质量管理条例》第四十九条规定,建设行政主管部门和其他有关部门在竣工验收方面履行监督管理职责的方式是竣工验收备案。建设、规划等行政主管部门根据法律、行政法规对建设工程开展的消防验收、规划核实等查验工作,与建设工程竣工验收法律依据不同,均有法定的标准、程序和责任主体,即使为了优化工作流程一并组织开展,也不宜作为主体参与竣工验收。规章规定政府部门作为主体参与竣工验收,将竣工验收由市场主体的自主活动变成了行政管理活动,增设了行政许可。制定机关往往认为上述参加单位属于《建设工程质量管理条例》第十六条第一款中的"等有关单位"的范围,即是上位法规定的细化。另外,建设工程相关行政主管部门参加验收,有助于履行监管职责,便于日后监管。有专家也曾指出,在建设工程竣工验收中增加《建设工程质量管理条例》第十六条第一款规定的单位外的其他单位参加,虽然在一定程度上有助于监管机关进行后续监管,但是其他行政单位参加竣工验收实际上有一定的决定权,增加了企业负担。在目前简政放权的政策背景下,应当给予市场主体更多自主权,让市场主体自我规制,行政主体不应过多参与。对竣工验收问

[①] 参见北大法宝《中华人民共和国行政许可法》条文释义第十六条的解释。

题的认识应当从立法原意、制度初衷等方面入手,并注意把握以下几点:一是《建设工程质量管理条例》第十六条第一款规定的"等有关单位"中"等"的范围应由行政法规予以规定,"有关单位"必须限定在与建设工程质量密切相关的范围内的"单位"而不能是政府部门。二是从《建设工程质量管理条例》章节来看,规定竣工验收制度的第十六条是在第二章"建设单位的质量责任和义务"中,而规定政府部门监管职责是在第七章"监督管理"中,立法者在制度设计之初就将竣工验收明确为建设单位义务且与政府部门职责作了严格区分。三是之所以这样设计,有其历史背景。在《建设工程质量管理条例》修改过程中,综合考量多方面的因素,取消了相关行政主管部门参加的规定,并表述为其他相关"单位"参加而非"部门"参加。四是行政机关虽名为参加,但实质上对于验收合格与否具有较大决定权,容易产生权力寻租空间滋生腐败。同时一旦建设工程发生事故,行政机关便以只参加不决定为由,逃避承担相关法律责任。五是从简政放权政策背景看,应充分利用市场作用,在行政机关可以通过事后监管的情况下,应尽量减少行政机关前期不必要的干预,避免增加行政相对人负担。因此,规章中此类规定增设了行政许可,会被认定为违反上位法规定,地方性法规如果出现此类规定,也会被认定为违反上位法规定。

(三)违法设定、变更行政处罚

设定行政处罚,是指法律规定的有权力作出行为规范的国家机关首次独立自主地规定何种行为是违法行为,并规定给予何种行政处罚。[①] 1996 年制定行政处罚法时,确定了不同位阶的法律规范有不同行政处罚设定权限的制度。[②] 2009 年、2017 年、2021 年三次修订均沿用了相关规定。关于国务院部门规章的行政处罚设定权限,行政处罚法第十三条规定:"国务院部门规章可以在法律、行政法规规定的给予

---

① 参见北大法宝《中华人民共和国行政处罚法》条文释义第二条中关于行政处罚设定的解释。
② 袁杰、赵振华:《中华人民共和国行政处罚法问答》,中国民主法制出版社 2021 年版,第 30 页。

行政处罚的行为、种类和幅度的范围内作出具体规定。尚未制定法律、行政法规的,国务院部门规章对违反行政管理秩序的行为,可以设定警告、通报批评或者一定数额罚款的行政处罚。罚款的限额由国务院规定。"立法法第八十条第二款规定,部门规章规定的事项应当属于执行法律或者国务院的行政法规、决定、命令的事项。国务院部门规章的定位是执行法律、行政法规,可以对法律、行政法规规定的行政处罚作具体规定,但必须在法律、行政法规规定的违法行为、处罚种类和幅度范围内作出规定。考虑到实践中法律、行政法规在行政管理方面仍存有一些空白之处,特别是对互联网金融、网约车等亟需规范的新兴事物,仍需要通过国务院部门规章来及时予以规范,因此在尚未制定法律、行政法规的情况下,国务院部门规章可以设定警告、通报批评和一定数额罚款的行政处罚,但不得设定其他行政处罚种类。[1] 关于地方政府规章的行政处罚设定权限,行政处罚法第十四条规定:"地方政府规章可以在法律、法规规定的给予行政处罚的行为、种类和幅度的范围内作出具体规定。尚未制定法律、法规的,地方政府规章对违反行政管理秩序的行为,可以设定警告、通报批评或者一定数额罚款的行政处罚。罚款的限额由省、自治区、直辖市人民代表大会常务委员会规定。"立法法第八十二条规定,地方政府规章可以就下列事项作出规定:(1)为执行法律、行政法规、地方性法规的规定需要制定规章的事项;(2)属于本行政区的具体行政管理事项。据此,地方政府规章在执行法律、法规时,可以在法律、法规规定的给予行政处罚的行为、种类和幅度的范围内作出具体规定。同时,在尚未制定法律、法规情况下,就属于本行政区域的具体行政管理事项作出规定时,可以设定警告、通报批评或者一定数额罚款的行政处罚,但不得设定其他行政处罚种类。[2] 值得注意的是,2021年修改行政处罚法时,赋予了地方

---

[1] 袁杰、赵振华:《中华人民共和国行政处罚法问答》,中国民主法制出版社2021年版,第28页。

[2] 袁杰、赵振华:《中华人民共和国行政处罚法问答》,中国民主法制出版社2021年版,第29页。

性法规补充设定行政处罚的权限,即第十二条第三款规定的"法律、行政法规对违法行为未作出行政处罚规定,地方性法规为实施法律、行政法规,可以补充设定行政处罚",但是,并没有赋予规章补充设定行政处罚的权限。所谓"法律、行政法规对违法行为未作出行政处罚规定"主要指三类情况:法律、行政法规对某一行为作了禁止性规定,但未对违反禁止性规定的违法行为规定行政处罚;法律、行政法规明确了当事人的某项义务,但未对违反义务性的违法行为规定行政处罚;法律、行政法规规定对某一违法行为给予行政处罚,但未对类似违法行为规定行政处罚。①

从实践层面来看,正确理解和把握"尚未制定法律、法规的"含义十分重要,举个例子,加以解释、以便理解。假如,上位法只规定了生产假冒伪劣产品违法,要进行处罚,下位法再规定对运输、购买、使用假冒伪劣产品也要进行处罚,这就违反上位法规定。因为上位法立法过程中,已经作出了立法选择,处罚生产者,下位法不能再增加处罚对象。通常认为,行政处罚从来都不是越多越好、越重越好,不能搞层层加码、多头处罚,更不能"以罚代管""一罚了之",过度依赖行政处罚。在执法过程中严格执行上位法规定就能够解决的问题,就不能通过在立法中加重行政处罚的方式来解决。这也是依法行政、法治政府建设的要求。

(四)违法设定、变更行政强制

根据行政强制法规定,行政强制包括行政强制措施和行政强制执行。行政强制措施,是指行政机关在行政管理过程中,为制止违法行为、防止证据损毁、避免危害发生、控制危险扩大等情形,依法对公民的人身自由实施暂时性限制,或者对公民、法人或者其他组织的财物实施暂时性控制的行为。行政强制执行,是指行政机关或者行政机关申请人民法院,对不履行行政决定的公民、法人或者其他组织,依法强

---

① 袁杰、赵振华:《中华人民共和国行政处罚法问答》,中国民主法制出版社 2021 年版,第 28 页。

制履行义务的行为。① 行政强制措施是对公民人身权和财产权的限制,公民的人身权、财产权是宪法保护的公民权利,从理论上说限制公民的人身权、财产权应当由法律规定。但是,我国的法制建设起步晚,需要法律规范的领域多,社会发展变化快,只能由法律规定可能不适应行政管理的现实需要,因此,行政强制法对行政强制措施的设定权作了明确规定,除了法律设定外,还授权行政法规和地方性法规有部分行政强制措施设定权。由于以前法律没有对行政强制措施的设定权进行统一的规范,行政强制措施的设定比较乱,除了法律、法规设定了行政强制措施外,规章甚至规章以下的其他规范性文件也设定行政强制措施。行政强制法从保护公民、法人和其他组织权益的角度考虑,明确规定只有法律、行政法规和地方性法规有权设定相应的行政强制措施。除此之外的任何规范性文件包括规章、自治条例、单行条例、经济特区法规不得设定行政强制。②

这类问题在实践中出现得很少,但有些也存在违反行政强制法禁止性规定。比如,有的规章规定,供水、供电企业不得为违法建设提供水、电服务,已提供的,应当停止。我们研究认为,水、电、热、燃气都是维持居民基本生活的必需品,缺乏这些,居民的饮食、居住都会受到非常大的影响,直接关系到居民的基本生存问题。强制执行应符合比例原则,应平衡公共利益和私人权利之间的关系,不能为了公共利益的需要,而给当事人的私权造成过度的损害。行政强制应以保证当事人的基本生活为限,如果执法人员缺乏人文关怀和人性执法的理念而强行"断水、断电",可能会造成当事人的对立情绪,激化矛盾,不利于社会稳定。特别是在对违法的建筑物、构筑物、设施等进行强制拆除的

---

① 《中华人民共和国行政强制法》第二条规定:"本法所称行政强制,包括行政强制措施和行政强制执行。行政强制措施,是指行政机关在行政管理过程中,为制止违法行为、防止证据损毁、避免危害发生、控制危险扩大等情形,依法对公民的人身自由实施暂时性限制,或者对公民、法人或者其他组织的财物实施暂时性控制的行为。行政强制执行,是指行政机关或者行政机关申请人民法院,对不履行行政决定的公民、法人或者其他组织,依法强制履行义务的行为。"

② 应松年、杨伟东:《行政强制法教程》,法律出版社2013年版,第93页。

情况下,不应采取停止供水、供电、供热、供燃气等方式迫使当事人履行行政决定。因此,行政强制法第四十三条第二款明确规定"行政机关不得对居民生活采取停止供水、供电、供热、供燃气等方式迫使当事人履行相关行政决定",规章未对涉及居民生活与在建的违法建设适用断水、断电强制措施作出区别规定,违反上位法关于行政强制执行的禁止性规定。

(五)违法授权

随着"放管服"改革的深入推进,这个问题出现得也不少,主要表现为违法取消或者改变法律、行政法规规定的行政许可、行政处罚等。这个问题值得重视,首先应当明确这样几个问题:一是对于法律、行政法规中规定有明确管理层级的行政管理事项,下位法在立法过程中需要通过授权的方式下放、改变管理层级,必须依法履行相应程序取得相应授权。涉及改变、调整或者暂停适用法律、行政法规的,要按程序报请全国人大常委会或者国务院授权、作出决定或者修改相关法律、行政法规。二是对于法律、行政法规中规定有明确管理层级的行政管理事项,下位法在立法过程中一般不能直接通过授权的方式下放,可以采取委托的形式下放,被委托的机关应当具备行政许可法、行政处罚法等法律规定的资格条件。符合行政处罚法第十九条(法律法规授权组织)、第二十四条(县级人民政府部门的行政处罚权下放乡镇人民政府、街道办事处)规定的除外。三是对法律、行政法规明确行政管理事项主体,但没有明确行政管理事项层级的情况下,下位法可以在层级范围内明确主体层级。实践中,出现比较多的是改变了法律、行政法规规定的具体明确管理层级事项的管理层级。比如,有的规章规定,"中外合作职业技能培训机构设立、分立、合并、变更即终止"这一项的审批权由市(州)人民政府人力资源和社会保障行政主管部门行使。我们研究认为,对于"职业技能培训的中外合作办学机构"这一审批事项,《中外合作办学条例》明确规定由省级政府有关部门实施,规章直接规定由市一级有关部门实施,且没有委托的相关表述和程序,这就改变了行政法规规定的该事项的管理层级,违反了行政法规的规定。

三、关于地方性法规与部门规章之间或者不同规章之间对同一事项的规定不一致,是否应当改变或者撤销一方的或者双方的规定

(一)地方性法规与部门规章规定不一致

立法法第九十五条第一款第(二)项规定,地方性法规与部门规章之间对同一事项的规定不一致,不能确定如何适用时,由国务院提出意见,国务院认为应当适用地方性法规的,应当决定在该地方适用地方性法规的规定;认为应当适用部门规章的,应当提请全国人民代表大会常务委员会裁决。这是因为,地方性法规是由地方国家权力机关制定的,在其所辖行政区域内有效,部门规章是由国务院部门制定的,在全国范围内有效,在适用的地域范围上,部门规章大于地方性法规。但地方性法规和部门规章不是一个效力层次,地方性法规可以作为人民法院的审判依据,部门规章在法院审判时只作为参照。因此,不好明确地方性法规和部门规章谁高谁低,发生冲突时,谁该优先适用。这就需要有个解决冲突的机制。由国务院先提出意见,是因为国务院有权对部门规章是否合法或合理作出判断,如果是部门规章的问题,国务院可以行使改变或撤销权,但国务院无权改变或撤销地方性法规,因此,如果国务院认为地方性法规有问题,应当适用部门规章的,应当提请全国人大常委会作出裁决①。

(二)不同规章之间的规定不一致

立法法第九十五条第一款第(三)项规定,部门规章之间、部门规章与地方政府规章之间对同一事项的规定不一致时,由国务院裁决。立法法第九十六条第(三)项规定,规章之间对同一事项的规定不一致,经裁决应当改变或者撤销一方的规定的。部门规章是国务院部门在其权限范围内制定的,由于管理权限划分不清或交叉,部门规章的

---

① 全国人大常委会法制工作委员会:《中华人民共和国立法法释义》,法律出版社 2015 年版,第 297 页。

规定会有冲突。同时,部门规章和地方政府规章之间调整的社会关系有时是重合的,部门规章在全国范围内施行,地方政府规章在其所辖区域内有效,因此,部门规章和地方政府规章也会发生冲突,由于部门规章之间、部门规章和地方政府规章之间具有同等效力,不好明确规定发生冲突时谁该优先适用。而国务院部门和地方政府,都归国务院统一领导。因此,立法法第九十五条第一款第(三)项规定部门规章之间、部门规章与地方政府规章之间对同一事项规定不一致时,由国务院裁决。①

四、关于规章的规定是否适当

制定规章是一种抽象行政行为,它同时要遵循合法性和合理性的原则。合法性就是不与法律、行政法规等上位法冲突;合理性也就是适当性,即要符合客观规律。规章不合法的,要改变或者撤销;不适当的,也应当改变或者撤销。② 根据立法法第九十六条第(四)项规定,规章的规定被认为不适当,应当予以改变或者撤销。立法法第九十七条第(三)项规定,国务院有权改变或者撤销不适当的部门规章和地方政府规章。国务院是最高国家行政机关,它统一领导国务院各部门的工作,统一领导全国地方各级国家行政机关的工作。根据宪法第八十九条的规定,它有权改变或者撤销各部、各委员会发布的不适当的命令、指示和规章,改变或者撤销地方各级国家行政机关的不适当的决定和命令。此外,因为地方人大及其常委会是地方国家权力机关,本级政府由它产生,向它负责。省、自治区人民政府领导下级政府的工作。因此立法法第九十七条第(五)项、第(六)项规定,地方人民代表大会常务委员会有权撤销本级人民政府制定的不适当的规章,

---

① 全国人大常委会法制工作委员会:《中华人民共和国立法法释义》,法律出版社 2015 年版,第 297 页。
② 全国人大常委会法制工作委员会:《中华人民共和国立法法释义》,法律出版社 2015 年版,第 299 页。

省、自治区的人民政府有权改变或者撤销下一级人民政府制定的不适当的规章。需要注意的是,改变和撤销是有区别的,改变的只是规章的部分条款,撤销的是整个规章。① 关于什么是"不适当",立法法没有明确规定,一般认为,不适当就是不合理、不公平。以下几种情况可以视为不适当:(1)要求公民、法人和其他组织执行的标准或者遵守的措施明显脱离实际的;(2)要求公民、法人和其他组织履行的义务与其所享有的权利明显不平衡的;(3)赋予国家机关的权力与要求其承担的义务明显不平衡的;(4)对某种行为的处罚与该行为所应承担的责任明显不平衡,违反比例原则的。关于什么是"相抵触",以下几种情况应当属于与上位法相抵触:(1)上位法有明确的规定,与上位法的规定相反的;(2)虽然不是与上位法的规定相反,但旨在抵消上位法的规定的,即搞"上有政策下有对策"的;(3)上位法没有明确规定,与上位法的立法目的和立法精神相反的;(4)违反了立法法关于立法权限的规定,越权立法的;(5)下位法超出上位法规定的行政处罚的种类和幅度的,下位法超越权限设定行政许可的,下位法超越权限设定行政强制措施种类的。②

五、是否违背法定程序

立法是一项程序性很强的活动,它是通过一定的民主程序,将符合多数人的利益和意志的行为规范上升为法律规范,让所有人遵守执行。因此,程序合法是规章有效的一个前提条件。立法法是"管法的法",对制定法律、行政法规、地方性法规、自治条例和单行条例、规章的程序都作了规定。此外,国务院颁布了《行政法规制定程序条例》《规章制定程序条例》,多数地方制定了地方立法条例或者地方性法

---

① 全国人大常委会法制工作委员会:《中华人民共和国立法法释义》,法律出版社 2015 年版,第 300 页。

② 全国人大常委会法制工作委员会:《中华人民共和国立法法释义》,法律出版社 2015 年版,第 303—304 页。

规制定程序,作为制定法规、规章的程序依据。制定规章应当严格依照立法法、《规章制定程序条例》以及其他相关法规规章规定的程序,否则,制定出来的规章就是无效的。[①]《规章制定程序条例》明确了一些制定规章程序的硬性规定,立项、起草、审查、决定和公布、备案各环节都有明确要求,这些要求是规章合法有效的重要内容,要高度重视。实践中也曾出现过类似问题,比如,有的部门规章在公布规章的命令中关于通过规章的程序表述为"经××办公会决定"。这种以"办公会"决定规章的做法在程序上是存在瑕疵的。这是因为,立法法第八十四条、《规章制定程序条例》第二十七条明确规定:"部门规章应当经部务会议或者委员会会议决定"。"部务会议",是对包括"委务会议""行务会议""署务会议""局务会议""室务会议"等会议形式的统称。"部务会议"与"部长(主任、主席、行长、审计长、局长、署长)办公会"不同,前者参加范围较大,有利于广泛听取意见并进行讨论;后者参加范围较小,事项较为特定。制定规章毋庸置疑属于国务院部门的重大问题,按照立法原意,应当经部务会议讨论决定,不应采取部长办公会的形式。因此,这种形式的规章的制定违背了法定程序。

六、结　　语

加强对规章的备案审查,既是维护法治统一的现实需要,也是法治政府建设的必然要求。《法规规章备案条例》第十条规定的五个审查事项是规章备案审查的重点内容,这看似简单的五个事项,理解和把握的难度却很大,其背后承载着对上位法的理解、立法理念、立法技术、现实情况等理论与实践层面多层次的交叉重叠的庞杂体系,需要不断的探索、探讨持续推动各方理解和把握的统一,切实提高规章制定水平,健全完善中国特色社会主义法律规范体系。

---

① 　全国人大常委会法制工作委员会:《中华人民共和国立法法释义》,法律出版社 2015 年版,第 299—300 页。

"强制亲子鉴定"规定与上位法抵触分析[*]

秦奥蕾　张梓建[**]

摘　要:以 DNA 鉴定为基础的亲子鉴定可以对亲子关系存在与否作出高度准确性的判断。经梳理,有 8 件省级地方性法规中规定了强制亲子鉴定。地方性法规授权计生部门实施的强制亲子鉴定之性质为行政强制措施,授权计生部门对拒绝接受强制亲子鉴定的相对人处以罚款之性质为行政处罚。在地方性法规中设定以上两项职权,构成对四部法律的抵触:超越人口与计划生育法对地方性法规设定生育调节措施的一般性授权范围,并明显违背其立法目的;超越行政强制法对地方性法规行政强制措施设定权的授权范围;对不具有实质行政违法性的行为设定行政处罚,抵触行政处罚法;明显违背个人信息保护法规定的个人信息处理原则。在合宪性推定原则下,将强制亲子鉴定对照宪法的"人格尊严不受侵犯"条款以及"婚姻、家庭、母亲和儿童受国家的保护"条款进行审视,可以作出其存在合宪性瑕疵的判断。

关键词:强制亲子鉴定　行政强制措施　行政处罚　抵触上位法

---

[*] 本文受"中国政法大学科研创新项目(项目号 10821407)"资助。

[**] 秦奥蕾,中国政法大学法学院教授,博士生导师;张梓建,中国政法大学法学院 2022 级博士研究生。

《全国人民代表大会常务委员会法制工作委员会关于 2021 年备案审查工作情况的报告》(以下简称为《报告》)指出,"有的地方性法规规定,有关行政部门为调查计划生育违法事实,可以要求当事人进行亲子鉴定;对拒不配合的,处以一万元以上五万元以下罚款。有公民对上述规定提出审查建议。我们审查认为,亲子关系涉及公民人格尊严、身份、隐私和家庭关系和谐稳定,属于公民基本权益,受宪法法律保护,地方性法规不宜规定强制性亲子鉴定的内容,也不应对此设定相应的行政处罚、处分、处理措施。经沟通,制定机关已对相关规定作出修改"。

本文主旨是对报告所提出的审查意见进行规范分析和论证。但分析对象不仅包含了报告所提到的地方性法规,更对设定强制亲子鉴定的省级地方性法规进行了一般性梳理,使研究具有普遍性意义。强制亲子鉴定及其相关措施的行政法属性、其对应上位法范畴及其是否抵触于上位法是本文论证的核心。同时,《报告》认为,强制亲子鉴定涉及的"'公民基本权益'受宪法保护",因而在分析合法性的同时,亦从宪法角度对其加以审视。

一、亲子鉴定、强制亲子鉴定及其入法概述

亲子鉴定可以追溯到古代神秘的滴血认亲,其并不具有科学上的依据。血型鉴定则是近代建立在生物学上的一种亲子鉴定方法,但由于 ABO 血型系统中的表现型种类少,即使后来引入了 Rh、MN 血型鉴定,当不具有亲子关系的被检测人为相同血型时,其无法起到证成或排除作用。对于具有不同血型的被检测人,血型鉴定的鉴定结果也只能起到排除亲子关系的作用。脱氧核糖核酸(DNA)分析的出现使亲子鉴定实现了从否定、排除到认定的质的飞跃,成为了当今生物物证检验的常规技术[1]。

---

① 郑秀芬:《法医 DNA 分析》,中国人民公安大学出版社 2002 年版,第 1 页。

（一）亲子鉴定的生物学基础及其社会功能

DNA 鉴定对个人身份的确定具有高度准确性,例如在 SGM^+ 系统中,两个完全无关个体的匹配可能性仅为 10^{-10}—10^{-13}[①]。亲子鉴定是衍生自 DNA 鉴定的技术,其以 DNA 遗传规律即孟德尔定律为原理[②]。按照此定律,卵细胞和一个精子细胞重新将染色体组合成二倍体,胚胎接受随机重组的基因,其中的遗传物质各有一半来自生物学父亲和母亲[③]。DNA 鉴定通过采集被检测人的血液、唾液、毛发、指甲等样本,借助检测仪器进行检测和比对,可对被检测人之间是否存在亲子关系或某些特定的亲缘关系作出高度准确性的概率性判断。目前,法医生物学主要通过检测一定数量的遗传标记完成亲子鉴定,其证明能力通过鉴定手段的提高逐渐接近 100%[④]。在现有技术水平下,DNA 鉴定是确定或否定被检测人之间的亲子关系无可替代的手段。

亲子鉴定的社会功能首先表现在家事领域,在确定或否定亲子关系的基础上,明确抚养、赡养、继承等家事关系。当母亲与子女的身份明确时,亲子关系是不需要借助外界手段证明的必然性关系,而由于男女性生理结构的区别,父亲与子女的亲子关系无法通过子女出生的事实证实,对于父亲而言,"DNA 鉴定技术在确定父子血缘方面的价值是任何方式都无法比拟的"[⑤]。若父亲对子女的身份产生疑问,通过亲子鉴定可以知晓其是否负有抚养义务。对子女而言,亲子鉴定为其确认生父母提供依据,进而明确父母子女间的权利义务。此外,对于夫妻而言,亲子鉴定为判断忠实义务是否被违反提供了依据。狭义的忠实义务要求夫妻在性上忠实于对方,从狭义的忠实义务可以推导

---

① （新西兰）约翰·巴克尔敦、克里斯托弗·M. 特里格斯、（澳）西蒙·J. 沃尔什,唐晖、焦章平译:《法庭科学 DNA 证据的解释》,科学出版社 2010 年版,第 7 页。

② 许爱东编:《物证技术学》,法律出版社 2016 年版,第 518 页。

③ （新西兰）约翰·巴克尔敦、克里斯托弗·M. 特里格斯、（澳）西蒙·J. 沃尔什,唐晖、焦章平译:《法庭科学 DNA 证据的解释》,科学出版社 2010 年版,第 283 页。

④ 鲁涤:《法医 DNA 证据相关问题研究》,中国政法大学出版社 2012 年版,第 104、121 页。

⑤ 孟令志:《论 DNA 鉴定技术下父母子女身分的确认》,载《法商研究》2003 年第 6 期,第 23 页。

出夫妻互相负有只与对方生育子女的义务。当发生涉及非婚生子女的纠纷时,亲子鉴定可用于判断该忠实义务是否被违反。

亲子鉴定在刑侦领域中具有丰富刑侦手段、提高打击犯罪效率的功能。DNA 鉴定之于刑事案件的功能包括:锁定犯罪嫌疑人、确定尸源、为串并案件提供支持,并纠正错案等①。刑事案件中的亲子鉴定同样以 DNA 鉴定为基础,并将应用面拓宽至亲缘鉴定。在现场 DNA 与数据库 DNA 没有全部匹配的情况下,可以对匹配相似度较高的 DNA 进行亲缘人群范围分析,发现物证 DNA 可能属于某一亲缘人群范围②。例如,曾经陷入十多年困境的"白银连环杀人案",通过在 Y-DNA 数据中的亲缘关系比对得以侦破③。此外,亲子鉴定技术对被害人及其家属的合法权益有保障功能。例如,我国建立了被拐卖儿童及其父母的 DNA 数据库,用于识别被解救儿童的身份,使他们得以重新回到父母身边生活④。

(二)亲子鉴定及强制亲子鉴定入法

亲子鉴定所具有的重要社会功能受到了立法者的关注,国家通过立法对其加以规制。在比较视野下对法律进行考察,可以发现亲子鉴定在民法及民事诉讼法、刑事诉讼法及相关法律以及行政法中均有丰富表现。

1. 民法及民事诉讼法中的亲子鉴定

民法及民事诉讼法固定了亲子鉴定在家事领域的社会功能,使之为案件提供直接的裁判依据。根据德国《民事诉讼法》第 372 条之1 的规定,在有必要做血统确认时,每个人都应接受检查,特别是抽取

---

① 刘文:《DNA 鉴定技术及其在刑事侦查中的应用》,载《中国司法鉴定》2007 年第 4 期,第 28—29 页。
② 贾治辉、段黎宇:《刑事案件中运用 DNA 认定亲缘关系的法律漏洞与解决路径》,载《证据科学》2020 年第 6 期,第 719 页。
③ 该案罪犯高某的家族成员因涉嫌其他犯罪被采集血样,其 DNA 信息被录入到 Y-DNA 数据库中进行比对,公安机关顺藤摸瓜锁定了高某具有"白银连环杀人案"的重大作案嫌疑。
④ 任芳:《公安部打拐办:打拐 DNA 数据库解救 3800 多名被拐儿童》,载央广网,http://china.cnr.cn/ygxw/20150814/t20150814_519540820.shtml,访问时间:2022 年 4 月 20 日。

血样以检查其血型,若无正当理由而再次拒绝检查时,可以拘传①。《法国民法典》第311—12 条第 1 款规定"对法律未规定其他原则的亲子关系冲突,由法院以各种证据方法确定最为可信的亲子关系,对争议作出处理"②。血缘鉴定是最科学、最常用的方法,但《生命伦理法》生效后,法国的确认亲子关系之诉和亲子关系异议之诉中进行 DNA 等科学鉴定前应征得当事人同意③。

在我国民法及民事诉讼法中,亲子鉴定的法律意义在于:一是作为判断当事人是否享有继承权或负有抚养、赡养义务的依据;二是在离婚案件中,作为判断当事人是否存在违反忠诚义务过错的依据。民事纠纷中的当事人处于平等地位,有权不接受亲子鉴定,"司法实务中经常碰到当事人因害怕承担败诉后果而拒绝作亲子鉴定的情形"④,所以《最高人民法院关于适用〈中华人民共和国婚姻法〉若干问题的解释(三)》以亲子关系推定规则对有限的特定情况下不接受亲子鉴定的当事人设定了不利诉讼后果⑤,但司法机关对推定规则的适用一直保持谨慎⑥。与外国的民法及民事诉讼法中的亲子鉴定相比,我国同类亲子鉴定以当事人同意为前提实施,属于自愿亲子鉴定。

---

① 谢怀栻译:《德意志联邦民事诉讼法》,中国法制出版社 2000 年版,第 91—92 页。

② 罗结珍译:《法国民法典》,中国法制出版社 1999 年版,第 100 页。

③ 陈飚:《亲子关系诉讼中的血缘鉴定之强制性》,载《现代法学》2010 年第 1 期,第 89 页。

④ 赖红梅:《亲子鉴定结论在亲子关系诉讼实务中的定位》,载《河北法学》2013 年第 1 期,第 133 页。

⑤ 该规则为《最高人民法院关于适用〈中华人民共和国民法典〉婚姻家庭编的解释(一)》第三十九条所保留,其规定:"父或者母向人民法院起诉请求否认亲子关系,并已提供必要证据予以证明,另一方没有相反证据又拒绝做亲子鉴定的,人民法院可以认定否认亲子关系一方的主张成立。父或者母以及成年子女起诉请求确认亲子关系,并提供必要证据予以证明,另一方没有相反证据又拒绝做亲子鉴定的,人民法院可以认定确认亲子关系一方的主张成立。"

⑥ 《最高人民法院关于人民法院在审判工作中能否采用人类白细胞抗原作亲子鉴定问题的批复》要求"一方当事人要求作亲子鉴定的,或者子女已超过三周岁的,应视具体情况,从严掌握"。《最高人民法院民一庭对当前民事审判难点的意见》(简称为"《审判意见》")第 18 条也对推定亲子关系成立规则的适用作出了严格的限制,要求"申请亲子鉴定的一方应当完成相当的证明义务"。

2. 刑事诉讼法及相关法律中的亲子鉴定

刑事领域的亲子鉴定首先建立在对犯罪嫌疑人进行 DNA 鉴定的基础上,进而为侦破刑事案件提供线索或证据。英国根据 1984 年《警察和刑事证据法》(Police and Criminal Evidence Act 1984)等多部法律建立了国家 DNA 数据库,警察被授权从被拘捕的人身上提取 DNA 样本,并将其信息记录入数据库①。美国 1993 年通过的《DNA 鉴定法》(DNA Identification Act of 1993)授权联邦调查局局长就定罪人员的 DNA 鉴定记录等 DNA 信息建立数据库。加拿大于 1998 年制定的《DNA 鉴定法》规定,国家 DNA 数据库中的"被定罪者库"包括根据命令和授权从身体中采集的 DNA 信息②。

相比较而言,以上国家的刑事诉讼法及相关法律(以下简称为"刑事诉讼法")直接对 DNA 鉴定进行规制。我国刑事诉讼法虽未直接授权侦查机关实施亲子鉴定,但其作为专门性问题,为该法关于侦查机关依职权实施鉴定的规定涵括③。与民法及民事诉讼法相比,我国刑事诉讼法中的亲子鉴定,不以犯罪嫌疑人的同意为前提,是强制亲子鉴定。

3. 行政法中的亲子鉴定

我国行政法中亲子鉴定的作用可大致地分成两类。其一,将亲子鉴定意见设定为相对人申请行政机关作出某些行政行为的条件,其往往由较低位阶的行政规范性文件规定,至少涉及以下事项:一是领取出生医学证明④,二是户籍登记⑤,三是申请入读公办

---

① See The National DNA Database. Number 258, February 2006. https://www. parliament. uk/globalassets/documents/post/postpn258. pdf,访问时间:2022 年 4 月 20 日。

② DNA Identification Act. 5(4).

③ 《中华人民共和国刑事诉讼法》第一百四十六条规定:"为了查明案情,需要解决案件中某些专门性问题的时候,应当指派、聘请有专门知识的人进行鉴定。"

④ 《北京市卫生局转发卫生部关于进一步加强出生医学证明管理的通知》在第四条第二项中规定"办理助产机构外出生的《出生医学证明》,领证人须提供法定鉴定机构有关亲子鉴定的证明、身份证和户口本原件及复印件"。

⑤ 《重庆市户口居民身份证管理工作规范实施细则》在第二十二条第一款中规定"非婚生育子女随父亲申报出生登记的应当一并提供具有司法鉴定资质的鉴定机构出具的亲子鉴定证明"。

学校①;其二,授权行政机关在实施行政管理过程中为获取证据而实施亲子鉴定,《报告》指出的强制亲子鉴定事例即属此类情况。与民法、民事诉讼法和刑事诉讼法中较为明确、有限的亲子鉴定事项相比,我国行政法中的亲子鉴定虽主要涉及人口行政管理事务,但事项繁杂,既有自愿亲子鉴定也有强制亲子鉴定。

从以上梳理可知,亲子鉴定在我国的民法和民事诉讼法、刑事诉讼法以及行政法中均有表现。其中,民法及民事诉讼法的亲子鉴定属于自愿鉴定,刑事诉讼法的亲子鉴定为强制鉴定,行政法中亲子鉴定的自愿性或强制性则因事而异。通过与发达国家的立法例进行比较可知,亲子鉴定在民法及民事诉讼法和刑事诉讼法中的功能以及自愿性或强制性表现具有相似性,而我国行政法中的亲子鉴定则具有"人口管理""计划生育"等较为典型的本土特色。

二、地方性法规中的强制亲子鉴定规定与法律性质辨析

(一)地方性法规中的强制亲子鉴定规定梳理

经过在"国家法律法规数据库""北大法宝"数据库中的检索,在全国人大常委会法工委要求地方修改之前,至少有 8 件省级地方性法规中存在强制亲子鉴定(或强制技术鉴定,下同)规定②,基于研究分析的必要,列举相关规定如下(目前除陕西外,其他 7 件法规均已作出修改):

1.《江西省人口与计划生育条例》(2018)第三十六条:对实名举

---

① 《虎门镇义务教育阶段公办学校 2018 年秋季招生工作方案》规定,在父母一方或双方为虎门户籍但其子女为外地户籍或无户籍的情况下,申请入读公办学校的途径包括积分、将户籍迁入虎门、到指定机构做亲子鉴定等。参见《上学居然也要做亲子鉴定!东莞市虎门镇招生方案惹争议》,载光明日报微信号,https://mp.weixin.qq.com/s/aqQnjtwI2yq8F3b4Wf9H4A,访问时间:2022 年 4 月 20 日。

② 本文列举的事例为最后一次规定强制亲子鉴定的版本,在地方性法规名称后的括号中注明该版本的修订年份。

报,或者匿名举报计划外生育线索清晰的,卫生和计划生育主管部门应当进行调查;必要时可以组织技术鉴定,有关单位和个人应当予以配合。技术鉴定结果证明当事人计划外生育的,技术鉴定费用由当事人承担;技术鉴定结果证明当事人未计划外生育的,技术鉴定费用及当事人由此产生的交通费、误工费由卫生和计划生育主管部门承担。技术鉴定收费按照本省医疗服务价格手册中有关项目和标准执行。

2.《湖北省人口与计划生育条例》(2016)第二十二条:卫生计生行政部门应当对涉嫌违法生育的投诉和举报进行调查。对有明显证据证明当事人涉嫌违法生育且拒不承认的,经市(州)人民政府卫生计生行政部门批准,可以要求当事人配合进行技术鉴定,并做好保密工作。技术鉴定相关费用由提出技术鉴定的卫生计生行政部门承担。

3.《湖南省人口与计划生育条例》(2016)第四十条:县级以上人民政府计划生育行政部门应当对涉嫌违法生育的投诉和举报进行调查,对有明显证据证明涉嫌违法生育且拒不承认的,可以要求当事人进行技术鉴定,并做好保密工作,当事人应当配合。技术鉴定结果证明当事人违法生育的,技术鉴定费及当事人因技术鉴定发生的交通费、误工费由当事人承担;技术鉴定结果证明当事人未违法生育的,上述费用由人口和计划生育行政部门承担。

4.《广西壮族自治区人口和计划生育条例》(2019)第三十七条:有下列情形之一难以认定的,卫生健康行政部门可以要求当事人作亲子鉴定:(一)违反本条例规定生育子女的;(二)规避法律法规生育子女的;(三)婚外生育子女的。经鉴定,属于违法生育的,鉴定费由当事人承担。

5.《贵州省人口与计划生育条例》(2018)第七十条:对涉嫌违法生育而当事人又拒不承认的,县级以上人民政府卫生和计划生育行政部门有权要求当事人接受技术鉴定,当事人应当予以配合。当事人拒绝接受技术鉴定的,由县级以上人民政府卫生和计划生育行政部门处以 1 万元以上 5 万元以下的罚款。技术鉴定结果证明当事人违法生育的,技术鉴定费及当事人因技术鉴定发生的交通费、误工费等费用由当事人承担;技术鉴定结果证明当事人未违法生育的,上述费用由卫生和计划生育行政部门承担并赔偿相应损失。

6.《云南省人口与计划生育条例》(2018)第三十六条:对涉嫌违法生育的,县级以上卫生健康行政主管部门应当组织调查核实,当事人拒不承认的,经州(市)卫生健康行政主管部门批准,可以要求当事人配合进行亲子鉴定,当事人应当予以配合。鉴定结果符合亲子关系的,亲子鉴定费用及因此发生的误工费、交通费,由当事人承担;鉴定结果不符合亲子关系的,上述费用由提出鉴定的卫生健康行政主管部门承担。

7.《重庆市人口与计划生育条例》(2016)第二十四条:对涉嫌违法生育的,卫生和计划生育行政部门应当进行调查。必要时,市或者区县(自治县)卫生和计划生育行政部门可以要求当事人进行技术鉴定以查清事实,当事人应当配合。技术鉴定结果证明当事人违法生育的,技术鉴定费用由当事人承担;技术鉴定结果证明当事人未违法生育的,技术鉴定费用以及当事人由此产生的交通费、误工费由卫生和计划生育行政部门承担。第四十七条:当事人违反本条例第二十四条规定,拒绝接受技术鉴定的,处一万元以上五万元以下罚款。

8.《陕西省人口与计划生育条例》(2016)第七条:各级人民政府及其工作人员在推行计划生育工作中应当严格依法行政,文明执法,不得侵犯公民的合法权益。县级以上卫生和计划生育部门及其工作人员执行公务时可以依法调查取证、组织技术鉴定,有关单位和个人应当予以配合。

上述规定均授权卫生(或计生、健康)部门通过亲子鉴定(或技术鉴定)调查涉嫌违法生育的案件,在强制亲子鉴定的启动条件、职权主体、审批程序、保密、费用承担以及所针对的违法生育情形上存在区别。除此之外,根据上述规定授予计生部门的职权,可将8件地方性法规分为两类:江西、湖北、湖南、广西、云南、陕西仅授予计生部门实施强制亲子鉴定一项职权;贵州、重庆还授予计生部门对拒绝接受亲子鉴定的行为处以罚款的职权。

贵州、重庆地方性法规的强制亲子鉴定规定具有更为明显的强制特征,原因在于:第一,与湖北、广西并未明确相对人应当接受亲子鉴定义务相比,贵州、重庆在授权计生部门实施亲子鉴定的同时,以"应当(予以)配合"表达对相对人行为的指令,明确涉嫌违法生育的相对人作为义务主体负有接受亲子鉴定的义务,完整地体现了"行政机关职权——相对人义务"的对应关系。第二,上述地方性法规中关于相对人的义务性规范均以"应当"为规范词,相较于"必须","应当"并非最强烈命令语气的规范词,"必须"意味着"一当违反,必遭制裁"[1],而"应当"虽然亦要求被规范者对其设定的行为模式作为,但不作为不必然受到法律的惩罚[2]。按照法律规则逻辑结构的"新三要素说"[3],贵州、重庆地方性法规关于违法责任的规定可转换为规范语句:"假定计生部门组织亲子鉴定,相对人应当配合,否则对其处一万元以上五万元以下罚款。"也即相对人违反配合亲子鉴定义务的否定性法律后果明确,将受到以罚款为内容的法律制裁。相比之下,其他六地的地方性法规未针对违反该义务的行为设定法律制裁。

(二)强制亲子鉴定规定的法律性质

关于强制亲子鉴定以及对拒绝接受亲子鉴定处以罚款的性质,作者意图参考见诸报道的审查意见了解其在行政法上的属性,其表述为"有关规定属于针对违法生育行为的行政调查措施及相应处罚"[4]。一方面,"行政调查措施"是程序法意义上的判断,其实体法属性还需明确。另一方面,罚款既是行政处罚的种类[5],也是行政强制执行的种

---

[1] 王敏:《法律规范中的"必须"与"应当"辨析》,载《法学》1996 年第 8 期,第 33 页。
[2] 田君、康巧茹:《从语言逻辑角度对法律规范词"必须"与"应当"的界定》,载《1997 年逻辑研究专辑》,第 124 页。
[3] "新三要素说"由假定、行为模式和法律后果三个要素组成。参见舒国滢:《法理学导论》(第三版),北京大学出版社 2019 年版,第 102—103 页。
[4] 宋承翰、刘嫚、蒋小天等:《被认定违反宪法法律"强制亲子鉴定"查超生退场》,载南方都市报搜狐号,http://news.sohu.com/a/510822371_161795,访问时间:2022 年 4 月 20 日。
[5] 《中华人民共和国行政强制法》第九条规定:"行政强制措施的种类:(一)限制公民人身自由;(二)查封场所、设施或者财物;(三)扣押财物;(四)冻结存款、汇款;(五)其他行政强制措施。"

类(执行罚)①,"处罚"属于何者的范畴?

第一,8件地方性法规授权计生部门实施的强制亲子鉴定均是以人身为对象的行政强制措施。

强制亲子鉴定由计生部门在对相对人权利作出处分性决定之前的调查过程中实施,而非针对违法生育行为本身,是一种过程性、中间性的行政行为。其服务于获取违法生育证据之目的,通过证实违法生育行为存在与否,为计生部门作出最终的行政决定提供依据,所以其也可以视为一种具有从属性质的手段。其内容是从相对人的身体上采集样本,与对行政强制措施是一种实力行为、具有物理形态的认知②相匹配。因此,强制亲子鉴定应定性为一般性行政强制措施③,其作用对象为相对人的人身,按照行政强制法对行政强制措施的分类,属于"其他行政强制措施"④。

第二,贵州、重庆的地方性法规授权计生部门对拒绝接受亲子鉴定行为处以的罚款属性为行政处罚。

考察行政行为的目的与功能,有助于把握行政行为的性质。依传统的"报应论",行政处罚的目的是惩罚和制裁⑤。拒绝接受亲子鉴定违反了地方性法规设定的义务,罚款旨在惩罚相对人不履行义务的行为,与行政处罚的目的相吻合。在功能上,行政处罚中的罚款能起到减损经济利益的威慑作用,对相对人造成内心压力,迫使其主动履行

---

① 《中华人民共和国行政强制法》第十二条规定:"行政强制执行的方式:(一)加处罚款或者滞纳金……。"

② 胡建淼:《关于〈行政强制法〉意义上的"行政强制措施"之认定——对20种特殊行为是否属于"行政强制措施"的评判和甄别》,载《政治与法律》2012年第12期,第3页。

③ 一般性行政强制措施是指行政机关为了查明情况或者为了保障行政管理工作顺利进行,而依职权对有关对象的人身或财产权利进行暂时性限制的强制措施。参见傅士成:《行政强制措施研究》,载《南开学报》2004年第5期,第103页。

④ 《中华人民共和国行政强制法》第十条规定:"行政强制措施由法律设定。尚未制定法律,且属于国务院行政管理职权事项的,行政法规可以设定除本法第九条第一项、第四项和应当由法律规定的行政强制措施以外的其他行政强制措施。尚未制定法律、行政法规,且属于地方性事务的,地方性法规可以设定本法第九条第二项、第三项的行政强制措施。法律、法规以外的其他规范性文件不得设定行政强制措施。"

⑤ 熊樟林:《行政处罚的目的》,载《国家检察官学院学报》2020年第5期,第35页。

义务。执行罚的目的同样是惩罚相对人不履行行政义务的行为,同时也具有通过减损经济利益造成精神痛苦、迫使履行义务的功能。所以,仅考察目的与功能不足以界定该行政行为的属性。

确定对拒绝接受亲子鉴定处以的罚款性质的关键在于这种罚款所依据的基础行为。学界对于执行罚须以某一确定的金钱给付义务为基础行为具有较为一致的认识。执行罚是在以罚款为基础行为上处以新的罚款,其不能针对限定在不履行金钱给付决定的行为①。我国的执行罚应界定为当义务人逾期不履行金钱给付义务时,行政机关以课予义务人新的金钱给付的方式,促使其履行义务的行政强制执行方式②。所以,只有以相对人拒绝履行已被确定的金钱给付义务为前提,才能实施执行罚,贵州、重庆授权计生部门处以的罚款所基于的事实则是拒绝接受亲子鉴定的行为。且执行罚属于羁束行为③,通常以百分比或者倍数的方式设定,行政机关选择的余地较小,而贵州、重庆的地方性法规赋予了计生部门在一定数额范围内作出裁量的空间。

此外,一旦处以罚款之后,计生部门不能再次在同一案件中以拒绝接受亲子鉴定为由处以新的罚款,符合行政处罚“一事不再罚”原则的要求,是对相对人权利义务作出最终处置的行为。综上,对拒绝接受亲子鉴定处以罚款的性质为行政处罚,该结论也得到司法实践的印证④。

---

① 王明喆:《行政罚款与行政执行罚的关系之辨》,载《财经法学》2022 年第 1 期,第 136 页。
② 赵阳:《行政执行罚及其程序性控制》,载《西南政法大学学报》2021 年第 5 期,第 28 页。
③ 胡建淼:《论作为行政执行罚的“加处罚款”——基于〈中华人民共和国行政强制法〉》,载《行政法研究》2016 年第 1 期,第 74 页。
④ 有法院认为,计生部门对相对人拒绝接受强制亲子鉴定行为所作的罚款属于行政处罚行为。在该案中,豆某某与向某某结婚后生育一男孩,他人向重庆市某县计生委举报,廖某系二人违法生育的小孩。该县计生委认为二人有违法生育嫌疑,要求做技术鉴定,豆某某明确拒绝。该县计生委以拒绝接受技术鉴定为由,根据《重庆市人口与计划生育条例》的相关规定对其处以 5 万元罚款,豆某某不服遂提起行政诉讼。经审理,法院认为该县卫计委的行政处罚行为没有合法的法律依据,应予不支持。因判决书无法在中国裁判文书网检索到,故援引媒体报道。参见重庆晨报:《行政机关不得强迫当事人进行亲子鉴定》,载新浪网, http://cq. sina. com. cn/news/s/2016-06-20/detail-ifxtfrrc3962086-p2. shtml。

三、地方性法规中强制亲子鉴定规定的合法性分析

在我国"一元两级多层次"的立法体制下,位阶在地方性法规之上的规范性法律文件包括宪法、法律和行政法规。合法性分析所依据的"法"仅限定于法律范围内,并不包括宪法和行政法规。出于地方治理需求的区别和鼓励地方发挥治理积极性的缘故,法律未调整或只有原则性调整的事项,地方性法规有权创设新的权利义务关系进行调整,所以必然与法律存在差异。这种差异的边界以及地方性法规自主性和国家法治统一的平衡点,宪法规定为"不同宪法、法律、行政法规相抵触"①。对于不突破上述边界的地方性法规,其差异性受到中央层级立法的尊重。备案审查是有权主体对地方性法规的合法性进行评价的监督环节,在备案审查中,"合法性审查主要是审查下位法是否抵触上位法"②,通过合法性审查甄别同上位法相抵触的地方性法规。换言之,地方性法规不同法律相抵触时,即对其合法性作出正面评价;相抵触时,则应作出负面评价。

(一)强制亲子鉴定规定的上位法

理论上,所有的法律都是地方性法规的上位法。而对于特定的地方性法规或者其中特定规范的上位法,应以调整事项为标准,从而排除相关性较低的其他法律,确定具体意义的上位法范畴。文本名称相似的规范性法律文件,其调整事项整体上具有较高的重合度,下位法通常会在制定依据条款中明示以与之具有相似名称的特定法律为制定依据,从而表明特定法律的上位法地位。除此之外,若地方性法规与特定法律在个别调整对象或者调整手段上发生高度重合,且属于特定法律的主要调整事项时,也应将其确定为地

---

① 《中华人民共和国宪法》第一百条第一款规定:"省、直辖市的人民代表大会和它们的常务委员会,在不同宪法、法律、行政法规相抵触的前提下,可以制定地方性法规,报全国人民代表大会常务委员会备案。"

② 王锴:《合宪性、合法性、适当性审查的区别与联系》,载《中国法学》2019 年第 1 期,第 10 页。

方性法规的上位法。

强制亲子鉴定规定位于省级人口与计划生育地方性法规中,这些地方性法规与人口与计划生育法(简称为"计生法")都以规制公民的生育行为及规范相应的行政管理行为为主要内容,内容重合度较高,且均明确以计生法为制定依据。在具体事项上,地方性法规设定以亲子鉴定为内容的行政强制措施,属于行政强制法的主要调整事项。贵州、重庆对拒绝接受强制亲子鉴定行为设定了以罚款为内容的行政处罚,是行政处罚法的主要调整事项。此外,强制亲子鉴定所分析的 DNA 信息属于可用于识别特定个人的生物信息,属于个人信息保护法调整的敏感个人信息的范畴[1],是个人信息的深层次内容[2]。在法医学中,个人识别是指通过法医人类学特征或遗传标记特征,对个人的身份加以识别[3]。"许多人将信息看作人的'终极身份证',因为基因编码决定了人的身份和本质"[4],通过对 DNA 这种具有唯一识别性的生物信息进行比对,足以将特定的个人从不特定的人群中加以识别。综上,地方性法规中强制亲子鉴定规定的上位法主要包括计生法、行政强制法、行政处罚法和个人信息保护法。

(二) 强制亲子鉴定规定对上位法抵触的分析

地方性法规的合法性分析应当以"不抵触"为基准,学界在《最高人民法院关于审理行政案件适用法律规范问题的座谈会纪要》对下位法抵触上位法的主要类型进行列举基础上,提出了若干种关于抵触标

---

[1] 《中华人民共和国个人信息保护法》第二十八条规定:"敏感个人信息是一旦泄露或者非法使用,容易导致自然人的人格尊严受到侵害或者人身、财产安全受到危害的个人信息,包括生物识别、宗教信仰、特定身份、医疗健康、金融账户、行踪轨迹等信息,以及不满十四周岁未成年人的个人信息。只有在具有特定的目的和充分的必要性,并采取严格保护措施的情形下,个人信息处理者方可处理敏感个人信息。"

[2] 胡文涛:《我国个人敏感信息界定之构想》,载《中国法学》2018 年第 5 期,第 253 页。

[3] 鲁涤:《法医 DNA 证据相关问题研究》,中国政法大学出版社 2012 年版,第 87 页。

[4] 刘晓丹:《DNA 样本强制采集与隐私权保护》,载《中国人民公安大学学报(社会科学版)》2012 年第 3 期,第 96 页。

准的理解①。在地方性法规的备案审查工作中,下位法抵触上位法标准具有很强的实践性和应用价值,实务部门提出了以下判断标准:(1)违反立法法第八条,对只能制定法律的事项作出规定;(2)超越法定权限,对公民、法人和其他组织的权利与义务以及国家机关的权力与责任违法作出规定;(3)违法设定行政许可、行政处罚、行政强制,或者对法律设定的行政许可、行政处罚、行政强制违法作出调整和改变;(4)与法律规定明显不一致,或者与法律的立法目的或者原则明显相违背,旨在抵消、改变或者规避其规定;(5)违背授权决定,超出授权范围;(6)对依法不能变通的事项作出变通,或者变通规定违背法律的基本原则;(7)违背法定程序;(8)其他可能的情形②。该标准在权限、内容、程序三个方面较全面地归纳了对合法性作出负面评价的情形,因此本文根据该标准分析强制亲子鉴定规定的合法性。

1. 人口与计划生育法

强制亲子鉴定规定主要设定在地方性法规的"生育调节"和"法律责任"两章中,其本质一定程度上为该位置所反映。纵观计划生育制度的发展史,"对生育数量的调节一直是我国计划生育政策与法治的核心内容"③。计生法"生育调节"一章以生育子女数量、避孕节育为主要内容的事实也足以证明,生育调节的重点在于控制生育数量。强制亲子鉴定在形式上表现为调查违法生育案件的过程性手段,而调查结果与追究相对人违法生育法律责任直接关联。所以该手段足以将外在强制转化为相对人的心理压力,进而限制相对人的生育行为。也就是说,强制亲子鉴定在本质上是一种调节生育行为的措施。

---

① 董书萍:《法律适用规则研究》,中国人民公安大学出版社 2012 年版,第 101—102 页;胡建淼:《法律规范之间抵触标准研究》,载《中国法学》2016 年第 3 期,第 5—24 页;周辉:《法律规范抵触的标准》,载《国家检察官学院学报》2016 年第 6 期,第 78—90 页;刘雁鹏:《地方立法抵触标准的反思与判定》,载《北京社会科学》2017 年第 3 期,第 31—39 页。

② 梁鹰:《备案审查制度若干问题探讨》,载《地方立法研究》2019 年第 6 期,第 15 页。

③ 王卫:《论我国生育权公法调节的范围与边界》,载《人民论坛·学术前沿》2020 年第 10 期,第 109 页。

地方性法规设定生育调节措施获得了宪法和计生法的一般性授权。根据对宪法文本的梳理,计划生育既属于中央管辖事务也属于地方管辖事务①,由央地共同立法管理。地方性法规实施生育调节并不需要以专门授权为前提,也不必然限制在计生法的生育调节措施范围内。然而这种抽象的一般性授权,能否理解为可以由地方性法规转化为具体的强制亲子鉴定措施?

该问题也可以转化为是否所有的计划生育事务都可由央地共同立法调整。地方立法机关完整的立法权包含立法事项与调整手段两方面,调整手段指的是地方立法可以设定的行政管理措施②。对于不具有地方性的调整手段,地方性法规自然没有调整的空间。地方立法权来自中央授权,在这个逻辑下,地方性法规对地方性事务调整所造成的地区差异不能对国家法治统一造成损害。也即在央地共同立法事项内部,同样划定了中央专有立法的边界。地方性法规的调整空间主要集中在需要与地区社会经济条件相适应的事项上。在生育调节中,其表现为允许少数民族在满足特定条件时生育更多子女。但是人身权利不存在也不应存在地区差别,因此涉及人身权利的生育调节措施不属于地方性事务范围。

另一方面,"实现人口与经济、社会、资源、环境的协调发展"是计生法的立法目的之一,生育调节措施在满足经济考量的同时,还需兼顾社会考量等其他因素。"促进家庭幸福"作为计生法的另一个立法目的,对下位法具有实质上的约束作用。而强制亲子鉴定的结果具有不确定性,当结果为"否定"时,会直接引起相对人及其家庭成员的内心困惑、不满乃至愤怒,进而使家庭陷入无休止的争吵与纷争中,甚至造成家庭破裂的后果,设定强制亲子鉴定极有可能妨碍实现该立法目的。因此,在地方性法规设定强制亲子鉴定既超越一般性授权的范

---

① 孙波:《论地方性事务——我国中央与地方关系法治化的新进展》,载《法制与社会发展》2008 年第 5 期,第 55 页。

② 王克稳:《论中央与地方立法机关立法事项的划分》,载《行政法学研究》2022 年第 3 期,第 115 页。

围,也与计生法的立法目的明显相违背,构成对计生法的抵触。

2. 行政强制法

行政强制法对地方性法规的行政强制措施设定权作出了明确限制。从种类来看,地方性法规仅可在尚未制定法律、行政法规并属于地方性事务的情况下,设定查封场所、设施或财物、扣押财物两项行政强制措施,强制亲子鉴定属于以人身为对象的"其他行政强制措施",不属于以财产为对象的行政强制措施,并非地方性法规有权设定的行政强制措施。从设定行政强制措施的前提看,当法律未设定行政强制措施时,地方性法规不得设定行政强制措施[①]。然而计生法并未授权计生部门在调查违法生育案件过程中实施任何的行政强制措施。显然,设定强制亲子鉴定逾越了行政强制法对地方性法规的授权范围,属于抵触标准中违法设定行政强制的情形,构成对行政强制法的抵触。

行政强制法对行政强制措施的设定确立了以"最小损害"为核心的比例原则[②],其要求"采用非强制手段可以达到行政管理目的的,不得设定和实施行政强制"[③]。在对证据证明力要求更高的刑事案件中,实施强制采样同样受到严格限制,如日本认为须"不存在适当的替代手段",德国认为须在"对于侦查事实真相是必不可少的条件下"[④]。由于对行政违法行为处罚的严厉性要低于刑罚,行政违法案件证据的证明标准不必达到与刑事案件中定罪所要求的"事实清楚,证据确实、充分"标准同等严格程度。尽管亲子鉴定意见是具有最强证明力的单一证据,但计生部门可通过采集不涉及人身的证据(如出生医学证明

---

① 《中华人民共和国行政强制法》第十一条第二款规定:"法律中未设定行政强制措施的,行政法规、地方性法规不得设定行政强制措施。但是,法律规定特定事项由行政法规规定具体管理措施的,行政法规可以设定除本法第九条第一项、第四项和应当由法律规定的行政强制措施以外的其他行政强制措施。"

② 姜明安:《〈行政强制法〉的基本原则和行政强制设定权研究》,载《法学杂志》2011 年第 11 期,第 7 页。

③ 《中华人民共和国行政强制法》第五条规定:"行政强制的设定和实施,应当适当。采用非强制手段可以达到行政管理目的的,不得设定和实施行政强制。"

④ 陈光中、陈学权:《强制采样与人权保障之冲突与平衡》,载《现代法学》2005 年第 5 期,第 51 页。

书等)完成对违法生育事实的证明,亲子鉴定在行政违法案件中仅是一种高效而非不可替代的手段。

从采样方法来看,强制亲子鉴定需要对相对人身体支配权进行限制,是具有特殊表现形式的身体检查。而一般意义上的身体检查则是我国法律设定的一种行政强制措施。例如,海关法授权海关在调查走私案件中检查嫌疑人的身体,戒毒法授权公安机关在缉查毒品过程中对来往人员的身体进行检查。其均在调查严重行政违法行为且可能涉嫌犯罪的案件中实施,是与违法行为的严重性相匹配的必要调查手段。然而,违法生育案件的社会危害性并不足以要通过以人身为对象的行政强制措施进行调查,强制亲子鉴定并不符合"最小损害"的要求,属于抵触标准中"与法律的立法原则明显相违背"的情形。

3. 行政处罚法

行政处罚所针对的行为应具有行政违法性。行政违法性由形式违法性与实质违法性共同构成,形式违法性指的是违反法规范,实质违法性主要指对法益的侵害与威胁[1]。

若仅从行政处罚法关于行政处罚种类的设定权来看,地方性法规设定"罚款"未发生越权[2]。地方性法规对拒绝接受亲子鉴定行为设定行政处罚,其形式上的逻辑条件是拒绝接受亲子鉴定具有形式违法性。然而,上位法计生法并未对相对人科以接受强制亲子鉴定的具体性义务抑或是任何关于接受涉及人身的检查的抽象性义务。拒绝接受亲子鉴定在上位法中不具有形式违法性,对该行为设定行政处罚缺乏上位法依据。与其他 23 件未设定强制亲子鉴定的省级地方性法规进行横向对比,接受亲子鉴定也非相对人的义务。在相对人不负有法律义务的情况下,法规范不能对其行为设定法律制裁是法之常理。所以,拒绝接受强制亲子鉴定的形式违法性仅表现在个别的地方性法规中。

---

① 熊樟林:《应受行政处罚行为模型论》,载《法律科学(西北政法大学学报)》2021 年第 5 期,第 71 页。

② 《中华人民共和国行政处罚法》第十二条第一款规定:"地方性法规可以设定除限制人身自由、吊销营业执照以外的行政处罚。"

某一行为具有实质上的行政违法性的根源在于其对社会公共利益的减损。拒绝接受亲子鉴定的行为不等同于违法生育行为本身,违法生育对法益的损害表现为对计划生育制度所确立的经济资源与社会资源分配秩序的破坏,因而具有实质上的行政违法性,须以缴纳社会抚养费等方式承担违法责任。而拒绝接受强制亲子鉴定并不会造成证据灭失以及无法追究违法生育责任的后果,也不会对计划生育制度所确立的经济资源与社会资源分配秩序产生破坏,因而其不具有实质违法性。地方性法规对不具有行政违法性的行为设定行政处罚,属于违法设定行政处罚的表现,构成对行政处罚法的抵触。

4. 个人信息保护法

在亲子鉴定中分析 DNA 信息是一种个人信息处理行为。个人信息保护法要求处理个人信息的应遵循"合法、正当、必要"原则。在合法性上,计生法、行政强制法、行政处罚法均已对在地方性法规中设定强制亲子鉴定的合法性作出了否定。

正当原则是对个人信息处理行为目的提出的原则性要求。通常而言,旨在弥补公共利益损失的行政行为可理解为具有正当目的。但是,公共利益是一个不具有明确性的法律概念,"具体利益是否真正归属于'公共利益'是一个价值选择的过程"[1],在生育政策转型之前所遵循的经济主义的生育控制思路[2]指导下,违法生育导致公共财政在医疗、教育等事项上支出增加的后果是对公共利益的减损。在这个意义上,通过强制亲子鉴定证实违法生育事实后,计生部门追究相对人违法生育责任以弥补公共利益的损失,符合目的正当性的要求。

必要原则是比例原则在个人信息保护法中的表现。通说认为,比例原则包括适当性原则、必要性原则、均衡性原则。在妥当性上,亲子鉴定能对证明违法生育事实起到高效作用,符合其要求。在必要性

---

[1] 胡鸿高:《论公共利益的法律界定——从要素解释的路径》,载《中国法学》2008 年第 4 期,第 59 页。

[2] 秦奥蕾:《生育权、"计划生育"的宪法规定与合宪性转型》,载《政法论坛》2016 年第 5 期,第 43 页。

上,立法需要处理好行政机关最大限度地获取资源与最大限度地保护相对人利益之间的关系①,以对相对人权利造成最小损害的手段完成对违法生育事实的证明。如上文所述,其可以通过采集 DNA 信息以外的证据完成,因而强制亲子鉴定不符合必要性原则的要求。

均衡性原则要求客观评估个人信息处理造成的损害,在此基础上进行损益对比分析②。强制亲子鉴定造成的损益内容包括亲子关系不受外界揭露的私密性以及下文论证所涉的婚姻关系、家庭结构、儿童成长发展环境的稳定性等。其对公共利益的增益主要存在于经济层面,即在证明违法生育事实后通过征收社会抚养费补偿公共利益的损失。刑事强制身体检查在整体秩序、宏观视野上给公民带来效益③,强制亲子鉴定作为具有特殊形式的身体检查同样可引起这种增益。其通过提高刑事案件的侦破效率,增进了以不特定社会成员的人身、财产安全为内容的公共利益。为调查违法生育案件实施强制亲子鉴定显然无法通过单纯的经济增益来平衡其造成的损益,因而不满足均衡原则的要求。所以,强制亲子鉴定明显违背了个人信息保护法规定的处理个人信息的合法原则与必要原则,构成对该法的抵触。

四、强制亲子鉴定的宪法审视

经过对地方性法规的合法性分析,作出抵触法律与否的判断之后,即可得出是否需要修改的结论。但进一步看,法律、行政法规、地方性法规在宪法中都具有独立的地位。从权源依据看,地方性法规的制定机关从宪法获得较为宽泛的授权,省级地方性法规的制定权直接来源于宪法,而非经由其他规范间接地授予,立法法只是对其再次确认和具体化。由于宪法制度和宪法规范的高度原则性和抽象性,其实

---

① 章剑生:《现代行政法总论》(第 2 版),法律出版社 2019 年版,第 239 页。
② 刘权:《论个人信息处理的合法、正当、必要原则》,载《法学家》2021 年第 5 期,第 11 页。
③ 宋远升:《强制身体检查之思索与权衡》,载《中国刑事法杂志》2006 年第 6 期,第 78—79 页。

施在很大程度上依赖于法律、行政法规、地方性法规的具体化。从内容上看,宪法关于计划生育的规定为在地方性法规中设定生育调节措施提供了指引。具体而言,调节生育行为的地方性法规可以在宪法第二十五条"国家推行计划生育,使人口的增长同经济和社会发展计划相适应"及第四十九条第二款"夫妻双方有实行计划生育的义务"获得制定依据。所以,规定了强制亲子鉴定的地方性法规在权源和内容上具有宪法的直接依据,有必要对其进行合宪性分析。

合宪性分析要求以谨慎的态度对地方性法规的合宪性进行评价。地方性法规一经制定,应推定其合乎宪法,尽量作出符合宪法的解释,除非有明显的事实证明其违反宪法。合宪性推定的逻辑在于,地方性法规的制定权直接来自宪法,出于对宪法授予地方立法权的尊重以及维护法律秩序总体稳定性的考虑,不能轻易对地方性法规的合宪性作出否定性评价。

与合法性分析相比,合宪性分析所依据的宪法规范的解释空间远大于一般的法律规范,其分析方法应建立在对宪法规范的解释上。宪法解释思维是一种宏观的思维模式,从宪法价值体系的宏观角度揭示宪法的意义与内涵,不同于通过具体的规范分析方法完成法律解释①。所以合宪性分析更倾向于对宪法规范作出价值判断后,进行价值对比和取舍。合宪性审查的内容应当包括形式合宪性审查与实质合宪性审查,后者要求审查立法是否侵犯了公民的基本权利以及立法是否有助于宪法序言和总纲中的国家目标、国家任务的实现等②。上文梳理的 8 件地方性法规在形式合宪性上均不存在瑕疵,关键在于对强制亲子鉴定的实质合宪性进行分析。

(一)对照"人格尊严不受侵犯"条款的审视

我国宪法第三十八条规定:"中华人民共和国公民的人格尊严不受侵犯。禁止用任何方法对公民进行侮辱、诽谤和诬告陷害。"德国基

---

① 韩大元:《宪法程序研究》,载《政法论坛(中国政法大学学报)》2003 年 4 月,第 4 页。
② 王锴:《合宪性、合法性、适当性审查的区别与联系》,载《中国法学》2019 年第 1 期,第 14—15 页。

本法将"人的尊严"作为基础性价值置于宪法开篇之位置,其更倾向于是"基本权利体系之出发点"和"最上位之宪法原则"①,而与个别性的基本权利相区别。我国宪法的"人格尊严不受侵犯"条款位于"公民的基本权利和义务"一章中,是一项平行于其他基本权利的基本权利,对其解释应忠诚于文义本身以及在文本中的位置。所以,该条款应理解为是对基本权利的一种表达,而不同于德国基本法中作为宪法价值的存在。就权利内容来看,有学者结合修宪的时代背景将其解释为"公民的人身、健康、姓名、荣誉、肖像等不被侮辱和诽谤"②。有学者认为,我国宪法中人格尊严的基础着重于个人的名誉与荣誉保护③。可见,"人格尊严不受侵犯"条款的基本内涵由直接而特殊的历史渊源赋予,对其基本内涵的认识也较为一致。按照学界的通说,名誉权、姓名权、肖像权、荣誉权以及隐私权都属于人格尊严的内容④。对照"人格尊严不受侵犯"条款的合宪性分析,关键在于评价强制亲子鉴定对该条款保护内容的介入和限制是否对这些保护内容所蕴含的宪法价值造成损害。

隐私权体现了宪法对公民作为个体所具有的独立性的尊重,其赋予公民保持其个人身体、私人生活、私人关系的秘密性而不受外界侵扰尤其是国家公权力介入的权利。由于采样行为的对象是身体,无论通过何种方法,都需要当事人裸露特定位置以采集样本,所以采样行为本身就是对隐私权的限制。

隐私权的核心是人们试图保持有关于个体信息和行为的隐秘性和自主性,不愿让其公开以及不被打扰和干涉⑤。亲子关系涉及特定

---

① 林来梵:《人的尊严与人格尊严——兼论中国宪法第 38 条的解释方案》,载《浙江社会科学》2008 年第 3 期,第 50 页。

② 孔令望:《新宪法保障公民的人格尊严不受侵犯》,载《法学》1982 年第 12 期,第 7 页。

③ 郑贤君:《宪法"人格尊严"条款的规范地位之辨》,载《中国法学》2012 年第 2 期,第 79 页。

④ 韩大元主编:《宪法学》,法律出版社 2000 年版,第 80—81 页;参见莫纪宏主编:《宪法学》,社会科学文献出版社 2004 年版,第 299 页。

⑤ 王洪、刘革:《论宪法隐私权的法理基础及其终极价值——以人格尊严为中心》,载《西南民族大学学报(人文社科版)》2005 年第 5 期,第 97 页。

公民之间的私密性关系,该私密性关系的背后蕴藏着公民的生活秘密,所以属于隐私权调整的范畴。在一般的社会活动中,展现在公众环境的亲子关系仅是一种基于外在表露的行为和情感因素推定的亲子关系。对于真正的父子、母子关系也即生物学上的亲子关系,父亲、母亲和子女有权决定是否查明并向他人展示。国家应当尊重公民自己的意志,保障公民在各个领域能够自由作出选择,我国宪法第三十八条要求将公民作为独立思考、自主决定自己如何行为的主体来对待①。国家有义务保持克制,由公民自主决定是否要将亲子关系揭露。强制亲子鉴定对亲子关系的揭露,是立法对隐私权的又一限制。

尽管从宪法第五十一条能推导出基于正当事由可以对隐私权进行限制的结论②,但是其不能对权利的本质内容造成侵害。基本权利的本质内容,是指基本权利中最根本的、最起码的内容,若此内容被限制或剥夺则基本权利就实际上不存在③。隐私能促进尊重、爱、友谊和信任,对隐私的威胁会威胁到人的完整性,尊重、爱、信任、对他人有感情,并将自己视为爱、信任和感情的对象,是我们将自己视为人与人之间的人这一概念的核心④。当一项限制对人之间的尊重、爱与信任造成不利影响,并对个人保持精神安宁而不受到烦扰造成障碍使得个体的独立性受到损害时,其就侵害了隐私权的本质内容。

名誉权是"人格尊严不受侵犯"条款的另一内容,公民有免受侮辱性、歧视性评价致使公众形象被贬损之侵害的权利。公权力对隐私权的过度介入可能会引起公民名誉权受到侵犯的结果。尽管强制亲子鉴定本身并非对公民进行侮辱,但当鉴定结果为"否定"时,母亲可能会受到"行为不检""不守妇道"等道德上的评价,子女也可能会遭致来自同学、社会对其作出"野孩子""私生子"等负面评价,"孩子在中

---

① 谢立斌:《中德比较宪法视野下的人格尊严——兼与林来梵教授商榷》,载《政法论坛》2010年第4期,第63页。
② 《中华人民共和国宪法》第五十一条规定:"中华人民共和国公民在行使自由和权利的时候,不得损害国家的、社会的、集体的利益和其他公民的合法的自由和权利。"
③ 张翔:《基本权利限制问题的思考框架》,载《法学家》2008年第1期,第138—139页。
④ See Charles Fried. The Yale Law Journal ,Jan. ,1968,Vol. 77,No. 3. p477—478.

国这样历史传统和世俗文化所营造的伦理氛围中名誉权会受到严重的侵害"[1]。由于基因具有种族、家族相关性,基因信息的泄露还可能导致对其个人乃至其家族的歧视[2]。即使有的地方性法规明确规定计生部门负有保密职责,但由于鉴定结果是后续行政行为的前提,若亲子关系不存在,计生部门作出的处理行为必然会有所不同,鉴定结果即间接地被外界所知悉并导致上述负面后果。

(二)对照"婚姻、家庭、母亲和儿童受国家的保护"条款的审视

宪法第四十九条第一款规定:"婚姻、家庭、母亲和儿童受国家的保护。"虽然该条款在宪法的公民基本权利部分中,其特殊之处在于没有表述为权利,而是对国家科以义务。国家对婚姻、家庭的保护义务,包括不得废止制度核心的不作为义务以及积极保护的立法作为义务[3]、"防止国家的不法侵害、家庭秩序的维护"[4]、保障婚姻在与家庭同构关系中所担负的生育养育与经济组织等功能[5]。其中,维护婚姻、家庭关系稳定性是一项基本性的保护内容。

在我国,家庭指代由夫妻、子女组成的共同生活单位,是以感情、婚姻、血缘为基础的共同体。法律的介入使家庭不能称之为严格意义上的封闭性组织,但家庭仍然是以家庭成员自治为主的半封闭性组织。现代社会对婚姻的认识愈发多样化而不再局限于生育功能[6],尤

---

① 任学强:《论亲子鉴定中的未成年人权利保障》,载《青年研究》2007 年第 8 期,第 32 页。
② 刘仁忠、代薇:《基因隐私的伦理和法律规范》,载《自然辩证法研究》2004 年第 9 期,第 78 页。
③ 王锴:《婚姻、家庭的宪法保障——以我国宪法第 49 条为中心》,载《法学评论》2013 年第 2 期,第 13 页。
④ 胡敏洁:《"受国家保护的家庭"释析》,载《浙江学刊》2020 年第 5 期,第 6 页。
⑤ 秦奥蕾:《论婚姻保护的立宪目的——兼回应"离婚冷静期"争议》,载《法学评论》2021 年第 6 期,第 134 页。
⑥ 婚姻被认为是法律约束、承诺的象征、排他性的性关系、继承关系和家属关系、自我成就的手段、社会契约、文化现象、宗教要求、经济关系、首选的生育组合、摆脱贫困和被赡养的手段、浪漫的典范、本能或者神圣的结合、道德立场、社会状态、合同关系等。参见玛萨·艾伯森·法曼、王新宇:《为什么缔结婚姻——婚内自治与婚姻的社会职能之辩》,载《中国政法大学学报》2015 年第 4 期,第 143—144 页。

其是爱情因素在婚姻中的话语权不断增加。维持婚姻共同体的持久幸福与快乐也可以理解为是婚姻的直接目的。

对于婚生子女,其生物学上的亲子关系由法律直接推定。而家庭成员间的亲情既源于生物的本能,又来自共同生活的实践[1]。私密性是婚姻和家庭的核心特征之一,亲子关系的建立主要属于家庭内部意思自治范畴。在现代社会的家庭中,父亲和母亲的词义均发生了扩张,其不仅限于指代上一代的直系血亲,在家庭中抚养未成年人的特定成年人也可冠之以父亲或母亲的称谓。血缘关系不是家庭得以存在的唯一基础,婚姻为非婚生子女建立社会化父母与法定化的父母[2]。这种社会学上的亲子关系不以生物学上的亲子关系为基础和必要,婚姻自由意味着父亲的身份可以基于爱情与当事人的合意形成。换句话说,当男性在知道与孩子之间不具有血缘关系的情况下,仍然可以出于爱情的考虑选择组建家庭、维持婚姻关系,保持缄默而不将事实揭露。在另一种情况中,不存在生物学上的亲子关系由婚姻一方违反忠实义务导致,但在外力介入之前,家庭成员对生物学上的亲子关系具有内心确信,婚姻和家庭处于正常状态,是一个稳定的结构。一旦亲子关系得以确定,除非当事人自愿揭开其"面纱",否则这种事实不应被揭露。

强制亲子鉴定对婚姻和家庭稳定的负面影响有一定的事实依据。在对约 1000 例亲子鉴定的实证调查中,鉴定结果为"否定"的案件达到约 8.25%[3]。尽管当事人申请的亲子鉴定可能基于某些源自家庭以外的原因,使得其鉴定结果为"否定"的概率更高,但强制亲子鉴定中鉴定结果为"否定"的可能性客观存在。当这一具有高度证明力的外力介入后,一旦生物学上的亲子关系被认定为不存在,婚姻所基于的忠诚

① 李拥军:《"家"视野下的法治模式的中国面相》,载《环球法律评论》2019 年第 6 期,第 96 页。
② 秦奥蕾:《论婚姻保护的立宪目的——兼回应"离婚冷静期"争议》,载《法学评论》2021 年第 6 期,第 132 页。
③ 莫丹:《亲子鉴定中未成年人权益保护研究》,西南政法大学 2019 年硕士学位论文,第 5 页。

与合意的基础即受到冲击,稳定的家庭关系即被外生性力量所打破。

在宪法中,儿童是一个特定的弱势群体①,宪法对其加以特别保护。儿童是强制亲子鉴定中不应被忽视的主体,儿童权利保护一直是亲子鉴定牵涉的重要话题。实践和研究均足以证明,儿童对亲子鉴定的方法、结果及其产生的后果均不具有明确性的认知,其主体地位未受到应有之重视。尽管相关鉴定规则要求儿童也要填写亲子鉴定申请书并签字或按手印确认,其在亲子鉴定中依然处于被动的从属性地位。在以监护人同意为前提的一般性亲子鉴定中对儿童的保护尚且不足,在强制亲子鉴定中,父母及儿童都是负有接受采样义务的行政行为对象,儿童的主体地位更加被弱化。而若鉴定结果为"否定"时,无论其是由"抱错"还是"出轨"所导致,都可能受到家庭成员的排斥,"被当作'野种'赶出原来家庭或作为私生子而徘徊在社会的边缘,实际上就把父母之错归咎于孩子,孩子因此受到无辜的伤害"②。

"婚姻、家庭、母亲和儿童受国家的保护"条款将儿童与婚姻、家庭并列保护,可见宪法对三者关系上的密切性予以确认,也即该条款中的"儿童"具有家庭属性。同时,宪法对儿童的保护还表现在第四十六条第二款"国家培养青年、少年、儿童在品德、智力、体质等方面全面发展"。家庭是儿童培养品德、发展智力、提高体质的最重要的场所,国家在保障家庭稳定的同时也是在保障儿童成长与发展环境的稳定。"家庭对个体道德感和信任感的培养,其原因在于家庭是一个教育单位"③,对家庭的保护可以视为实现对儿童保护的路径。实证研究表明,稳定的家庭结构、良好的家庭氛围、和谐的家庭关系、顺畅的情感沟通等家庭因素可以对家庭预防未成年人犯罪有实际效果④。其至少可以说明,相对稳定的家庭关系有助于避免儿童的不良品行。

---

① 管华:《论儿童宪法权利的制度保障》,载《江苏行政学院学报》2012 年第 5 期,第 131 页。
② 任学强:《论亲子鉴定中的未成年人权利保护》,载《青年研究》2007 年第 8 期,第 32 页。
③ 唐冬平:《宪法如何安顿家——以宪法第 49 条为中心》,载《当代法学》2019 年第 5 期,第 61 页。
④ 王贞会:《家庭监护功能缺位的实践表征及其治理路径——以 308 名涉罪未成年人为样本的分析》,载《政法论坛》2018 年第 6 期,第 185 页。

综上,地方性法规以强制亲子鉴定积极地介入到婚姻和家庭事务中,不但没有增进婚姻和家庭中主体的福祉,还对婚姻和家庭的私密性和稳定性造成冲击,对儿童利益造成负面影响,违背了保护婚姻、家庭和儿童的义务。

结　　语

亲子鉴定作为一种中性的技术手段,当服务于不妥当的制度目的时,可能释放出潜在的负面功效。以 DNA 鉴定技术为主的现代亲子鉴定技术为明确权利义务关系提供了准确、高效的技术工具,8 件省级地方性法规授权计生部门以强制亲子鉴定作为违法生育案件的调查手段。在厘定合法性分析中主要的上位法范围后,强制亲子鉴定规定与上位法抵触的面貌也较为完整地呈现出来:一是超越计生法对地方性法规设定生育调节措施的一般性授权范围,并明显违背其立法目的;二是超越行政强制法对地方性法规行政强制措施设定权的授权范围;三是对不具有实质行政违法性的行为设定行政处罚,抵触行政处罚法;四是明显违背个人信息保护法规定的个人信息处理原则。另外,强制亲子鉴定在对照宪法"人格尊严不受侵犯"条款和"婚姻、家庭、母亲和儿童受国家的保护"条款进行审视时,存在较为明显的合宪性瑕疵。

地方性法规不能以任何理由突破立法权限,作出抵触上位法的规定。通过对地方性法规中的强制亲子鉴定规定进行合法性审查,宪法与法律的权威得到维护。可以留意到,多数设定了强制亲子鉴定的地方性法规已经被修改,相关规定不再保留。备案审查作为一项顺应新的时代要求的重要宪法性制度被激活[①],其活力在此次对有关地方性法规的审查实践中充分展现。

"亲子关系作为人类社会关系中最重要最基本的关系之一,是人

[①]　梁鹰:《备案审查工作的现状、挑战与展望——以贯彻执行〈法规、司法解释备案审查工作办法〉为中心》,载《地方立法研究》2020 年第 6 期,第 19 页。

类自身的一种本能情感的重要依据和人类亲情关系的延续"①,强制亲子鉴定对美好、私密的亲情关系介入有失妥当。在过往严格的计划生育环境中,提高计划生育行政管理效率、保证人口控制目标的实现是重要需求。但我国的计划生育制度已经进入转型阶段,《国民经济和社会发展第十四个五年规划和 2035 年远景目标纲要》明确提出要"优化生育政策""增强生育政策包容性",基于生育制度转型的背景分析强制亲子鉴定的重要启示是,计生法律法规中的生育调节措施不但需要以不抵触上位法为底线,更应与社会发展情况相适应,以最大诚意尊重基本权利的社会化实现。

---

① 赖红梅:《亲子鉴定结论在亲子关系诉讼实务中的定位》,载《河北法学》2013 年第 1 期,第 132 页。

计划生育从义务到权利的法律规范转向[*]

——以强制亲子鉴定为中心

刘练军　戴晓军^{**}

摘　要: 人口老龄化的日益加速及人口红利的消失殆尽,促使我国对原来的计划生育政策进行调整,以实现经济与人口的协调发展。在此背景下,作为查处超生手段的强制亲子鉴定,经全国人大备案审查认定不符合宪法法律精神,相关规定已作出修改。一般认为,对拒不配合违法生育调查设定①的强制亲子鉴定规定的修改废止,是备案审查功能发挥的结果。但这一解释难以有效回应为何迟至 2021 年备案审查才对此开展审查。计划生育政策的放开才是根本原因。宪法义务导向下的严格计划生育,正在向权利定位的宽松计划生育转变。人口与计划生育法的修订,为计划生育从义务到权利的转向提供了法律规范基础。法秩序统一性要求,为实现作为权利的计划生育,就应当废止强制亲子鉴定,同时还需通过亲子鉴定立法规范各种亲子鉴定行为,以消弭血缘关系确定性和家庭关系稳定性之间可能的矛盾,进而更好地保障作为权利的计划生育。

关键词: 强制亲子鉴定　计划生育　权利　亲子关系　亲子鉴定法

---

* 本文的写作受江苏高校社科项目"人格权重大疑难问题研究"(2020SJZDA091)资助。

** 刘练军,东南大学法学院教授,博士生导师;戴晓军,东南大学法学院博士研究生。

① 备案审查并未认为所有强制亲子鉴定均违反宪法法律。

一、引　言

2021 年全国新增人口仅 48 万人,人口出生率和增长率跌至谷底,创 1949 年新中国成立以来的历史最低。随着人口老龄化日益加快,中国人口红利已经走进尾声。在已经全面建成小康社会、开启全面建设社会主义现代化国家的这一历史转折点,我国人口发展正迎来关键性转变,而有关计划生育的法律规范也随之迎来新的调整。

为调查计划生育违法事实,有的地方性法规规定,相关行政部门可以要求当事人进行亲子鉴定,对不予配合的,处以一万元以上五万元以下罚款。最新公布的《全国人民代表大会常务委员会法制工作委员会关于 2021 年备案审查工作情况的报告》中认定此项规定不符合宪法法律有关规定,并要求制定机关作出修改。作为查处超生违法事实的技术手段,"强制亲子鉴定"就此退出了历史舞台。公众对此一般会认为,备案审查制度功能的发挥是"强制亲子鉴定"被废止的真正原因。但需要进一步追问的是,我国在 2000 年便已通过立法法确立规范性文件备案审查制度,而地方也早在 21 世纪最初就有强制亲子鉴定的规定,如果备案审查是强制亲子鉴定退场的原因,为何迟延至 2021 年才对此规定进行审查并废止?

通过对审查报告中的解读可以发现,虽有宪法第四十九条的计划生育义务作为支撑,但强制亲子鉴定对公民人身自由、人格尊严、私有财产等基本权利产生了侵害,构成对公民基本权利的不当限制,不符合宪法规范。这种解释逻辑确实符合中国特色社会主义的法治要求,但从时间跨度上来讲,还不足以回应强制亲子鉴定究竟为何废止的疑惑,需要寻求更合理的解释路径。强制亲子鉴定源自公民计划生育的宪法义务,其同时侵犯了宪法所规定的公民的多项权利,确实构成对基本权利的不当限制。在此基础上需进一步解释,强制亲子鉴定是对计划生育义务的一种加重,而在新的国情转变之下国家需要放开计划生育,这并不符合计划生育从义务导向到权利导向的转变。

党和国家在不同历史阶段背负不同的政治义务,因而计划生育也经历了从严厉控制人口时的义务导向转为积极鼓励生育时的权利导向的过程。由于我国当年物质匮乏、经济落后,在生存权和生育权的矛盾之间必须做出平衡,故党和国家结合马克思主义理论探索出了契合中国国情的计划生育方案,通过限制生育权来保障人民生存权,以协调人口增长与社会发展之间的关系。在计划生育义务为导向的年代,尽管由于法制不健全、法治观念不深刻等原因迫使计划生育部门为完成计划生育工作而采取了一些非法治的强制手段,但计划生育有效控制了中国人口膨胀,保障了最广大人民幸福稳定生活的权利。如今中国确实取得了世界瞩目的经济发展成就,但由于以往严格的计划生育,人口结构正快速走向严重的老龄化。社会主要矛盾转变之下,我国的经济发展与人口增长不相协调,计划生育迎来了迫切的调整需求。

基于国情的转变,党和国家依据宪法第二十五条放开计划生育,通过减轻计划生育义务并赋予更多权利保障,给育龄夫妻创造宽松的生育条件。这种从义务导向到权利导向的转变透过法律变迁得以显明。以人口与计划生育法为例,其在 2015 年和 2021 年历经两次修正,通过减弱国家权力干预和扩大国家给付义务,计划生育义务对生育权的限制逐步被减小,即生育权被保护的范围逐渐扩大。而在法秩序统一的要求下,为保障逐渐扩大化的生育权,相应的法律规范必须予以调整,故加重计划生育义务的强制亲子鉴定也必将迎来退场。

而计划生育从义务到权利的转向所引起的调整并不仅限于废止查处超生的强制亲子鉴定,换言之,特殊背景下宪法要求国家放开计划生育,国家必将采取一切可能的措施促使其实现,整个法律体系不能与此目的相违背。在亲子关系诉讼中涉及亲子鉴定的证明义务,对于亲子鉴定带来的血缘关系确定性和家庭关系稳定性之间的矛盾,现行立法并未能实现很好的平衡,而亲子鉴定又涉及众多规范性文件,却无统一法律对其予以规范,宜通过亲子鉴定立法对亲子鉴定适用原则、出生医学证明上亲子鉴定的填补、权利除斥期间、鉴定程序规范及隐私保护、鉴定复议及鉴定过错责任等予以法律层面的明确,以更好保障计划生育义务调整后公民生育权的实现。

二、强制亲子鉴定废止:审查报告之外 更为合理的解释路径

地方行政部门为查处超生而采取的强制亲子鉴定措施经审查退出历史舞台,备案审查制度的宪法监督保障功能得以充分彰显。强制亲子鉴定何以不符合宪法规范?透过全国人大常委会法工委的审查报告可以展开清晰的解释。

(一)审查报告的解释:未能回应强制亲子鉴定迟延退场的疑惑

地方性法规中对"强制亲子鉴定"的规定为:有关行政部门为调查计划生育违法事实,可以要求当事人进行亲子鉴定;对拒不配合的,处以一万元以上五万元以下罚款。在有公民对此提出审查建议后,《全国人民代表大会常务委员会法制工作委员会关于 2021 年备案审查工作情况的报告》中就该项规定进行审查,认为:"亲子关系涉及公民人格尊严、身份、隐私和家庭关系和谐稳定,属于公民基本权益,受宪法法律保护,地方性法规不宜规定强制性亲子鉴定的内容,也不应对此设定相应的行政处罚、处分、处理措施。经沟通,制定机关已对相关规定作出修改。"①

全国人大常委会法工委的审查结果主要有两个层面:第一,亲子关系涉及众多宪法法律保护的基本权益,强制亲子鉴定不利于这些权益的保护;第二,地方性法规不应规定强制亲子鉴定并对此设定相应的行政处罚措施。强制亲子鉴定的规定是基于公民的计划生育义

---

① 靳昊:《瞧,这部民意直通车既快又稳!》,载《光明日报》2021 年 12 月 25 日,第 007 版。

务,即因为根据宪法第四十九条公民负有计划生育义务,所以行政机关在查处超生时要求配合亲子鉴定,不配合便要进行罚款。此规定是对公民义务的一种加重,构成对公民多项权利的不当限制,其在多个方面不符合宪法规范要求。

首先,强制亲子鉴定作为一种强制措施侵害了公民人身自由。强制亲子鉴定规定的前半句赋予了地方行政部门"要求"当事人进行亲子鉴定以配合查处超生的权力,这种"要求"带有强制性,而规定的后半句中对不予配合的公民处以罚款的内容强化了前半句"要求"的强制性。这种强制性在实践中的表现是,当有关行政部门收到线索需要对可能存在的违法生育事实进行调查时,便可强制性要求当事人及其子女进行亲子鉴定,亲子鉴定作为一种立竿见影的技术手段,行政部门自然很快就能确定违法生育事实,并就此依法对当事人进行相应的行政处罚。强制措施的效果显著,但此时的代价是当事人及其子女的人身自由受到了剥夺。处于正常生活状态的公民原本可以按照自己的意愿自由地进行活动,但强制亲子鉴定使得公民在某一段时间内不得不在行政机关的强制性要求下待在鉴定机构接受亲子鉴定,即在强制亲子鉴定时的公民因为行政部门的强制性要求而被限制了人身自由。宪法第三十七条规定,公民的人身自由不受侵犯。此时,强制亲子鉴定构成了对人身自由的侵害。

其次,强制亲子鉴定侵害了公民人格尊严。宪法第三十八条规定,公民的人格尊严不受侵犯,而强制亲子鉴定在两方面会对公民人格尊严产生侵害。其一,公民于亲子鉴定这件事上丧失了自由意志。公民作为拥有人格尊严的人,根本区别于动物的地方在于,人可以按照自己的自由意志进行活动,当人失去自由意志则无法成为作为公民的宪法主体。[1] 对于亲子鉴定这件事,公民本可以按照自己的意愿自

---

[1] 要成为法律上的主体要满足三个条件:(1)能主宰生命活动;(2)能支配外部世界;(3)能超越本能。除人之外的任何生物和人造物都难以同时做到这三点,而这三点概括总结为一点就是意志。人的主体地位的获得就在于人在进化发展过程之中拥有了自由意志,因而人与其他物产生根本区别。参见刘练军:《人工智能法律主体论的法理反思》,载《现代法学》2021年第4期,第74—75页。

由地选择做或者不做,而在强制亲子鉴定的境况之下,公民的自由意志被剥夺,只能在行政部门的强迫之下进行亲子鉴定。

其二,公民的个人隐私受到侵害。亲子关系属于个人隐私,另外,亲子鉴定中所涉及的当事人及其子女的血型、DNA 序列等皆为隐私信息。在公民不愿公之于众的情况下,其他人都无权通过任何方式获取。强制亲子鉴定属于行政权力强行侵入公民私人生活领域之中,而且原本已经幸福安定生活多年的家庭,一场突如其来的亲子鉴定很可能变成"伤子鉴定",①家庭稳定和安宁遭到了破坏,最终还可能侵害妇女和儿童的基本权益。综上两点,强制亲子鉴定对公民的人格尊严造成了相当大的侵害。

最后,强制亲子鉴定的罚款规定还侵犯了公民私有财产权。宪法第十三条规定,公民合法的私有财产不受侵犯,国家保护公民的私有财产权。行政机关对不予配合亲子鉴定的公民可处以一万元至五万元的罚款,这种罚款属于行政处罚措施。而行政处罚的前提是存在违法行为,②但现行法律并无条文明确规定不配合行政机关进行亲子鉴定为行政违法行为,因此强制亲子鉴定的罚款条款并无法律依据。行政机关受依法行政原则束缚,法无规定即禁止,无法律依据的罚款构成对公民私有财产权的侵犯。

故地方行政法规中规定的强制亲子鉴定不符合宪法规范。表面上,确实强制亲子鉴定因为备案审查功能的发挥而被废止,但从时间跨度上来讲值得反思。作为中国特色的宪法监督保障制度,备案审查制度自改革开放以来随着中国特色社会主义法治体系的不断健全而逐步确立、发展起来。我国在 2000 年便已通过立法法确立规范性文件备案审查制度,专章规定备案审查,有关国家机关、社会团体、企事业组织和公民都可对法规提出审查要求或审查建议,2006 年又通过

---

① 王雷:《〈婚姻法〉中的亲子关系推定》,载《中国青年政治学院学报》2014 年第 4 期,第 35 页。
② 行政处罚法第二条:行政处罚是指行政机关依法对违反行政管理秩序的公民、法人或者其他组织,以减损权益或者增加义务的方式予以惩戒的行为。

监督法,将司法解释于法律层面纳入备案审查范围,并规定县级以上地方人大常委会对规范性文件的备案审查。① 全国人大常委会法工委法规备案审查室主任梁鹰表示,备案审查是从最底层到达最高层的民意直通车,当公民发现自己的合法权益为法规、司法解释或者其他规范性文件所侵犯,可以直接向全国人大常委会提出备案审查建议。②

而地方也早已有强制亲子鉴定的规定。据统计,2002 年到 2009 年,广西、重庆、湖南、湖北、贵州等省份相继在计生条例中写入此类的条款,贵州和重庆还对当事人拒绝亲子鉴定规定了处罚措施,江西等地还通过计划生育条例的配套文件对强制亲子鉴定予以规定,且强制亲子鉴定的实践过程还在 2000 年后的多份县志中略有记录。③ 虽然计划生育部门依规进行强制亲子鉴定在当时"蔚然成风",但是在公民就强制亲子鉴定提起的诉讼中,存在相关法院判定强制亲子鉴定违法的案例。④ 既然行政机关无权强迫当事人进行亲子鉴定早已成既定事实,那么究竟为何迟延至 2021 年才对此规定进行审查并废止?

(二) 寻求另一种解释:生育权宪法保障范围扩大的解释路径

基于计划生育义务要求公民配合亲子鉴定,虽表面有宪法依据,但其构成了对计划生育义务的一种加重,即构成对生育权的过度限制。作为基本权利的生育权在计划生育限制范围内受宪法保护,而当计划生育放开时,计划生育义务减轻,生育权的宪法保障范围扩

---

① 参见《改革开放 40 年备案审查制度的发展成就和经验》,载中国人大网 2021 年 8 月 24 日,http://www.npc.gov.cn/npc/wgggkf40nlfcjgs/202108/2d6d4aac68aa4cb488d582c83fbd53b3.shtml。
② 靳昊:《瞧,这部民意直通车既快又稳!》,载《光明日报》2021 年 12 月 25 日,第 007 版。
③ 云南省的一份县志在介绍"查处违反计划生育政策的干部职工"时提及:查处工作严格规定,在查处中,凡是涉案人有争议,本人拒不认账,久拖不决的超生案件,一律通过作亲子鉴定的科学手段来检测;凡被通知作亲子鉴定的超生夫妇,不按指定的时间和地点办理亲子鉴定有关手续,拒绝作亲子鉴定的,按超生论处,并从通知之日起,停发该夫妇的工资。《强制亲子鉴定查超生退场:宪法原则精神阻止对公民采取该措施》,载微信公众号"南方都市报",2021 年 12 月 23 日。
④ 相关案例参见艾庆平、张登明:《以涉嫌违法生育为由强迫当事人进行亲子鉴定无效》,载《人民法院报》2013 年 2 月 28 日,第 007 版。

大,加重计划生育义务的强制亲子鉴定自然要退场。故生育权宪法保障范围的变化是一种更为合理的解释路径。

首先,需要明确生育权的宪法保障。计划生育在宪法文本中共出现两次。其一,宪法第二十五条规定,"国家推行计划生育,使人口的增长同经济和社会发展计划相适应"。其二,宪法第四十九条规定,"夫妻双方有实行计划生育的义务"。宪法中并未将生育权明文规定为公民基本权利,但可通过对宪法文本的解释将其明确为基本权利。计划生育的字面意义为有规划的生育,有规划作为定语修饰生育,构成对生育含义的一种限制性表达。从语词的构成来讲,生育为计划生育的核心部分,计划为其限定部分。因此,若要探讨计划生育,必先从生育权开始。

虽然生育权并未被很多国家列入宪法,[①]但其早已被许多国际条约确定为基本人权。[②] 通过这些国际条约的表述,生育权是指公民自由负责地决定他们子女的数量、间隔、时机并能为此获得相关信息、教育和方法的基本权利。我国宪法中亦未明确生育权,生育权最早见于 1992 年颁布的妇女权益保障法中,其第五十一条规定:妇女有按照国家有关规定生育子女的权利,也有不生育的自由。自生育权

[①] 《成文宪法的比较研究》一书的统计结果表明,有可能没有哪个国家的宪法明确规定"生育权"。参见[荷兰]亨克·范·马尔赛文、格尔·范·德·唐:《成文宪法的比较研究》,陈云生译,华夏出版社 1987 年版,第 118—170 页。

[②] 1968 年国际人权会议(United Nations Human Rights Council)通过的《德黑兰宣言》(Tehran Declaration)首次提出生育权是基本人权:"父母享有自由负责决定子女人数及其出生时距之基本人权。"1974 年联合国在布加勒斯特召开的世界人口会议通过的《世界人口行动纲领》(World Population Plan of Action),在《德黑兰宣言》的基础上,又将获得相关信息、教育和方法的权利纳入生育权:"所有夫妇和个人都有自由和负责任地决定生育孩子数量和生育间隔并为此而获得信息、教育和手段的基本权利;夫妇和个人在行使这种权利时有责任考虑他们现有子女和将来子女的需要以及他们对社会的责任。"1979 年联合国大会通过的《消除对妇女一切形式歧视公约》(The Convention on the Elimination of All Forms of Discrimination against Women)首次将生育权明确写入国际公约。该公约于 1981 年 9 月 3 日生效,我国是该公约最早的缔约国之一。公约规定:"缔约各国应采取一切适当措施,消除在有关婚姻和家庭关系的一切事项上对妇女的歧视,并特别应保证她们在男女平等的基础上:……有相同的权利自由负责地决定子女人数和生育间隔,并有机会获得使她们能够行使这种权利的知识、教育和方法。"

在法律文本中出现后,从生育权作为自由权的界定,[①]到由国际公约出发主张生育权作为基本权利应写进宪法,[②]再到将生育权界定为基本权利之人格权,[③]公法学界对于生育权作为基本权利的讨论一直未有间断。

无论是自由权的界定还是人格权的归属,都可以论证生育权作为基本权利的属性。而宪法虽未明文规定生育权,但依然可以通过解释来明确这一权利于宪法上的存在。首先,在法律中对生育权已有规定。比如,妇女权益保障法第五十一条规定妇女有按国家规定生育子女和不生育子女的权利,人口与计划生育法第十七条规定公民有生育的权利并有依法履行计划生育的义务。这说明法定的生育权是客观存在的。其次,无论是妇女权益保障法还是人口与计划生育法,两者对生育权的规定均是依据宪法。妇女权益保障法第一条规定立法依据——"根据宪法和我国的实际情况,制定本法";人口与计划生育法第一条同样规定了立法依据——"根据宪法,制定本法"。最后,可以回归到一个问题上:如果宪法中并不存在生育权的话,那么所谓依据宪法而规定的生育权何来宪法依据呢?

面对如此的追问,可再回到宪法文本寻找解释空间。宪法第二十五条和第四十九条虽未规定生育权,而是规定了计划生育,但从计划生育的规范内涵中可以寻找生育权的存在空间。宪法第四十九条为义务条款,按照基本义务是对基本权利限制的原理,[④]计划生育的义务

---

① 相关论述可参见刘文宗:《论人权、女权与生育权问题——为迎接北京第四次世界妇女大会而作》,载《外交学院学报》1995 年第 3 期,第 61—65 页;焦少林:《试论生育权》,载《现代法学》1999 年第 6 期,第 86—89 页;湛中乐、苏宇:《中国计划生育、人口发展与人权保护》,载《人口与发展》2009 年第 5 期,第 2—15 页。

② 相关论述可参见湛中乐、伏创宇:《生育权作为基本人权入宪之思考》,载《南京人口管理干部学院学报》2011 年第 2 期,第 15—20 页;张学军:《生育自决权研究》,载《江海学刊》2011 年第 5 期,第 222—227 页。

③ 相关论述可参见周平:《生育与法律——生育权制度解读与冲突配置》,人民出版社 2009 年版,第 80 页;李景义、焦雪梅:《生育权的性质及法律规制》,载《甘肃社会科学》2014 年第 3 期,第 105—108 页;于晶:《单身女性生育权问题探讨》,载《中国政法大学学报》2021 年第 1 期,第 25—36 页。

④ 参见胡锦光:《宪法学原理与案例教程》,中国人民大学出版社 2006 年版,第 338—342 页。

条款可以视作对生育权的限制条款。由此可以反推生育权的存在,即若无生育权,何以限制呢?而宪法第二十五条规定了国家为使人口增长和经济、社会发展相适应推行计划生育,本条款可补填计划生育义务条款中生育权的缺位。"国家推行计划生育"的规范内涵中即包括赋予公民生育权,而"推行计划生育"即对公民生育权予以有规划的限制,让公民在经济和社会发展的适应条件范围内享有生育权,即宪法保障计划生育限制之下的生育权。

宪法保障计划生育限制之下的生育权的规范一经确定,不但可以在宪法规范层面回应学界一直以来生育权入宪的努力,而且保证了宪法规范内部的稳定性,利于党和国家针对复杂的人口问题切实做出调整对策。学界有学者曾提出作为社会权的计划生育权,认为公民经由国家政策激励引导进行计划生育,若其按国家计划生育子女,则可享有对应公共服务,且无需缴纳社会抚养费,具有社会权的属性。[①] 本文无意于对计划生育之下的生育权再进行基本权利类别的界分,正如日本宪法学家芦部信喜所言:"将权利的性质为固定的认定并予以严格的分类,乃是不恰当的。有必要针对个别的问题,就权利的性质作柔软的思考。"基本权利在自由权和社会权的二分法下对应着国家的消极义务和积极义务,这种区分并不利于探讨基本权利对应的复合性国家义务。[②] 而且,2021 年新修订的人口与计划生育法中已经删去了社会抚养费,作为社会权的计划生育权需进一步商榷。

权利的实现,必然有义务的承担。基于权利义务的对应关系,世界各国宪法基本都确立了"基本权利—国家义务"的对应关系。西方宪法秉持着传统的自由主义模式,为防止国家权力对个人权利进行侵

[①] 参见翟翌:《论计划生育权利义务的双重属性——以我国人口政策调整为背景》,载《法商研究》2012 年第 6 期,第 10 页。

[②] 所有的权利不仅对应着积极的义务,也有对应的消极义务,只不过在许多特定情形下,很多权利主要对应积极义务或者主要对应消极义务,因而基本权利所对应的国家义务包含积极和消极的复合性。参见[美]杰克·唐纳利:《普遍人权的理论与实践》,王浦劬等译,中国社会科学出版社 2001 年版,第 113 页。

害,便产生了"个人—国家"下的"基本权利—国家义务"的对应模式。① 资本主义国家权力建构的逻辑是通过分权制衡来控制国家,而社会主义国家虽未以控制国家为目的,但其依然规范着国家与人民的关系,②故继续保持"基本权利—国家义务"的对应模式。因此,公民所享有的宪法保障的生育权若要实现必然有对应的国家义务。

生育权的实现需要对应的国家义务,但如何实现这种对应呢? 借助基本权利的功能体系,③可以清晰地认知其中的脉络。基本权利经公民向国家主张时,其主观权利性质得以彰显,比如公民主张国家不要侵犯自己的人身自由时,国家承担对应的消极义务;基本权利作为客观价值秩序对国家提出采取必要手段促成基本权利实现的要求时,其约束公权力的客观法性质得以显现,比如为保护公民人身自由不受他人侵犯,国家负有保护的义务。而在基本权利主观权和客观法的双重性质之下,基本权利便可分为两种权利功能:主观权功能和客观法功能。公民向国家主张基本权利时,可以要求国家消极作为、不要侵犯自己的权利,也可以要求国家积极作为、给付一定的利益,此时主观权功能可分为防御权功能和受益权功能,分别对应国家的消极义务和给付义务(积极义务)。而基本权利作为客观价值秩序要求国家积极作为、采用任何可能的措施促成基本权利的实现,此时客观法功能就是客观秩序功能,对应国家的保护义务(积极义务)。由此,基本权利的功能体系得以建立。

生育权作为基本人权最终受宪法保障的范围是计划生育义务限制之下的生育权的权利范围。所以,作为基本权利的生育权即便受到计划生育义务限制,也同样拥有主观权功能和客观法功能,其双重功能亦对应一定的国家义务,当对应的国家义务有部分未能履行,则双重功能的实现会受影响,最终宪法保障的生育权会受到侵害。那么,强制亲子鉴定的规定是否会使宪法保障的生育权受侵害呢?

---

① 参见吴玉章:《论自由主义权利观》,中国人民公安大学出版社 1997 年版,第 39 页。

② 参见许崇德:《中国宪法》,中国人民大学出版社 1996 年版,第 34 页。

③ 相关详细介绍参见张翔:《基本权利的规范建构》,法律出版社 2017 年版,第 68—72 页。

根据上文所述,强制亲子鉴定的规定不符合宪法规范,侵犯公民的多项权利,而这些权利并不直接地指向生育权。虽然人身自由、人格尊严、私有财产等受侵犯并不直接地指向生育权,但会很大程度影响生育权的实现。这也是学界对生育权的界分存在争议的原因。公民生育权的行使必然以身体决定权、人格尊严、私有财产等的拥有为前提,因而对生育权的侵犯未必是以直接导致失去生育可能的方式,还可以是间接影响生育权实现的方式。于是,生育权的实现过程中,主观权功能对应的国家义务可以包括停止对以上人身自由、人格尊严、私有财产等权利的侵害及权利的司法救济等,而客观法功能对应的国家义务则是国家采取一切可能的措施促成公民生育权的实现。

在强制亲子鉴定事例中,公民对强制亲子鉴定规定提出审查建议,就是防御权功能的体现,而全国人大常委会法工委认定其不符合宪法精神并要求制定机关修改是履行对应的国家义务,也是客观法功能所要求的。而在"人口的增长同经济和社会发展相适应"的要求下,计划生育逐渐放开意味着计划生育义务减轻,与之对应,生育权受宪法保障的范围是逐渐扩大的,故其基本权利功能对应的国家义务也随之转变。

三、从义务到权利:计划生育的法律规范转向

中国已然步入全面依法治国的新时代,回望历史的发展,党团结引领人民从摸着石头过河到开创新时代中国特色社会主义法治道路,取得举世瞩目的丰功伟绩。在经济落后、物质匮乏的年代,党一直坚守为民族谋复兴、为人民谋幸福的初心和使命,于特殊的发展背景之下,将马克思主义与中国国情相结合,探索出了应对中国人口发展问题的计划生育方案。而计划生育从人口方案变为公民宪法义务,到公民权利定位,再到权利逐渐扩大化,也是党全心全意为人民服务的伟大实践历程。

（一）生存与生育之间：作为宪法义务的计划生育

中国在 20 世纪 50 年代和 60 年代出现两次生育高峰,[①]按照晚婚年龄和当时法定婚龄,这两个时段出生的人口将带来另一个来势凶猛的生育高峰。即便一对夫妇只生育一个孩子,平均每年也将有1000 万—1500 万的新增出生人口,若不加以控制,这种人口增长的惯性力量将持续十几年。1981 年,第五届全国人民代表大会第四次会议上的工作报告强调,人口快速增长的态势不能放任自流,厉行计划生育严格控制人口是我国一项长期战略任务。1982 年,计划生育被正式写入宪法,我国从此确定了计划生育的基本国策和公民义务。

对于计划生育的争论很多。首先,对于一般的公民来讲,有人认为人口发展问题解决之道在于经济发展而不是人口控制,也有人认为发家致富就得靠人口,尤其是当时机械化程度不高的农业生产。其次,放眼国际,由于西方国家长期秉持鼓励生育或不强制限制生育的政策,[②]而计划生育义务又构成对生育权的限制,这一度面临着西方资本主义国家"侵犯人权"的构陷。于此,当时学界在计划生育的理论探讨上百家争鸣,并形成了两种生产理论的研究成果。

马克思主义人口论的基本原理认为,"事实上,每一种特殊的、历史的生产方式都有其特殊的、历史地起作用的人口规律"。[③] 依据该原理,两种生产理论认为,两种生产,即物质生产和人口生产,它们之间应保持相适应的关系,即人口生产和物质生产两种生产的输入量要相适应:人口增长速度与经济增长速度相适应,人口增长量与物质生

---

① 据国家统计局统计,1950 年—1954 年人口出生率连续 5 年超过 37‰,1962 年—1966 年连续 5 年人口出生率超过 35‰,1963 年达到新中国成立以来历史最高点 43.6‰。

② 长期以来,美国一直是在奉行鼓励人口增长的政策,包括移民,即便到 20 世纪 60 年代中期以后美国才逐渐形成了支援和资助"家庭计划"和"人口大纲"以抑制人口增长,国内人口政策一大特征就是鼓励节制生育,但生儿育女依然由个人和家庭决定。而西欧各国的人口政策亦有一个共同的特点,即都在努力通过各种激励措施提高下降得很低的人口出生率。参见洪英芳:《世界各国的人口政策》,载《人口学刊》1982 年第 2 期,第40—44 页。

③ 马克思、恩格斯、列宁、斯大林:《马克思恩格斯列宁斯大林论人口问题》,商务印书馆1977 年版,第 14 页。

产增长量相适应。^① 因此,我国的人口发展应当契合中国实际的物质生产条件。

那中国多少人口最合适呢? 根据科学评估,有人认为是 8 亿,有人认为是 6.5 亿或 7 亿。^② 答案虽然没有标准的数值,但科学的评估数据都指向一个问题:我国庞大的人口数量迫切需要得到有效控制。20 世纪中后期两批生育高峰出生的人口将带来新的人口膨胀期,有学者预测,以人的平均年龄 70 岁为周期,人口生产的间隔为 25 年左右,在 1982 年近 10 亿的人口基数、65% 为 30 岁以下青少年的年轻型人口结构下,即便每个育龄妇女只生一个孩子,最少需要 75 年才可将人口恢复到 1964 年的 7 亿左右,若平均生 2 胎,50 年后人口将达到 14.6 亿,若平均生 3 胎,50 年后人口将达到 22.19 亿,将近 1982 年全球总人口的一半。^③

我国作为世界人口最多的国家,同时也是资源非常贫乏的国家。人口生产的增速和增量应当匹配物质生产的增速和增量,而物质生产的前提就是资源。以耕地为例,我国的总耕地面积截至 2018 年为 1432960 平方公里,位居世界第三,但人均耕地面积仅为 1.4 亩,位列全球第 126 位,不到世界人均耕地面积的一半。^④ 加拿大是我国人均水平的 18 倍,印度为 1.2 倍。我国的耕地资源如此紧张,而在当时每年新增 1700 万左右人口的同时,耕地面积每年还在以 600 万亩的速度减少,以致我国的人均粮食占有量不及美国的四分之一。我国 20 世纪 80 年代解决了国民温饱问题,人均主要粮食产量在 1980 年为

---

① 参见孙以萍:《物质生产适应人口生产定量关系的探讨》,载《人口学刊》1982 年第 1 期,第 58—65、72 页。

② 1957 年南京大学孙本文教授认为 8 亿人口是我国最适宜的人口数量,后来在 20 世纪 80 年代我国科学家宋健、胡保生利用控制论和系统工程的方法,对我国的经济增长、资源潜力等几个因素进行计算和分析之后得出,100 年后我国的最佳适度人口是 6.5 亿或 7 亿,若人口增长过快超过这个限度,人民将陷入贫困。参见肖木:《我国多少人口最合适?》,载《人口学刊》1982 年第 3 期,第 19 页。

③ 参见方素岚:《坚定不移地贯彻计划生育方针》,载《人口学刊》1982 年第 1 期,第 4—5 页。

④ 参见王秀红:《伦理视域下的美丽乡村治理研究》,武汉大学出版社 2019 年版,第 44 页。

317 公斤,1985 年为 361 公斤,①人均一天还不足 1 公斤粮食。

由此可以看出,我国人口生产与物质生产之间的关系不相适应。1981 年党的十一届六中全会提出,我国社会的主要矛盾是人民日益增长的物质文化需要与落后的社会生产之间的矛盾。这一论断也非常契合两种生产理论的解释。所以为解决主要矛盾,党和国家的方针政策很明确,通过计划生育国策稳定控制人口数量,大力发展生产力,逐渐将人口生产和物质生产的关系协调好。

虽然宪法中已将计划生育的基本国策和公民义务予以明确,但直至 2001 年才制定出人口与计划生育法。其中原因除了计划生育立法涉及的问题众多,难度极大;也有学者指出,是因为党和国家长期未能解决法律能否对公民生育权进行限制的问题,而且西方国家也借机攻击我国推行计划生育是在"侵犯人权",担心计划生育立法对公民生育权进行限制会正中他人下怀。② 计划生育真的会侵犯人权吗?

诚如卢梭所说"人是生而自由的,但却无往不在枷锁之中",③权利意味着自由,但并没有无边界的自由。生育权所对应的生育自由并非恣意的自由,必将受到两种生产关系协调发展要求的束缚,即没有物质生活条件的保障,何谈生育呢? 党的人民性决定了党和国家的所有政策首先要保障人民的生存权,所有的人权发展之前提是生存权,若无生存权,其他的一切权利都只是空中楼阁。因此,生育权的前提是生存权,国家不仅要考虑现存人口的生存权,还要考虑未来出生人口的生存权。如果任何一个公民都可以无节制地生育子女,那么不仅个人的生存权会受损,还会给整个民族带来灾难,此时每个公民的利益都与民族利益紧密联系在一起。而彼时国家赋予公民严格的计划生育义务,限制人口快速增长,在有限的资源和不充分的发展境况之下,现存人口和未来出生的人口才能幸福地生存。即便通过比例原

---

① 参见国家统计局:《中国统计年鉴—2014》,载国家统计局官网,http://www.stats.gov.cn/tjsj/ndsj/2014/indexch.htm。

② 参见杨泉明、袁吉亮:《关于计划生育的立法思考》,载《政法论坛(中国政法大学学报)》1993 年第 2 期,第 90 页。

③ [法]卢梭:《社会契约论》,何兆武译,商务印书馆 1980 年版,第 8 页。

则进行审查,计划生育也未在利益衡量上有失偏颇。所以,计划生育是在既有的物质生产条件下保护我国人民的生存权,并没有侵害人权,反而是保障人权。

计划生育确实取得了巨大成效,但由于立法缺位和法治观念薄弱,计划生育工作中存在尴尬窘迫之境。其一,计划生育法未正式出台之前,各地方主要靠行政管理手段和地方性规定进行计划生育工作。虽然有应急效果,但问题也很突出,在没有统一法律标准的情况下,地方的行政裁量权过大,有时会对公民的权利产生过度限制。其二,计划生育法未为违法生育调查配套相应的强制措施,但在实际工作中又不得不采用强制措施,[①]导致计划生育工作存在法治缺陷,在一段时间内干群关系比较紧张。而在强调计划生育义务的时候,由于能提高计划生育工作效率,诸如强制亲子鉴定的强制措施会被办案人员依赖,当事人也会自认倒霉地接受。[②]

而今计划生育实施已经 40 年,今日之中国并非昨日之中国,我国已然实现第一个百年奋斗目标,继续奔向第二个百年奋斗目标的新征程。党的十九大报告指出,我国社会主要矛盾已经转化为人民日益增长的美好生活需要和不平衡不充分的发展之间的矛盾。[③] 在新的社会矛盾之下,计划生育义务随着国情转变也将从严格走向宽松,作为义务导向的计划生育正在向权利导向下的计划生育转变。

(二)国情之嬗变:厉行计划生育到宽松计划生育

自 1982 年计划生育基本国策确定以来的 40 年间,我国的人口结构发生巨大改变,实现了发达国家需要百年才能完成的人口再生产类

---

① 比如有人为了生育二胎,躲到其他省份备孕待产,待得到线索时,相关部门迫于计划生育压力多采用强制措施。从过去类似"打出来,堕出来,流出来,就是不能生出来""该扎不扎,见了就抓"的标语或口号中我们依旧能窥探一二。

② 在全国轰轰烈烈的计划生育大浪潮中,有的人思想囿于明哲保身,认为胳膊扭不过大腿,奉行民不告官的陈旧观念,而为求生活安宁,只能采取破财消灾的方式接受不合法的处罚。参见陈长彬、邓建明:《当前计划生育行政执法的难点及问题浅析》,载《人口与经济》1994 年第 2 期,第 24 页。

③ 参见《决胜全面建成小康社会 夺取新时代中国特色社会主义伟大胜利》,载《人民日报》2017 年 10 月 19 日,第 002 版。

型的转型,进入了低生育水平国家行列。人口老龄化已成为我国人口结构的常态,并且这种老龄化程度仍然在持续加深。

根据联合国发布的《人口老龄化及其社会经济结果》中的划分标准,老龄化是指一个国家或地区人口总数中 60 岁以上人口占比超过 10%或 65 岁以上人口占比超过 7%的人口结构状态。从全国第七次人口普查的数据来看,经过计划生育的调整,我国的人口年龄结构逐步从年轻型步入老年型。

以 2000 年为节点,中国花费 18 年进入人口老龄化阶段,并在之后的两个十年里加快了老龄化的速度。从 2000 年到 2010 年,60 岁以上人口占比上浮 2.93 个百分点,是 1990 年至 2000 年上浮数值的 1.67 倍;从 2010 年到 2020 年,60 岁以上人口占比上浮 5.44 个百分点,是 1990 年至 2000 年上浮数值的 3.09 倍,老龄化速度加快了近一倍。正如人口学学者预测那般,中国在 2025 年 65 岁以上人口占比将可达到 15%,即 65 岁以上人口从占比 7%到 15%仅需 25 年,而同样的人口变化,英国花了 45 年,瑞典花了 66 年,德国花了 85 年,法国更是花了 115 年。[1] 中国老龄化的速度可谓前所未有,而中国本身就人口基数庞大,中国老龄化便呈现出了规模大且速度快的特征。

表　中国七次人口普查年龄分布[2]

普查年份	0-14 岁(%)	15-64 岁(%)	60 岁以上(%)	65 岁以上(%)
1953 年	36.28	56.40	7.32	4.41
1964 年	60.69	53.18	6.13	3.56
1982 年	33.59	58.79	7.62	4.91
1990 年	27.69	63.74	8.57	5.57
2000 年	22.89	66.78	10.33	6.96
2010 年	16.60	70.14	13.26	8.87
2020 年	17.95	63.35	18.70	13.50

---

[1]　参见邬沧萍:《社会老年学》,中国人民大学出版社 1999 年版,第 160 页。

[2]　数据源自国务院第七次人口普查领导小组办公室:《2020 年第七次人口普查主要数据》,中国统计出版社 2021 年版,第 9 页。

中国的老龄化特征带来的社会面貌就是未富先老。我国人口老龄化是计划生育调控下快速形成的产物,在人口老龄化日益严重的情况下却还未实现经济的发达。中国在 2020 年 65 岁以上人口占比13.5%,彼时的人均 GDP 为 1.05 万美元,而美国在人口老龄化程度相当于中国的时候,人均 GDP 是 4.66 万美元。[1] 虽然我国已经全面实现小康社会,但把我国建成富强民主文明和谐美丽的社会主义现代化强国仍有很长远的路要走。

而老龄化速度日益加快的境况下,经济发展和社会保障都受到严峻挑战。严重的人口老龄化意味着人口红利已经进入尾声,[2]经济的持续增长将受到重大影响。老龄化一方面会降低劳动力市场供给水平,劳动力成本上升;另一方面会提高劳动者平均年龄,影响劳动生产率。研究表明,中国老龄化对经济的消极影响远超过 OECD 国家和世界平均水平。[3] 而在人口老龄化影响之下的劳动力供给格局、消费需求结构、经济运行成本等,会进而对金融稳定和经济发展产生不利影响,导致宏观经济难以平稳较快发展。[4]

在社会保障方面,传统的养老保险制度亦面临巨大压力。习近平总书记指出,我国功能完备的社会保障体系基本完成,基本养老保险覆盖近十亿人,但随着社会矛盾发生变化、人口老龄化等进程加快,我国社会保障体系仍存有不足,需切实加以解决。[5] 在李克强总理的《2021 年政府工作报告》中“养老”出现了 11 次,足见政府重视之程度。由于传统养老保险制度采取现金收付制进行资金筹集,当年所筹

---

[1] 参见程志强、马金秋:《中国人口老龄化的演变与应对之策》,载《学术交流》2018 年第2 期,第 105 页。

[2] 参见陈功:《我国人口发展呈现新特点与新趋势——第七次全国人口普查公报解读》,载人民网 2021 年 5 月 13 日,http://finance.people.com.cn/n1/2021/0513/c1004-32101889.html。

[3] 参见郑伟、林山君、陈凯:《中国人口老龄化的特征趋势及对经济增长的潜在影响》,载《数量经济技术经济研究》2014 年第 8 期,第 3—20 页。

[4] 参见陆杰华、郭冉:《从新国情到新国策:积极应对人口老龄化的战略思考》,载《国家行政学院学报》2016 年第 5 期,第 27—34 页。

[5] 参见习近平:《促进我国社会保障事业高质量发展、可持续发展》,载求是网 2022 年 4 月15 日,http://www.qstheory.cn/dukan/qs/2022-04/15/c_1128558491.htm。

集的金额取决于当年所需的养老金额,若养老基金收支平衡,那么个人账户里将没有节余,这导致在人口老龄化加速的情况下,社会统筹的养老基金已经无法满足养老保险的给付需求。[①]

再看人口抚养比,[②]劳动力的抚养负担近10年来越来越重。历经几十年计划生育的调整,中国的人口总抚养比从1982年的62.6%下调至2010年的34.2%,而随着老龄化日益加快,中国的人口总抚养比的下降趋势发生逆转,逐步由2010年的34.2%升高至2020年的45.9%,[③]由于老年抚养比的持续升高,总抚养比居高不下,年轻人在抚养负担沉重的情况下更没有条件生养孩子。综上所述,从两种生产理论来看,此时中国的人口生产和物质生产已经不相协调,以往的计划生育政策亟需进行调整。

在每个历史阶段,党和国家都有不同的政治任务。为了实现民族伟大复兴,经过艰苦卓绝的奋斗,党带领人民取得了新民主主义革命伟大胜利、社会主义革命和建设伟大胜利、改革开放和社会主义现代化建设的伟大成就和新时代中国特色社会主义的伟大成就。面临厉行计划生育带来的人口转型问题,习近平总书记强调,"要保持党同人民群众的血肉联系,站稳人民立场,着力解决发展不平衡不充分问题和人民群众急难愁盼问题,不断实现好、维护好、发展好最广大人民根本利益,坚定不移推进共同富裕"。[④] 在党的统一领导下,实现最广大人民的根本利益是党和国家一切工作的出发点和落脚点,此时党和国家迎来了对计划生育进行新一轮调整的契机。

当下的国情决定了要实施宽松的计划生育,宪法第二十五条要求

---

① 参见程志强、马金秋:《中国人口老龄化的演变与应对之策》,载《学术交流》2018年第2期,第108页。

② 抚养比又称抚养系数,是指在人口当中,非劳动年龄人口对劳动年龄人口数之比。总抚养比包括少儿抚养比和老年抚养比。抚养比越大,表明劳动力人均承担的抚养人数就越多,即意味着劳动力的抚养负担就越严重。

③ 参见国家统计局:《中国统计年鉴—2021》,载国家统计局官网,http://www.stats.gov.cn/tjsj/ndsj/2021/indexch.htm。

④ 习近平:《以史为鉴、开创未来 埋头苦干、勇毅前行》,载求是网2022年1月1日,http://www.qstheory.cn/dukan/qs/2022-01/01/c_1128219233.htm。

国家调整现在的人口结构以适应新的物质生产状况,实现未来国家的长期稳定发展。给公民创造宽松的计划生育环境的政治义务,其实质在于如何更好地保障公民生育权的实现,此时法治便要求国家将新的政治义务转化为新的国家宪法义务,公民原先的生育权要在此宪法义务之下进行重塑,此之谓"基本权利的生成过程"。① 国家政治义务对应的其实就是基本权利客观价值秩序所要求的国家促使基本权利实现的作为义务,其必须经历客观法向主观权的转化,基本权利的客观法功能要求国家作为以促进基本权利实现,但公民并不能直接主张,只有待国家进行相应立法后才可依法主张权利。所以,放开计划生育作为新的国家政治义务,其对应着给公民创造计划生育宽松环境的新的国家宪法义务,而新的国家宪法义务要求减轻计划生育义务,相应地,生育权的宪法保障范围得以扩大。严格计划生育走向宽松计划生育,公民因而获得扩大化的生育权。

这种转变并不是通过修改宪法文本来直接实现的,而是通过对宪法规范内涵的体系化表达。基本权利具有主观权和客观法的双重性质,这种属性贯穿于整个法律体系,作为立法、行政、司法的方针和推动力。② 因此,以宪法为核心的中国特色社会主义法律体系可以看作是宪法的体系化表达。那么,在宪法第二十五条的规范要求之下,法律体系中相关法律规范将会对计划生育规范内涵的转变进行一种体系化的回应。

(三) 法律规范之转向:权利定位下的人口与计划生育法

为实现人口与经济协调发展,新的国情之下,宪法要求放开计划生育,计划生育限制减弱后生育权保障范围随之扩大。以人口与计划生育法为例,在计划生育由严格走向宽松的过程中,其经历的两次修

---

① 权利的生成过程理论认为,宪法中规定的基本权利都经历从道德权利转化为法律性权利的过程。这种道德权利可以视作国家为保护公民权益而应履行的政治义务。参见[日]阿部照哉、池田正章、初宿正典、中松秀曲:《宪法——基本人权篇》(下册),中国政法大学出版社 2006 年版,第 41 页。

② 参见陈征:《第二次堕胎判决》,载张翔主编:《德国宪法案例选择(第一辑)——基本权利总论》,法律出版社 2012 年版,第 150 页。

正揭示了计划生育从义务到权利的法律规范转向。将两次修正放到客观法向主观权的转化过程中进行理解,我们更能清晰感受到生育权扩大后计划生育从义务到权利的转向。

人口与计划生育法第一次修正是 2015 年作出的,共有 5 处修改,这 5 处修改通过增加可生育子女数量、放宽再生育子女的规则适用空间、减少避孕节育国家干预、调整和巩固公民受益权以实现生育权的扩大化。(1)扩大计划生育的子女数量。将第十八条第一款分为两款,作为第一款、第二款,将"国家稳定现行生育政策,鼓励公民晚婚晚育,提倡一个夫妻生育一个子女"修改为"国家提倡一对夫妻生育两个子女";将"符合法律、法规规定条件的,可以要求安排生育第二个子女"修改为"符合法律、法规规定条件的,可以要求安排再生育子女"。(2)通过放宽再生育子女的规则适用空间进而扩大计划生育的自由范围。增加 1 款作为第十八条第四款:"夫妻双方户籍所在地的省、自治区、直辖市之间关于再生育子女的规定不一致的,按照有利于当事人的原则适用。"(3)强化生育权的防御权功能,即减少对育龄夫妻避孕节育的国家干预。将第二十条"育龄夫妻应当自觉落实计划生育避孕节育措施,接受计划生育技术服务指导"修改为"育龄夫妻自主选择计划生育避孕节育措施";删去第三十六条第(三)项中的"实施假节育手术"。(4)将受益权的主体调整为行使扩大化的生育权的夫妻。将第二十五条"公民晚婚晚育,可以获得延长婚姻、生育假的奖励或其他福利待遇"修改为"符合法律、法规规定生育子女的夫妻,可以获得延长生育假的奖励或者其他福利待遇"。(5)巩固按原法律规定行使生育权的夫妻的受益权。将第二十七条第一款"自愿终身只生育一个子女的夫妻,国家发给《独生子女父母光荣证》"前增加"在国家提倡一对夫妻生育一个子女期间";将第二十七条第三款"法律、法规或者规章规定给予终身只生育一个子女的夫妻奖励的措施中由其所在单位落实的,有关单位应当执行"中的"终身只生育一个子女"修改为"获得《独生子女父母光荣证》";将第二十七条第四款"独生子女发生意外伤残死亡,其父母不再生育和收养子女的,地方政府应当给予必要的帮助"修改为"获得《独生子女父母光荣证》的夫妻,独生子女发生意外伤残、死亡的,按照规定获得扶助";增加第二十七条第五款:"在国家提倡一对夫妻生育一个子女期间,按照规定应当享受计划生育家庭老年人奖励扶助的,继续享受相关奖励扶助"。

人口与计划生育法第二次修正是 2021 年作出的,共有 21 处重大修改,本次修正在 2015 年对生育权扩大化的基础上进行再扩大化。除常规化修改之外,先明确生育权扩大的正当需求,再通过继续增加可生育子女数量、减小国家对避孕节育的干预、取消社会抚养费等措施扩大生育权防御权功能,并通过加强婴幼儿照护、增加国家养老保障给付义务、设立父母育儿假、提供育龄妇女就业保障、增强托育服务保障、加强婴幼儿活动场所及配套服务设施建设、强化医疗服务等措施扩大生育权受益权功能,最终实现生育权的再扩大化。

常规化修改,即其他随实际情况或法律修改而作的修正。将第十五条第二款中的"贫困地区"修改为"欠发达地区";将第二十九条改为第三十四条,将其中的"较大的市"修改为"设区的市、自治州";①将"行政处分"修改为"处分":将第三十九条改为第四十三条,第四十条改为第四十四条,两条款中的"行政处分"被修改为"处分"。②

扩大生育权防御权功能。(1)明确生育权再扩大化有正当需求,即与现有物质生产水平相协调,优化人口结构,实现人口的长期均衡发展。在第二条第二款"国家采取综合措施,调控人口数量,提高人

---

① 2015 年 3 月 15 日第十二届全国人民代表大会第三次会议通过《全国人民代表大会关于修改〈中华人民共和国立法法〉的决定》,赋予设区的市地方立法权。删除第六十三条第四款,被赋予地方立法权的主体由"较大的市"修改为"设区的市"。2015 年 8 月 29 日第十二届全国人民代表大会常务委员会第十六次会议通过《全国人民代表大会关于修改〈中华人民共和国地方各级人民代表大会和地方各级人民政府组织法〉、〈中华人民共和国全国人民代表大会和地方各级人民代表大会选举法〉、〈中华人民共和国全国人民代表大会和地方各级人民代表大会代表法〉的决定》,将第七条第二款、第四十三条第二款、第六十条第一款中的"省、自治区的人民政府所在地的市和经国务院批准的较大的市"修改为"设区的市"。自治州的人民代表大会及其常务委员会可以依照规定行使设区的市制定地方性法规的职权。

② 监察法颁布后,监察权重新配置为国家监察权,监察机关可对职务违法的公职人员进行政务处分,政务处分具监察属性,区别于行政处分。

口素质"后增加"推动实现适度生育水平,优化人口结构,促进人口长期均衡发展"。(2)继续扩大夫妻计划生育子女的数量。将第十八条第一款"国家提倡一对夫妻生育两个子女"修改为"国家提倡适龄婚育、优生优育。一对夫妻可以生育三个子女"。(3)减小国家对避孕节育的干预。将第十九条第一款"实行计划生育,以避孕为主"删去;第三十四条改为第三十八条,将"对已生育子女的夫妻提倡选择长效避孕措施"删去。第三十六条改为第四十条,将第(三)项"进行假医学鉴定、出具假计划生育证明"删去。(4)减少计划生育手术后的国家给付义务,趋向于保护自主避孕节育的防御权。将第二十六条第二款"公民实行计划生育手术,享受国家规定的休假;地方人民政府可以给予奖励"中的"地方人民政府可以给予奖励"删去。(5)社会抚养费退出历史舞台,是为减少公民对计划生育义务的负担,国家对生育权的干预减少,是对原先计划生育限制的限缩。将第三十九条改为第四十三条,删去第(四)项中的"或者社会抚养费";删去第四十一条"不符合本法第十八条规定生育子女的公民,应当依法缴纳社会抚养费。未在规定的期限内足额缴纳应当缴纳的社会抚养费的,自欠缴之日起,按照国家有关规定加收滞纳金;仍不缴纳的,由作出征收决定的计划生育行政部门依法向人民法院申请强制执行";删去第四十五条"流动人口计划生育工作的具体管理办法、计划生育技术服务的具体管理办法和社会抚养费的征收管理办法,由国务院制定";删去第四十二条"按照本法第四十一条规定缴纳社会抚养费的人员,是国家工作人员的,还应当依法给予行政处分;其他人员还应当由其所在单位或者组织给予纪律处分"。

扩大生育权受益权功能。

(1)在生育权再扩大化的正当需求下加强婴幼儿照护服务和促进家庭发展的措施。将第十一条"人口与计划生育实施方案应当规定控制人口数量,加强母婴保健,提高人口素质的措施"修改为"人口与计划生育实施方案应当规定调控人口数量,提高人口素质,推动实现适度生育水平,优化人口结构,加强母婴保健和婴幼儿照护服务,促进家庭发展的措施"。

（2）国家养老保障的给付义务加重。将第二十四条第二款"有条件的地方可以根据政府引导、农民自愿的原则,在农村实行多种形式的养老保障办法"删去。

（3）通过设立父母育儿假给予备孕生产的保障。第二十五条增加一款作为第二款:"国家支持有条件的地方设立父母育儿假。"

（4）通过提供就业保障扩大生育妇女的受益权。将第二十六条第一款后增加"国家保障妇女就业合法权益,为因生育影响就业的妇女提供就业服务"。

（5）采取多项措施减轻育儿负担,为育龄夫妻的育儿提供保障。增加一条作为第二十七条:"国家采取财政、税收、保险、教育、住房、就业等支持措施,减轻家庭生育、养育、教育负担。"

（6）增强托育机构规范化和育儿家庭育儿服务保障。增加一条作为第二十八条:"县级以上各级人民政府综合采取规划、土地、住房、财政、金融、人才等措施,推动建立普惠托育服务体系,提高婴幼儿家庭获得服务的可及性和公平性。国家鼓励和引导社会力量兴办托育机构,支持幼儿园和机关、企业事业单位、社区提供托育服务。托育机构的设置和服务应当符合托育服务相关标准和规范。托育机构应当向县级人民政府卫生健康主管部门备案。"增加一条作为第四十一条:"托育机构违反托育服务相关标准和规范的,由卫生健康主管部门责令改正,给予警告;拒不改正的,处五千元以上五万元以下的罚款;情节严重的,责令停止托育服务,并处五万元以上十万元以下的罚款。托育机构有虐待婴幼儿行为的,其直接负责的主管人员和其他直接责任人员终身不得从事婴幼儿照护服务;构成犯罪的,依法追究刑事责任。"

（7）加强婴幼儿活动场所及配套服务设施建设。增加一条作为第二十九条:"县级以上地方各级人民政府应当在城乡社区建设改造中,建设与常住人口规模相适应的婴幼儿活动场所及配套服务设施。公共场所和女职工比较多的用人单位应当配置母婴设施,为婴幼儿照护、哺乳提供便利条件。"

（8）加强育儿家庭婴幼儿照护指导及医疗卫生服务、健康指导。增加1条作为第三十条："县级以上各级人民政府应当加强对家庭婴幼儿照护的支持和指导，增强家庭的科学育儿能力。医疗卫生机构应当按照规定为婴幼儿家庭开展预防接种、疾病防控等服务，提供膳食营养、生长发育等健康指导。"

（9）通过规定老年人福利、养老服务的优先和照顾，继续加强按原法律规定行使生育权夫妻的受益权。将第二十七条改为第三十一条，删去第四款，将第五款改为第四款，在"在国家提倡一对夫妻生育一个子女期间，按照规定应当享受计划生育家庭老年人奖励扶助的，继续享受相关奖励扶助"后增加"并在老年人福利、养老服务等方面给予必要的优先和照顾"。

（10）建立健全独生子女发生意外伤残、死亡的夫妻的全方位帮扶保障制度。将第二十七条第四款作为第三十二条，并在"获得《独生子女父母光荣证》的夫妻，独生子女发生意外伤残、死亡的，按照规定获得扶助"后增加"县级以上各级人民政府建立、健全对上述人群的生活、养老、医疗、精神慰藉等全方位帮扶保障制度"。

（11）以"奖励和社会保障"替代"奖励"，加重国家给付义务。将第二十九条改为第三十四条，将其中的"奖励"修改为"奖励和社会保障"。

（12）强调"计划生育服务"而非"计划生育技术服务"，是减少国家对计划生育技术的积极干预而强化实现生育权的社会服务之体现。将第五章章名"计划生育技术服务"修改为"计划生育服务"；将第三十一条改为第三十六条，将"各级人民政府应当采取措施，保障公民享有计划生育技术服务，提高公民的生殖健康水平"中的"计划生育技术服务"改为"计划生育服务"。

（13）通过强化医疗卫生机构宣传教育、保健服务、诊疗规范更好保障育龄人群生育权实现。将第三十三条改为第三十七条，修改为："医疗卫生机构应当针对育龄人群开展优生优育知识宣传教育，对育龄妇女开展围孕期、孕产期保健服务，承担计划生育、优生优育、生殖保健的咨询、指导和技术服务,规范开展不孕不育症诊疗。"

　　(14)武警作为特殊群体,其生育权亦在本次修正中予以关注。将第四十六条改为第四十七条,在"中国人民解放军执行本法的具体办法,由中央军事委员会依据本法制定"中的执行主体中增加"中国人民武装警察部队"。

　　(15)因为生育权受益权功能扩大带来的国家给付义务增加,计划生育行政部门转变为卫生健康主管部门,①是为生育权扩大后对应国家职能机关的调整。将第四条、第六条、第十条中的"计划生育行政部门"修改为"卫生健康主管部门";将第十三条第一款中的第一处"计划生育"修改为"卫生健康";将第三十六条改为第四十条,将其中的"计划生育行政部门或者卫生行政部门依据职权"修改为"卫生健康主管部门";将第四十三条改为第四十五条,将其中的"计划生育行政部门"修改为"卫生健康主管部门"。

　　从人口与计划生育法的变迁可以发现,法律保障的生育权在不断扩大。人口与计划生育法的立法依据是"根据宪法,制定本法",这便要求法律规范"对宪法精神、价值等予以整体性体现",而"根据宪法制定法律是对宪法中基本权利内涵具体化最常用的一种方式"。② 所以,人口与计划生育法中对生育权的扩大化实为对计划生育由义务向权利转向的一种反映。计划生育对生育权的限制被减弱,进而生育权的宪法保障范围具有扩大化的转变,这种转变致使法律体系中所有的法律规范需要对此进行正面反馈,以维护以宪法为核心的法秩序统一。

---

①　2013 年 3 月 10 日,根据党的十八届二中全会审议通过的《国务院机构改革和职能转变方案》,组建国家卫生和计划生育委员会,将卫生部的职责、人口计生委的计划生育管理和服务职责整合,组建国家卫生和计划生育委员会,将人口计生委的研究拟订人口发展战略、规划及人口政策职责划入发展改革委国家中医药管理局,由国家卫生和计划生育委员会管理,不再保留卫生部、人口计生委。2018 年 3 月,第十三届全国人民代表大会第一次会议批准了《国务院机构改革方案》,不再保留国家卫生和计划生育委员会,设立中华人民共和国国家卫生健康委员会。
②　张震:《"根据宪法,制定本法"的规范内涵与立法表达》,载《政治与法律》2022 年第 3 期,第 112—113 页。

（四）走向法秩序统一：废止强制亲子鉴定契合计划生育的转向

既然生育权宪法保障范围在放开计划生育后发生了扩大化，那么在法秩序统一的要求下，其他法律规范应当与这一转变相统一。所谓法秩序，"简单说指的就是法律制度体系"，①即是整个国家所有法律规范所构成的一个有机整体。而法秩序统一是指整个国家所有法律规范所构成的这个有机整体内部协调统一，所有法律规范展现出来的整体秩序中不存在内在矛盾，这就要求所有法律规范及其背后的法律目的协调一致。② 而在新时代中国特色社会主义法治体系的构架下，全面推进依法治国需要所有法律规范统筹互动、协调发展。③ 那么，宪法规范转向对生育权扩大保护时，计划生育经历从义务到权利的法律规范转向，对生育权构成限制的强制亲子鉴定自然会与此法律目的相矛盾，导致法秩序不统一。

很明显，强制亲子鉴定削弱了生育权的防御权功能。其一，人身自由权受限。强制亲子鉴定作为一种强制措施，对公民人身自由构成限制。一个人若人身自由无法自主决定，何来生育权的实现？因此，公民对自己的身体得具有自主决定权，这要求依据国家机构规范建构的权力机关不得在行使职权时不当限制公民人身自由。④ 强制亲子鉴定虽可以宪法第四十九条及原人口与计划生育法第四十三条为支撑依据，但计划生育义务条款并不当然指向可以限制公民人身自由。而计划生育部门调查违法生育事实确系原人口与计划生育法第四十三条中的"计划生育行政部门及其工作人员依法执行公务"，但强制亲子鉴定作为强制措施并无法律规定，不能作为本条中的"公

---

① 林来梵：《宪法学讲义》（第三版），清华大学出版社 2018 年版，第 22 页。
② 参见周光权：《法秩序统一性的含义与刑法体系解释——以侵害英雄烈士名誉、荣誉罪为例》，载《华东政法大学学报》2022 年第 2 期，第 13—14 页。
③ 参见张文显：《建设中国特色社会主义法治体系》，载《法学研究》2014 年第 6 期，第 13 页。
④ 参见张翔、赖伟能：《基本权利作为权力配置的消极规范——以监察制度改革试点中的留置措施为例》，载《法律科学（西北政法大学学报）》2017 年第 6 期，第 30 页。

务", 更无法由此推导出公民有配合计划生育行政部门及其工作人员进行亲子鉴定的义务。其二, 隐私权受损。亲子鉴定涉及亲子关系, 属于公民隐私。公民有做或不做亲子鉴定、公开或不公开亲子信息的自由, 公权力机关不得侵犯。生育权与隐私权高度联系, 因多国宪法未规定生育权, 故多通过宪法解释明示此权利, 而隐私权正是生育权得以证成的规范路径之一。美国自 1960 年开始便通过正当程序条款和隐私权的结合推导来认定生育权的基本权利地位, 其基本逻辑在于是否愿意成为父母是公民的私人生活, 应该得到尊重, 生育与否是受公民自我掌控的隐私。① 因此, 生育权的防御权功能也要求国家机关履行职权时不得侵犯公民隐私。其三, 私有财产受侵。生育权的实现必需物质条件供给, 因而要求国家不侵犯私有财产亦是生育权的防御权功能体现。因为不配合强制亲子鉴定并未被规定为违法行为, 所以罚款的前提不能成立, 而针对不配合强制亲子鉴定所进行的罚款亦无法律规定, 故不配合亲子鉴定产生的罚款是对公民私有财产的侵犯。

从计划生育法的变迁可以看到, 为更好保障生育权的实现, 从客观法向主观权的转化过程中, 生育权的防御权和受益权功能均被扩大, 而强制亲子鉴定却在削弱生育权的防御权功能, 且这也在一定程度上导致生育权的受益权功能也被削弱。② 因而在生育权宪法保障范围扩大化的当下, 强制亲子鉴定被选择以备案审查的方式退出历史舞台, 不仅是维护法秩序统一的重要举措, 也实为中国法治建设的一大进步。

四、亲子鉴定制度的目标: 从亲子关系到亲子鉴定本身

强制亲子鉴定是对计划生育义务的加重, 而当计划生育放开

---

① 参见秦奥蕾:《生育权、"计划生育"的宪法规定和合宪性转型》, 载《政法论坛》2016 年第 5 期, 第 38 页。

② 比如本应享受到的国家奖励和社会保障, 因为强制亲子鉴定的执行而被取消或迟延实现。

后,生育权宪法保障范围得到扩大,其客观法功能要求国家对影响这一权利实现的强制亲子鉴定予以审查并废止。但仅仅是对地方性法规中的强制亲子鉴定予以修正依然是不够的,强制亲子鉴定并不仅仅存在于行政机关调查违法生育事实的现实需求中,还存在于亲子关系诉讼之中。换言之,亲子关系诉讼中存在的亲子鉴定义务在计划生育的法律规范转变中也应得到法律层面新的回应。

(一)确定性与稳定性:亲子关系诉讼所求之平衡

亲子关系诉讼作为一种诉讼类型存在于民事诉讼中,是原告向法院请求确认特定人间存在或者不存在法定亲子关系的诉讼程序,又名为确认亲子关系存否之诉。亲子关系诉讼中的核心问题在于生物学亲子关系的判定,由于亲子鉴定技术对于生物学亲子关系拥有超高确定性,所以这类诉讼愈来愈依赖亲子鉴定。虽然亲子鉴定科学性和准确性极高,但其作为民事诉讼证据中的鉴定结论仍应受到法定程序的规范,[①]而对亲子鉴定程序予以规定的立法却付之阙如,致使制度层面的法律规范无法使与之而来的血缘确定性和家庭稳定性间的矛盾达成平衡。

当夫妻双方就亲子关系之存否对簿公堂,势必引起事实存否的证明,双方各需就各自主张的事实提供证据。而实践中被申请人通常会拒绝进行亲子鉴定,那么带来的问题就是:作为父母难道没有知晓孩子是否是自己亲生的权利吗?夫妻双方拥有平等的生育权,任何一方都有知晓孩子是否是自己亲生的权利,且另一方不能干预。那么,在血缘确定性这一价值立场上,法律是否应当强制亲子鉴定呢?

这在世界范围内并无统一的标准,多数国家基于该诉讼中涉及的多重价值考量而适用间接强制主义,仅有德国等少数国家为确定血统真实进行直接强制亲子鉴定。[②] 间接强制主义,即当事人自主决定是

---

① 参见江伟:《民事诉讼法》,中国人民大学出版社2011年版,第157页。
② 参见李春景:《关于亲子关系否认制度若干问题探讨》,载《河北法学》2016年第12期,第66页。

否接受亲子鉴定,但若无正当理由拒绝亲子鉴定,则应承担相应不利法律后果。比如美国 1973 年《统一亲子法》规定,法院对于亲子关系诉讼需根据个案诉讼类型的不同决定是否发出血缘鉴定的指令,在否认婚生子女之诉中,若当事人提出鉴定申请,而法官不能依据申请方无可置疑、令人信服的证据形成内心确信时,就可以指令进行亲子鉴定,但不能强制执行。① 强制主义,即法院通过强制当事人受检获取亲子鉴定结论。德国法这一做法源于 1988 年联邦法院判决所承认的公民有知悉自己血统的权利,即"血统认识权",属于宪法中人格权的一部分。故德国在 1950 年增订《民事诉讼法》第 372a 条,规定了在亲子关系诉讼中为确认血统可由法院强制当事人亲子鉴定的情形,②德国《民法典》第 1595a 条规定,父亲、母亲、子女中任何一方可向另外两方请求进行亲子鉴定,并且"依据澄清权人的申请,家事法院必须代替所未给予的允许,并命令容忍取样"。③

我国的司法实践历经了从强制主义向间接强制主义的转变。1987 年《最高人民法院关于人民法院在审判工作中能否采用人类白细胞抗原作亲子鉴定问题的批复》中采用的是强制主义。④ 而 2011 年《最高人民法院关于适用〈中华人民共和国婚姻法〉若干问题的解释(三)》(以下简称《婚姻法司法解释(三)》)第二条改采用

---

① 参见陈飚:《亲子关系诉讼中的血缘鉴定之强制性》,载《现代法学》2010 年第 1 期,第 91 页。
② 情形包括 4 种:(1)于血统确认所必要范围内;(2)其检查依已知科学原理足以解明事实关系;(3)及时斟酌检查方法及结果所及于被检查者或其近亲效果,对被检查人可期待该检查时;(4)且无有害于被检查人健康之虞者,任何人均应忍受检查,特别是为血型鉴定的抽血。参见张海燕:《亲子关系诉讼中亲子鉴定适用问题研究》,载《山东社会科学》2013 年第 5 期,第 99 页。
③ 陈卫佐:《德国民法典》,法律出版社 2020 年版,第 563 页。
④ 批复的内容如下:"鉴于亲子鉴定关系到夫妻双方、子女和他人的人身关系和财产关系,是一项严肃的工作。因此,对要求作亲子关系鉴定的案件,应从保护妇女、儿童的合法权益,有利于增进团结和防止矛盾激化出发,区别情况,慎重对待。对于双方当事人同意作亲子鉴定的,一般应予准许;一方当事人要求作亲子鉴定的,或者子女已超过三周岁的,应视具体情况,从严掌握,对其中必须作亲子鉴定的,也要做好当事人及有关人员的思想工作。"

间接强制主义。① 这种转变可以看作对当事人基本人权保障的法治进步,而官方改采间接强制的解释似乎并不能让人信服。②《最高人民法院关于适用〈中华人民共和国婚姻法〉若干问题的解释(三)》第二条首次规定的亲子关系否认制度,虽解决了学界长期以来亲子关系诉讼中能否推定的争论,但在司法实践中依然面临同案不同判的境况。③ 人们所追求的血缘确定性未在法律层面得到完全的确认。

至民法典出台,其第一千零七十三条总结《最高人民法院关于适用〈中华人民共和国婚姻法〉若干问题的解释(三)》第二条首次以基本法的形式将亲子关系否认制度予以确定。④《最高人民法院关于适用〈中华人民共和国民法典〉婚姻家庭编的解释(一)》作出了新的司法解释,依旧采间接强制主义,其第三十九条规定:"父或者母向人民法院起诉请求否认亲子关系,并已提供必要证据予以证明,另一方没有相反证据又拒绝做亲子鉴定的,人民法院可以认定否认亲子关系一方的主张成立。父或者母以及成年子女起诉请求确认亲子关系,并提供必要证据予以证明,另一方没有相反证据又拒绝做亲子鉴定的,人民法院可以认定确认亲子关系一方的主张成立。"原亲子关系推定规

---

① 2011 年《最高人民法院关于适用〈中华人民共和国婚姻法〉若干问题的解释(三)》第二条:夫妻一方向人民法院起诉请求确认亲子关系不存在,并已提供必要证据予以证明,另一方没有相反证据又拒绝做亲子鉴定的,人民法院可以推定请求确认亲子关系不存在一方的主张成立。当事人一方起诉请求确认亲子关系,并提供必要证据予以证明,另一方没有相反证据又拒绝做亲子鉴定的,人民法院可以推定请求确认亲子关系一方的主张成立。

② 鉴于现在司法公信力不高且人民法院作出的限制人身自由的强制执行裁定不太为公众认可,故而借鉴英美间接强制的做法更符合我国国情。参见最高人民法院民事审判第一庭:《最高人民法院婚姻法司法解释(三)的理解与适用》,人民法院出版社 2011 年版,第 51 页。

③ 张海燕通过观察自婚姻法司法解释(三)公布三年间的亲子关系诉讼案件中亲子关系推动规则的适用状况,发现裁判者对其适用范围、适用条件、原告范围等问题理解不同,导致实践中同案不同判现像频频出现。参见张海燕:《我国亲子关系诉讼中推定规则适用之实践观察与反思》,载《政法论丛》2015 年第 1 期,第 111—114 页。

④ 《中华人民共和国民法典》第一千零七十三条:对亲子关系有异议且有正当理由的,父或者母可以向人民法院提起诉讼,请求确认或者否认亲子关系。对亲子关系有异议且有正当理由的,成年子女可以向人民法院提起诉讼,请求确认亲子关系。

则改为"认定"规则,较推定而言更具科学性,[1]且字义上增强了亲子关系判定的确定性。而本条亲子关系确认之诉起诉主体增加了成年子女,却未将其纳入否认权主体,家庭稳定性的价值追求于此得以初步显现。

可以看出,我国在亲子关系诉讼中趋向于采取法定的间接强制主义。虽然相对于强制主义,其能保障当事人的人身自由和自由人格,但依然存有不足值得商榷。一方面,法律在追求亲子关系的确定性;另一方面,法律也察觉到家庭稳定的重要价值,但现行立法在追求两种价值时并未能平衡两者间的紧张矛盾。

第一,追求确定性但适用条件模糊。民法典中规定向人民法院提起诉讼的前提是"对亲子关系有异议且有正当理由的",司法解释中进一步要求"已提供必要证据予以证明",这一条件可避免诸如因抽象的对妻子不忠的怀疑而起的滥诉,而并未明确何为必要证据。有学者认为,必要证据就是原告之证据尽管不充分,但能形成合理的证据链条以证明可能当事人间不存在或存在亲子关系,比如丈夫以孩子和夫妻双方的血型都不同为证据初步证明自己与孩子之间不存在亲子关系。[2] 其中可能存在的问题就是所谓的必要证据,比如血型有时并不能当然确定不存在亲子关系。[3] 如果另一方固执己见、赌气拒绝亲子鉴定,则认定的事实与客观事实相反。而即便现实中双方进行亲子鉴

---

[1] 推定即是"由法律直接规定或裁判者依照经验法则所确立的某一事实或若干事实与另一事实或若干事实之间的一种充分条件关系",实为一种推论,这其中夹杂判断者的自由心证成分。而认定则在字面上减少了自由心证的成分,是对"已提供必要证据予以证明"这一开启亲子关系诉讼之前提的高度盖然性证明力度的一种确认。相关争论可参见张海燕:《亲子关系诉讼中亲子鉴定适用问题研究》,载《山东社会科学》2013 年第 5 期,第 101—102 页;李春景:《关于亲子关系否认制度若干问题探讨》,载《河北法学》2016 年第 12 期,第 65 页。

[2] 参见周友军:《论民法典确立的亲子关系否认制度》,载《民主与法制时报》2021 年 2 月 4 日,第 6 版。

[3] 现实中有特殊案例,夫妻双方都是 O 型血,但生下的女儿是 A 型血,后经医院精密的检查后发现,丈夫血型为类孟买 A 型,由于体内一对基因的突变,其表现血型常被误诊为 O 型。参见王宏:《由亲子鉴定引发的法律思考》,载《贵州民族学院学报》2005 年第 1 期,第 74 页。

定,亲子鉴定的过程中也有可能产生作假,以致亲子鉴定结果与客观事实不符。①

第二,为追求确定性而未规定当事人可以拒绝亲子鉴定的情形。学界认为有三种正当化理由为其他国家或地区司法实践所认可:(1)可能对当事人身体健康构成损害,身体健康包括肉体和心理健康;(2)即便亲子鉴定也无助于解明亲子关系;(3)亲子鉴定无期待可能。② 比如当事人存在心理疾患,情绪受刺激容易狂躁厌世,就当事人健康保障而言可拒绝亲子鉴定。在不考虑正当化事由情况下,因为没有相反证据且拒绝亲子鉴定而直接判定原告主张成立,有失司法公正性。

第三,为保障家庭稳定性,亲子关系否认权应受除斥期间限制。民法典及其司法解释并未明确亲子关系诉讼提起的时间限制,但在法律排斥成年子女亲子关系否认权之时,家庭稳定性价值偏向于保障父母受赡养的权利,③而子女受抚养的权利基于儿童最大利益原则也应相应给予保障。对亲子关系否认权加以除斥期间的限制,可及时定分止争,保障家庭关系稳定和子女成长,从而兼顾亲子关系稳定性和确定性。

第四,兼顾确定性和稳定性,法官自由心证应受规制。除拒绝亲子鉴定的正当化理由、除斥期间缺失外,从证据到结论的心证过程中,法官自由裁量应受到规制。亲子关系诉讼采取职权探知主义,一方没有相反证据又拒绝亲子鉴定时,法官不该直接认定亲子关系存否。司法解释为规制法官自由心证仅仅规定了举证责任的分配,法官

---

① 亲子鉴定作假屡见不鲜,《法治日报》曾报道两次亲子鉴定结果相反的真相是妻子偷偷换了血样。而今年年初备受关注的"丰县生育八孩女子"事件,为确定"八孩女子"杨某侠真实身份是不是失踪的李莹,前后经过江苏公安机关会同四川公安机关、南京医科大学司法鉴定所、公安部物证鉴定中心对杨某侠和李莹母亲的三次 DNA 检验比对才最终确定杨某侠与李莹不是同一人,最终还给了社会舆论客观真相。参见《两次亲子鉴定结果却相反!!! 真相竟是……》,载微信公众号"法治日报",2018 年 3 月 25 日;《"丰县生育八孩女子"事件十三问》,载微信公众号"法治日报",2022 年 2 月 23 日。

② 参见李春景:《关于亲子关系否认制度若干问题探讨》,载《河北法学》2016 年第 12 期,第 66 页。

③ 参见周友军:《论民法典确立的亲子关系否认制度》,载《民主与法制时报》2021 年 2 月 4 日,第 6 版。

还应恪守尽职调查的职责,并在进行认定的过程中综合考虑亲子鉴定必要性、当事人健康情况、当事人各方意愿、双方责任程度大小等等。[1]

综上所述可以发现,现行的亲子关系诉讼制度旨在追求父母子女间亲子关系的确定性,似乎涉嫌漠视血统真实以外的法律价值。[2] 法官判决将亲子关系之确定作为唯一目标,未对亲子鉴定必要性、当事人健康状况、当事人双方意愿、双方与子女的关系好坏、家庭稳定性及子女成长等因素进行综合考量,亲子关系面临着血缘关系之确定性和家庭关系之稳定性间的紧张矛盾,而综合考量欠缺的情况下,确定性和稳定性这一对矛盾难以得到解决。经以上分析可以看出,亲子关系诉讼中的亲子鉴定适用除本身的制度设计存在瑕疵,在确定性和稳定性这一对矛盾中难以平衡,影响生育权的实现,有待通过专门的亲子鉴定立法进行解决。

(二)新的立法呼唤:亲子鉴定法之五项基本内容

无论是地方性法规中的强制亲子鉴定,还是亲子关系诉讼中的间接强制亲子鉴定,涉及众多的权利利益冲突,尽管对作为行政强制措施的强制亲子鉴定已进行审查并废止,但仍然面临亲子关系诉讼中亲子鉴定带来的确定性和稳定性冲突。究其原因,亲子鉴定技术作为高科技、高准确性的鉴定手段,广泛用于计划生育、家庭纠纷、遗产继承、被拐卖儿童认领、刑事案件侦查等事项,因而与国家治理、亲子关系、家庭伦理、血缘关系、社会稳定等密切相关。而我国社会实践中也出现了种种以亲子鉴定为依据的规范,却无任何法律对亲子鉴定进行规范,形成统

---

[1]　比如父亲提起亲子关系否认之诉,母亲和子女作为被告,双方在法庭上就亲子鉴定进行沟通时,母亲和子女存在不同意愿,法官是直接判定"另一方没有相反证据又拒绝做亲子鉴定"还是另当别论,需要商榷。美国《统一结婚离婚法》第 402 条规定法院在适用子女最佳利益原则时应平衡考虑以下因素:(1)子女父母双方或一方担任监护人的愿望;(2)子女本身的意愿;(3)子女与父母、兄弟姊妹或其他任何可能对其最佳利益有重大影响之人间的互动及彼此关系;(4)子女对家庭、学校以及社区的适应;(5)所有利害关系人的心理及身体健康状况;(6)其他相关因素。参见赵信会:《亲子关系诉讼中亲子鉴定推定及其改革》,载《证据科学》2016 年第 6 期,第 748 页。

[2]　参见周成泓:《亲子关系诉讼中亲子鉴定协力义务论》,载《法律科学》2012 年第 2 期,第 178 页。

一的法秩序。① 因亲子鉴定与生育权的实现密切联系,故在计划生育向权利转变的当下需要统一的亲子鉴定法对亲子鉴定相关问题予以规范。

其一,明确亲子鉴定的两大适用原则。虽然亲子鉴定对于生物学上的血缘关系具有超高确定性,但亲子鉴定的滥用,不仅可能会导致家破人亡,还可能致使国家法治遭受破坏。所以对于亲子鉴定的采用要先通过原则予以限定。第一,尊重当事人自由意志原则。自由意志乃是人作为法律主体的前提,也是生育权实现之前提。无论是在违法生育事实的调查过程中,还是亲子关系诉讼中进行亲子鉴定的证明义务,首先都应当尊重当事人的自由意志,在一般情况下均应当经过当事人同意才可以进行亲子鉴定,不得强制进行亲子鉴定。第二,子女最佳利益原则。生育权不仅赋予夫妻有计划地生育子女的权利,也同样赋予他们养育子女健康成长的义务。国家在法律层面排斥成年子女亲子关系的否认权以保障父母年老时受赡养的权利,即是在保护父母养育子女的成果。那么相应地,业已形成的稳定家庭环境对子女的成长也非常重要,当亲子鉴定可能对处于成长阶段的子女的合法权益产生重大不利影响时,一般应当对亲子鉴定予以限制或禁止,最大程度保护未成年子女的成长。

其二,亲子鉴定在出生医学证明上的填补。依据《中华人民共和国母婴保健法》第二十三条规定,由医疗保健机构和从事家庭接生的人员按照国务院卫生行政部门的规定,出具统一制发的新生儿出生医学证明。作为婴儿的有效法律凭证,出生医学证明上所载的信息包括新生儿、父亲、母亲三者的身份信息,②除了用于证明婴儿的健康状

---

① 以亲子鉴定为关键词在北大法宝法律数据库中进行全文检索发现,中央法规层面涉及亲子鉴定的有1件全国人大常委会审查工作报告、3部行政法规、3部司法解释、3件司法性质解释文件、12件部门规范性文件、15件部门工作文件、2个行政许可批复,数量总计39;而地方性法规层面涉及亲子鉴定的有12部省级地方性法规、2部部门政府规章、295件地方规范性文件、111件地方工作文件和3个行政许可批复,数量总计423。由此可见,作为深深影响生育权的亲子鉴定适用范围非常广,但却未有法律予以规范。

② 2014年《国家卫生和计划生育委员会、公安部关于启用和规范管理新版〈出生医学证明〉的通知》中规定,新版《出生医学证明》(第五版)首次签发要求新生儿父母信息。

况,还承载越来越多的社会功能,已成为确认亲子关系、申报户籍国籍、新生儿取得社会保障等的依据。所以,开具出生医学证明其实就是在婴儿出生后于法律层面确认亲子关系。此时是依据现实的理性经验,先推导妻子所生子女为夫妻生物学意义上的子女,再通过出生医学证明确认父母子女间的亲子关系。但所谓"出生医学证明"中的"医学证明"并未经过生物学意义上血缘关系的确认,即通过亲子鉴定证明妻所生子女确实与丈夫有血缘关系。

亲子关系诉讼的争点其实就在于孩子出生后第一份"身份证明"未能完全无误地确定丈夫与子女的血缘关系。若事实与推导结论不符,首先是妻子侵犯了丈夫的生育权,且也违背了夫妻间的忠实义务;其次,出具出生医学证明的机构赋予了男方医学上错误的父亲身份,进而导致亲子关系也发生错误。因此,基于夫妻平等的生育权、夫妻间的忠实义务以及出生医学证明的准确性,应当将亲子鉴定作为出生医学证明的填写项予以明确。如此不但能完全确定亲子关系,还能倒逼夫妻双方遵守忠实义务。而且,如今出生医学证明已实现全国统一电子化,①有助于打击儿童拐卖。但由于各地经济发展存在差异,亲子鉴定在出生医学证明上的填补应根据各地情况逐步落实,政府就亲子鉴定的费用可对确有经济困难的家庭给予适当补助。②

其三,亲子鉴定权利行使受除斥期间限制。亲子鉴定对传统家

---

① 2020 年 12 月 4 日,国家卫生健康委员会和公安部联合发布《国家卫生健康委办公厅、公安部办公厅关于依托全国一体化在线政务服务平台做好出生医学证明电子证照应用推广工作的通知》,通知中明确"2021 年底前实现出生医学证明电子证照在全国一体化平台全面深度应用"的工作目标。

② 实践中有亲子鉴定补助的经验。2017 年 8 月 26 日《国务院扶贫办对十二届全国人大五次会议第 5504 号建议的答复》中表示:"目前亲子鉴定工作由各地司法行政部门审批的具有资质的相关鉴定机构承担,各地区、各鉴定机构具体收费标准不尽相同。北京市每人约 1000 元,上海每人约 1200 元,广州每人约 2300 至 3100 元。为减轻贫困家庭无户口人员办理亲子鉴定负担过重问题,引导这些家庭主动为无户口儿童申报户口登记,各地公安机关进行了积极探索。天津、山西、江西、广西、重庆等地公安机关主动与民政、卫生计生、司法等部门沟通协商,推动出台对困难家庭无户口人员酌情减免亲子鉴定费用的政策。下一步,公安部将积极推广这些地方的经验做法,推动减轻贫困家庭无户口人员办理亲子鉴定的经济负担。"

庭向往和睦的稳定性造成巨大冲击。一方面,亲子鉴定带来的亲子关系确定的便利化助长了夫妻之间的不信任,致使家庭内部产生信任危机;另一方面,人们刻意追求确定性而逐渐忽视了婚姻家庭中已经产生的社会伦理。自血缘关系开启,发展出父母子女的社会关系,当再去验证血缘关系来确认或否定亲子关系时,这种已经为社会所承认的社会关系并无法还原为一开始的血缘关系。为了维护身份的稳定,其他国家或地区的立法大都对亲子关系的否认权予以时间上的限制。[①] 学界对否认权行使的限制时间为除斥期间还是时效期间存在争议,[②]本文认为亲子关系否认权是为一种形成诉权,其对应的限制时间为除斥期间而非时效期间。故相对应的,进行亲子鉴定的权利也应受除斥期间的限制,可以规定在当事人知道或应当知道否认亲子关系事由之日起 2 年内有权进行亲子鉴定,否则此权利消失。

其四,亲子鉴定程序规范及隐私保护。随着社会日新月异的发展,社会人际关系趋向复杂化,亲子鉴定越来越多,而伴随数据时代的到来,个人的隐私又极其容易遭受侵犯,故亲子鉴定的全过程应制定严格的程序规制。同时,鉴定机构应建立档案封存机制,一方面是为事后审查提供依据;另一方面是为当事人的隐私保驾护航。另外,鉴定人员应恪守职业道德,遵守相应的保密义务。

其五,亲子鉴定复议制度及鉴定过错责任的明确。虽然亲子鉴定

---

① 《日本民法典》第 777 条规定:婚生否认之诉,须自知道子女出生之时起一年以内提起;《瑞士民法典》第 256 条规定:夫在知悉生育及知悉本人并非子(女)之父或第三人在妻受胎期间与其同居的事实之后,得在一年期限内起诉,超过出生五年后,诉权自行失效;《德国民法典》第 1600b 条规定:父亲身份,可以在 2 年以内在裁判上予以撤销,该期间自权利人知悉不利于父亲身份的情事时起算。

② 如王利明、周友军等认为其为除斥期间,而陈苇、张红等认为其为时效期间。相关论述请参见王利明:《中国民法典学者建议稿及立法理由——人格权编·婚姻家庭编·继承编》,法律出版社 2005 年版,第 303 页;周友军:《论民法典确立的亲子关系否认制度》,载《民主与法制时报》2021 年 2 月 4 日,第 6 版;陈苇:《中国婚姻家庭法立法研究》,群众出版社 2010 年版,第 423 页;张红:《婚生子女推定之撤销——最高人民法院法(研)复[1987]20 号之解释适用》,载《云南大学学报(法学版)》2010 年第 4 期,第 15—21 页。

具有超高的确定性,但也难免可能存在错误。错误的原因可能来自两方面。第一,出现特殊的基因突变。鉴定实践中出现过历经四次亲子鉴定才得以确定真相的案例,当事人前两次做的亲子鉴定均显示不支持亲子关系,第三次亲子鉴定显示不排除存在亲子关系,鉴于法医的解释,最后在更高级的鉴定机构进行了目前世界最高技术级别的鉴定,才解决了基因突变影响正常亲子鉴定结果的问题,最终亲子关系得以支持。① 第二,检验材料被更换。鉴定实践中因为利益输送的关系,很可能出现检验材料掉包的可能,致使结果与客观事实不符。因此,对鉴定结论存有异议的,可申请鉴定复议,相应的亲子鉴定委员会应接受其申请进行审查,必要时,在更高级别的鉴定机构重新鉴定,复议结论应为最终结果。

相应地,若鉴定复议结论认为鉴定结果确实存在错误,应当明确相关工作人员的责任。由于亲子鉴定应用广泛涉及众多利益,所以鉴定工作人员的过错很多时候会直接给当事人身份、财产、隐私等权益造成极大损害。而如果通过法律的形式对亲子鉴定工作人员的过错责任进行统一明确,不仅可以对其鉴定行为予以约束,减少"掉包"等违规行为,而且也为受害人提供了权利救济的法律依据,有利于亲子鉴定领域的法治化建设。

结　　语

庞德说,法律作为一种社会控制在任何情况下都有其可能为最大多数人做最多的事情。② 新时代中国特色社会主义法治建设就是为人民谋幸福,坚持法治就是"为了人民、依靠人民、造福人民、保护人民,把体现人民利益、反映人民愿望、维护人民利益、增进人民福祉落

---

① 参见《四次亲子鉴定才得真相,破碎家庭终复原》,载微信公众号"DNA 基因鉴定",2020 年 1 月 11 日。

② 参见［美］罗斯科·庞德:《通过法律的社会控制》,沈宗灵译,商务印书馆 2019 年版,第 38—39 页。

实到法治体系建设全过程"。① 而计划生育经历从义务到权利的法律规范转向后,生育权保护范围被扩大势必迎来新一轮的规范性文件调整。强制亲子鉴定废止只是搅动一池春水的一瓣桃花,备案审查制度就此应发挥更大功效,对相关规范性文件进行集中清理和刚性审查,调整或废止不合法秩序统一要求的规范性文件,以确保贯彻落实党中央决策部署,更好维护宪法权威、保障宪法实施。而为保障夫妻双方更好实现生育权,除了对不合法秩序的规范性文件进行修正或废止,还应对影响亲子关系的亲子鉴定予以规范,加快亲子鉴定立法及相关规范性文件的统一,以促使亲子鉴定技术手段在法治的轨道上运行,切实保障最广大人民的根本利益。通过立改废三种形式集中力量高效推进法治的统一运行,最终实现人口增长和经济高质量发展协调下的国家的繁荣稳定。

---

① 《习近平在中共中央政治局第三十五次集体学习时强调　坚定不移走中国特色社会主义法治道路　更好推进中国特色社会主义法治体系建设》,载中共中央党校(国家行政学院)官网 2021 年 12 月 7 日,https://www.ccps.gov.cn/xtt/202112/t20211207_152206.shtml。

强制相对人协助合法性的双重法律保留检视[*]

——以强制亲子鉴定备审案为例

张子诚^{**}

摘　要:为了调查计生违法,强制相对人进行亲子鉴定的行为,属于强制相对人协助。强制相对人协助本质属于强迫"自证其罪",构成对人格尊严权的干预。在法律保留原则的视野下,重要事项保留说将强制相对人协助纳入法律保留的事项范围,为其提供了形式合法性。以行政法上的法律保留和宪法上的法律保留之分野为基础,追问强制相对人协助的宪法界限则可为其提供内容合法性。为了实现对作为无保留基本权利的人格尊严权的最大化保护,应以"重大嫌疑标准"作为强制相对人协助的前置条件,并辅以一系列程序要求作为程序预防。满足程序要求后,则应当运用比例原则展开层层论证,以避免对人格尊严权的过度限制。经过双重法律保留的检视,方能证成强制相对人协助的整全合法性。

关键词:相对人协助义务　强制相对人协助　法律保留　人格尊严权　宪法界限

---

* 本文为重庆市社会科学规划项目"国家机构兜底职权规范及其实施研究"(2019BS105)阶段性研究成果。

** 张子诚,西南政法大学行政法学院研究生,宪法实施与监督制度研究中心研究人员。

一、问题的提出及研究意义

某地方人口与计划生育条例规定:"对涉嫌违法生育而当事人又拒不承认的,县级以上人民政府卫生和计划生育行政部门有权要求当事人接受技术鉴定,当事人应当予以配合。当事人拒绝接受技术鉴定的,由县级以上人民政府卫生和计划生育行政部门处以 1 万元以上 5 万元以下的罚款。"对此规定,全国人大常委会法工委审查认为"亲子关系涉及公民人格尊严、身份、隐私和家庭关系和谐稳定,属于公民基本权益,受宪法法律保护,地方性法规不宜规定强制性亲子鉴定的内容,也不应对此设定相应的行政处罚、处分、处理措施"。[①] 以上备审案例出现在了 2021 年全国人大常委会法工委的备案审查工作情况的报告中,并入选 2021 年度中国十大宪法事例,被称为"强制亲子鉴定案"。

关于强制亲子鉴定的性质,有学者在接受媒体采访时将其界定为一种行政强制措施,该观点值得商榷。[②] 在行政法上,行政强制措施有严格的界定标准和鲜明的法律特征。从目的上来看,实施行政强制措施是为了预防证据的灭失以及违法行为、危险状态等的发生或扩大。在该目的的指引下,行政强制措施具有限权性而非制裁性。例如,扣押一台违法车辆与没收一台违法车辆,前者暂时地对相对人的财产权进行限制,后者则属于剥夺。[③] 法理学家凯尔森将法律上的强制行为分为两类,一类是制裁;另一类是非制裁的强制行为。凯氏举例认

---

① 沈春耀:《全国人民代表大会常务委员会法制工作委员会关于 2021 年备案审查工作情况的报告——2021 年 12 月 21 日在第十三届全国人民代表大会常务委员会第三十二次会议上》。

② 在就强制亲子鉴定案相关问题接受南方都市报记者采访时,王锡锌教授提道:"强制亲子鉴定是地方立法赋予行政机关的一种强制措施。"张翔教授谈道:"行政强制法对行政强制措施的种类和设定权有明确规定。"参见《强制亲子鉴定查超生退场:宪法原则精神阻止对公民采取该措施》,载微信公众号"南方都市报"2021 年 12 月 23 日,https://mp. weixin. qq. com/s/DN3StVaCTfNRdSbeMIc7mQ。

③ 参见胡建淼:《行政强制法论:基于〈中华人民共和国行政强制法〉》,法律出版社 2013 年版,第 23 页。

为,对患有公共危害性疾病的人进行强制隔离,属于非制裁的强制行为。① 显然,这里所谓的非制裁强制行为,即行政法上的行政强制措施。这从侧面说明了行政强制措施的非制裁性。然而,强制亲子鉴定不是出于一般意义上的行政强制措施之目的而实施,高额的罚款也显然超出了限权的范畴,具有制裁的性质。或许有学者会反对强制亲子鉴定具有制裁性的观点,认为其制裁性是由不履行义务的罚款产生的,而非强制亲子鉴定本身。这种反驳忽视了强制与罚款的紧密连结关系。在前述强制亲子鉴定规则中,如不存在罚款,则强制性也不复存在。在审视"强制亲子鉴定案属于行政强制措施"这一观点时,不能将强制与罚款割裂开来,而是应当视为一体。由上述分析可见,认为强制亲子鉴定是行政强制措施的观点没有抓住强制亲子鉴定的本质。在行政程序法范围内,强制亲子鉴定是在行政调查程序中为相对人设定的某种协助义务,学理上一般称为相对人协助义务。该义务是指为了查清行政违法事实,而在法律上课以行政相对人为某种特定行为的义务,诸如要求相对人提供相关材料、记录或要求相对人协助调查等均属此类。② 据相关规定可知,相对人协助义务有两种不同的形式,一种附加了拒绝履行义务的制裁;另一种则未附加制裁。③ 强制亲子鉴定案所涉的情况显然属于前者。为了行文的简便,本文用"强制相对人协助"来指代附加制裁的相对人协助义务。在学界,学者们大多认

---

① 参见[奥]汉斯·凯尔森著:《纯粹法学说》(第 2 版),雷磊译,法律出版社 2021 年版,第 141—142 页。

② 参见余凌云:《行政法讲义》(第 3 版),清华大学出版社 2019 年版,第 232 页。

③ 附加制裁的情形如食品安全法第一百三十三条规定:"违反本法规定,拒绝、阻挠、干涉有关部门、机构及其工作人员依法开展食品安全监督检查、事故调查处理、风险监测和风险评估的,由有关主管部门按照各自职责分工责令停产停业,并处二千元以上五万元以下罚款;情节严重的,吊销许可证;构成违反治安管理行为的,由公安机关依法给予治安管理处罚。"又如,《保障农民工工资支付条例》第五十七条:"有下列情形之一的,由人力资源社会保障行政部门、相关行业工程建设主管部门按照职责责令限期改正;逾期不改正的,责令项目停工,并处 5 万元以上 10 万元以下的罚款:(三)建设单位或者施工总承包单位拒不提供或者无法提供工程施工合同、农民工工资专用账户有关资料。"不附加制裁的情形如行政处罚法第五十九条第二款:"当事人或者有关人员应当如实回答询问,并协助调查或者检查,不得拒绝或者阻挠。"

为,为相对人设定协助义务时存在适用法律保留原则的空间。① 然而,在行政调查中课以相对人协助义务是保障行政调查顺利进行的必要手段,若完全否定行政立法和地方立法设定协助义务的权限,恐大多数行政调查成本陡增,甚至难以展开。较有影响力的学者分析了德国《联邦行政程序法》上的规定,认为由于义务的构成以制裁为必要,因此不附加制裁的相对人协助义务仅是一种"证明负担",惟强制相对人协助方构成一种义务,该义务应有法律的明确规定。② 这较前述观点显得更加理性。若将视野转移至基本权利保护的场域下,也会发现对不附制裁的相对人协助义务加以过多讨论并无太多意义。由于不附加制裁,这类义务更多具有指导性,而非强制性,不对基本权利造成事实上的损害或威胁,从而无法构成对基本权利的干预。③ 考虑上述因素,本文将讨论范围限定为强制相对人协助。

学者们既认为设定强制相对人协助应适用法律保留,就应当阐明其理由。遗憾的是,现有研究均仅将法律保留之适用作为一种完善立法的对策建议,没有进行充分的论证,其观点显得欠缺说服力。同时,对于完善强制相对人协助立法而言,停留于行政法层面的思考也稍显不足。正如有学者指出,宪法早已为控制行政权与保障基本权利提供了"利器",在控制行政调查权的制度构筑中,应当有意识地探求宪法的根据与界限。④ 因此,本文亦试图分别在行政法与宪法的视野下,分层探讨强制相对人协助制度的完善路径。下文将从强制亲子鉴

① 参见宋雅芳:《论行政调查中相对人协助义务的限度》,载《河南社会科学》2006年第5期,第98页;雷娟:《配合还是强制:行政协力义务论——以突发公共事件应急规则为视角》,载《云南大学学报(社会科学版)》2014年第1期,第103—104页;程琪:《论行政调查中当事人的协助义务》,载《东南大学学报(哲学社会科学版)》2020年第A1期,第68页。

② 参见章剑生:《论行政处罚中当事人之协助》,载《华东政法学院学报》2006年第4期,第35页。

③ 参见王锴:《调取查阅通话(讯)记录中的基本权利保护》,载《政治与法律》2020年第8期,第113页。

④ 参见余凌云:《警察调查权之法律控制——在宪法意义上的进一步追问》,载张仁善主编《南京大学法律评论》2002年春季号,第49页。

定案出发,首先揭示强制相对人协助强迫相对人"自证其罪"的本质,由此证成其对人格尊严权的干预。其次,在行政法的视野下,运用重要事项保留说推导强制相对人协助应当适用法律保留的结论。最后,文章将以宪法意义上的法律保留要求的人格尊严权最大化保护为导向,在宪法层面为设定强制相对人协助的立法划定界限。

二、重要事项保留说对强制相对人协助立法的限制

(一)强制相对人协助与不得强迫自证其罪的关联

强制亲子鉴定的立法存在一种深刻的内在矛盾,使行政相对人陷入进退两难的窘境:如果相对人配合行政机关进行亲子鉴定,则可能承受高额的社会抚养费、罚款等;但即使拒绝配合,也将受到高额罚款。因此有学者认为,在强制相对人协助的制度下,个人权利难以得到保障,该制度本身的正当性殊可质疑。① 强制相对人协助产生上述矛盾的原因,应当归于其本质上是强迫相对人"自证其罪"。②

不得强迫自证其罪是刑事诉讼法上的一项重要原则。在该原则的要求下,追诉机关不得采取强制手段要求被追诉人作出证明自己有罪的供述,被追诉人有权拒绝回答归罪性的问题,不因其拒绝自我归罪的行为而获得不利评价或推论。③ 由于不得强迫自证其罪原则在保护被追诉人权利的同时限缩了追诉机关权力,突出了人权保障与公共利益之间的紧张关系。为了调和二者矛盾,立法者不得不设置诸多例外,由此构成了对不得强迫自证其罪原则的限制。在该原则的起源国英国,追诉机关在特定情形下有权作出对被追诉人不利的推断,这些情形包括嫌疑人无法对某证明其犯罪的事实作出合理解释等。④ 在应

---

① 参见章剑生:《论行政处罚中当事人之协助》,载《华东政法学院学报》2006 年第 4 期,第 36 页。
② 此处的"罪"应当作广义理解,包括行政违法在内,如英美法上有"轻罪"之谓。
③ 参见董坤:《不得强迫自证其罪原则在我国的确立与完善》,载《国家检察官学院学报》2012 年第 2 期,第 115—116 页。
④ 参见彭伶:《不得强迫自证其罪原则研究》,中国检察出版社 2009 年版,第 106 页。

对恐怖主义犯罪时,英国亦曾通过立法的形式允许追诉机关从被追诉人拒绝自我归罪的沉默中推断有罪。[①] 在我国,刑事诉讼法在确立不得强迫自证其罪原则的同时,也保留了如实供述的义务条款作为限制。[②]

在行政调查程序中是否可适用不得强迫自证其罪原则,这一问题曾在多个国家引起旷日持久的辩论,辩论结果均支持了该原则的适用范围扩张至行政调查程序。例如,美国宪法第五修正案在宪法的层面赋予了刑事诉讼中被追诉人享有不被强迫自我归罪的特权后,该特权又在二十世纪中叶被广泛运用到行政听证和其他调查程序中。[③] 该原则适用范围扩张的理由似有二端。其一,是避免公权力通过"行转刑"的程序架空不得强迫自证其罪原则。行政调查程序与刑事诉讼程序之间并不存在天然的鸿沟,实践中在行政调查程序中发现刑事犯罪事实,从而启动"行转刑"程序的情况并不鲜见。在行政调查程序中也引入不得强迫自证其罪原则,一个重要的目的就是避免行政机关强迫相对人在行政程序中主动揭露犯罪事实,然后转交刑事追诉程序。如此一来,作为法治国之重要原则的不得强迫自证其罪恐被蚕食殆尽。在莱夫科维茨诉特利案中,美国最高法院即指出,不论是在行政调查还是刑事诉讼中,不被强迫自证其罪都是受宪法保护的特权。这是为了避免追诉机关在后续的刑事案件中使用经强迫手段获取的供述和证据。[④] 其二,根本上讲,不得强迫自证其罪原则的来源是宪法,而非刑事诉讼法。该原则作为一种基本人权入宪,具有宪法意义上的最高性,所有政府行为均应该受到该原则的约束。[⑤] 有学者认为,宪法的精神反对强迫公民牺牲宪法确认或赋予的基本权利。在确认或赋予公

---

① See Friends, Stacey Carrara, *An Effective Way to Deal with Terrorism – Britain and Ireland Restrict the Right to Silence*, 26Suffolk Transnational Law Review 227, 241(1999).

② 为了给法律设定强制相对人协助存留空间,在此强调上述限制是必要的。

③ See Cf. Peter L. Strauss, *An Introduction to Administrative Justice in the United States*, Carolina Academic Press, 1989, p. 31. 转引自余凌云主编:《行政调查的理论与实践》,中国人民公安大学出版社 2014 年版,第 30 页。

④ See *Lefkowitz* v. *Turley*, 414 U. S. 70(1973).

⑤ 参见李莉:《行政法治视野下的行政调查研究》,法律出版社 2013 年版,第 253 页。

民基本权利的同时,宪法就内在地否定了任何不利于其基本权利保障和实现的行为。① 强制相对人协助无疑是在强制基本权利自我牺牲,因为行政处罚显然属于对基本权利的干预。因此,即使是在行政调查程序中,不得强迫自证其罪原则也应该当然地被适用。

强制相对人协助通过设置不履行协助义务的制裁,强制相对人提供证明自己违法事实的证据,符合强迫自证其罪的外在表征。所谓强迫者,即施加压力使对方服从,强迫与强制在一般意义上可以通用。凯尔森认为,法秩序中的强制可以表现为一种制裁,它是用"某种恶——如剥夺生命、健康、自由、经济利益和其他利益,这种恶有违与此相关者的自己的意志,有必要时通过外在暴力的运用即以强制的方式来施加——来回应被认为不受期待的、具有社会危害性的特定情境,尤其是这类人类行为"。② 对拒绝履行协助义务的相对人施加行政处罚等剥夺、限制相对人经济利益甚至人身自由等的措施将落入强制,或者说是强迫的范畴。有观点可能会质疑,强制亲子鉴定也存在排除亲子关系的可能,因此强制相对人协助并不一定就是强制相对人"自证其罪"。对此有必要予以如下两点说明。第一,不得强迫自证其罪原则禁止的不仅是强迫作"有罪供述",而且是强迫"供述"。不得强迫自证其罪原则在禁止追诉机关通过强制手段要求被追诉人作出证明自己有罪的供述的同时,也赋予被追诉人保持沉默的权利。沉默权是不得强迫自证其罪的应有之义。③ 在行政调查程序中,沉默权可表现为对行政机关要求配合调查的不作为的权利。只要行政机关强迫相对人协助调查,不问协助的结果是否证明相对人违法,均构成强迫自证其罪。第二,强制相对人协助的场合下,相对人基本不可能不存在违法事实。以强制亲子鉴定为例,如确实不存在亲子关系,相对

---

① 参见余凌云主编:《行政调查的理论与实践》,中国人民公安大学出版社 2014 年版,第 33—34 页。

② [奥]汉斯·凯尔森著:《纯粹法学说》(第 2 版),雷磊译,法律出版社 2021 年版,第 43 页。

③ 参见陈学权:《比较法视野下我国不被强迫自证其罪之解释》,载《比较法研究》2013 年第 5 期。

人必然愿意配合进行鉴定,根本没有"强制"的用武之地。因此凡涉及强制协助,就必然是在强迫自证其罪。综上所述,在行政法中设定强制相对人协助的本质即强迫相对人自证其罪。

(二)国家尊重和保护人格尊严权是不得强迫自证其罪的宪法基础

如上所述,不得强迫自证其罪原则的来源是宪法。对此观点应当进一步论证。本文认为,宪法第三十三条第三款规定的国家尊重和保障人权原则及第三十八条前句规定的人格尊严权是不得强迫自证其罪原则的宪法基础。

宪法第三十八条前句确立了人格尊严权的基本权利地位,但有关该条文的具体理解,学界向来莫衷一是。有的学者提出"人格尊严条款双重规范属性说",认为人格尊严既作为一项个别性的权利,也可以作为人权保障之价值基础的一般性准则。[①] 也有学者认为,不同于其他国家将人格尊严权作为一种宪法的价值基础,我国宪法人格尊严权仅仅是着重于个人的名誉与荣誉保护,属于公民的一项基本权利。[②] 事实上,上述两种观点均存在局限。一方面,对人之尊严的保护有着深厚的历史渊源和哲学传统。时至今日,尊重和保护人的尊严已经在世界范围内形成了广泛共识,以人的尊严为价值基础的法治图景亦在我国逐步铺展。如果仅将宪法人格尊严条款解释为一项个别性的权利,则有大材小用之嫌。另一方面,将人格尊严条款理解为宪法的根本价值基础,貌似陷入了不加分辨的"拿来主义"泥淖。不同于德国对人的尊严的不可侵犯、不容限制的绝对保护,我国宪法采用总括式的基本权利限制模式,即使在人格尊严权中填充作为宪法价值基础的人的尊严,人格尊严权也很难不受到公共利益等的限制,从而与根本价值基础形成天然落差。解决上述问题的可能路径是在我国特定

---

① 参见韩大元、林来梵、郑贤君著:《宪法学专题研究》(第 2 版),中国人民大学出版社 2008 年版,第 363 页。

② 参见郑贤君:《宪法"人格尊严"条款的规范地位之辨》,载《中国法学》2012 年第 2 期,第 79 页。

的法文化和法秩序之下构建人格尊严权的概念内涵,使人格尊严权既与根本价值基础意义上的人的尊严存在距离,又与其尽可能地接近。此时,宪法的人格尊严权就成为了应然理念与实然规范的结合。① 这种近似二元化的解释路径调和了人格尊严的不可侵犯性与国家对人格尊严权的合理限制之间的矛盾。② 基于此,宪法人格尊严权不仅是对名誉和荣誉的保护,而且可以解释出以下两重意涵,即:人之主体性意涵、自我决定和自我保存意涵。

人之主体性意涵是指宪法人格尊严条款绝不容许对人的客体化贬低,社会成员应当相互尊重对方的主体性,国家不能把公民当作实现治理目标的工具。自我决定是指基于人的尊严,人有权在法律的限度内自由地、独立自主地决定自己的行为。这种自我决定的正当性建立在自我保护的正当性之上。无论何时,个人有权实施自我保存的行动都不证自明。从而,一个人出于自我保护的目的,拒绝向国家提供证明自己违法犯罪事实的证据也是正当的。③ 强迫自证其罪是对人的主体性和自我保存自由的挑战。在宪法人格尊严条款的要求下,不论是在刑事侦查程序中还是在行政调查程序中,被追诉人或相对人原则上都有权要求不被公权力机关当作侦破案件的工具,都有权自主决定是否与公权力机关合作而不被强迫。退一步说,即使对宪法人格尊严权作极狭义的解释,认为其仅保护公民名誉,强制相对人协助也有干预人格尊严之嫌。在多数情况下,公权力机关之所以强迫相对人履行协助义务,是因为相对人在某种程度上被推定为违法犯罪人。这种对守法公民的违法推定无疑是负面的、有损人格尊严的一种"隐性歧视",将降低公民的社会评价。根据宪法第三十三条第三款之规定,国家负有尊重和保护人格尊严权的义务。这一义务是

---

① 参见王进文:《人的尊严规范地位的反思与检讨——基于德国宪法学说和司法实践的分析》,载《人权研究》2021 年第 4 期,第 88 页。

② See Miroslaw Granat. *The Meaning of Human Dignity in Constitutional Law*. Ukrainian Journal of Constitutional Law 59,64(2016).

③ 参见彭伶:《不得强迫自证其罪原则研究》,中国检察出版社 2009 年版,第 125 页。

整体的,并不因消极权利或积极权利而有所区别。① 在宪法规范的要求下,国家应当采取有效措施保障人格尊严权的充分实现。确立不得强迫自证其罪原则就是国家履行尊重和保护人格尊严权义务的重要体现。在今天,反对强迫自证其罪已成为国际共识,不得强迫自证其罪原则在《公民权利和政治权利国际公约》以及世界各国的宪法、刑事诉讼法中被广泛确立。我国亦有学者建议,为了限制法律解释的走向、防止司法权力的滥用,应当将不被强迫自证其罪的权利上升为成文的宪法权利。② 可见,不得强迫自证其罪建立在国家尊重和保护人格尊严权的宪法规范之上,强制相对人协助是对人格尊严权的干预。

(三)落入重要事项范围的强制相对人协助

某一事项是否应当保留给立法机关,这涉及法律保留的事项范围原理。该理论解决的是什么样的行政领域或具体行政行为应当保留给法律来规定的问题。考察法律保留事项范围理论的发展脉络,其大致经历了三个阶段。第一是君主立宪时代的侵害保留说。作为法律保留的原始形态,侵害保留说侧重于保护公民的自由权和财产权,认为凡是对公民权利造成侵害的行政行为,即所谓行政干预,均应当有法律的明确规定,这体现了自由资本主义时代的要求。第二是全部保留说,该说的理论基础系人民主权原则。在人民主权原理之下,人民是国家一切权力的来源,因此,包括侵害行政、给付行政在内的全部行政事项均应交由立法。在此学说之下,若无实定法上的根据,行政机关没有权力开展任何行政活动。第三是滥觞于德国联邦宪法法院的重要事项保留说。重要事项保留说认为凡属重大的、决定性的事项均应交由法律规定,即将某一事项是否属于法律保留的范围诉诸重要性判断,该种判断将主要通过对个案的分析来实现。③

---

① 参见于沛霖:《"国家尊重和保障人权"之法律关系解读》,载《法学杂志》2007 年第 6 期,第 31 页。
② 参见韩阳:《被追诉人的宪法权利》,中国人民公安大学出版社 2007 年版,第 190—200 页。
③ 参见翁岳生主编:《行政法》(上册),中国法制出版社 2009 年版,第 193—194 页。

　　当今我国应采以上何种学说来判断法律保留的事项范围？ 对此,学界意见并不统一。其中较为主流的观点认为,应以重要事项说为是。例如,有学者认为根据宪法和立法法的规定,虽然我国并非所有的事项都要制定法律,但凡属行政主体对剥夺或限制公民重要权利的行政行为都应有法律的明确规定。① 也有学者对重要事项说进行了批判,认为重要事项说在清晰性和可预期性上有所欠缺,导致其只能成为一项虚空的公式。② 还有学者考虑到社会主义初级阶段的特殊国情,认为当前我国社会自治程度不高,对国家较为依赖,虽然立法者理当更加勤勉地履行法定职责,但行政机关也应当发挥自身优势以推进公共利益的实现,因此法律保留的范围不宜过宽,应秉持侵害保留说的立场,同时对其内涵进行适时扩充。③ 对于上述观点,本文认为,侵害保留说的观点于理论上颇为保守,又与我国当前法治实践存在扞格之处。作为社会主义国家,我国在民生领域立法强度较高,包括义务教育法、社会保险法等均属于给付行政领域立法,传统的侵害保留说无法满足该领域的立法需求。而一味诉诸于扩充侵害保留说的内涵则可能不仅不能为现实的立法需求提供支撑,还存在学说异化的风险。反观重要事项保留说,可发现其对我国的法律保留实践具有较强的说明力。

　　学界对重要事项说的批判观点忽视了重要事项说的模糊性伴随的强大的解释力。在逻辑学上,一个概念越明确,其外延就越窄,反之则越宽,对于某一学说亦是如此。重要事项说虽然于重要性的判断标准上暧昧不明,但这也给该学说带来了经久不衰的生命力,使之成为德国学界通说。此外,简单性意义下的清晰性并不是概念形成的唯一目标,简单性不能以牺牲妥当性为代价。重要事项保留说虽然缺乏清

① 　参见周佑勇、伍劲松:《论行政法上之法律保留原则》,载《中南大学学报(社会科学版)》2004 年第 6 期,第 713 页。

② 　参见张慰:《"重要性理论"之梳理与批判——基于德国公法学理论的检视》,载《行政法学研究》2011 年第 2 期,第 119 页。

③ 　参见王贵松:《行政活动法律保留的结构变迁》,载《中国法学》2021 年第 1 期,第 140—141 页。

晰性,但在惯于处理复杂概念的法律人的论证之下,这种复杂与模糊可能带来更为妥当的结论。① 更为关键的,重要事项说之所以受到诟病,与其在德国公法上承担的特殊功能密切相关。对公民基本权利的限制只能由法律进行是德国公法上的基本原理,德国基本法几乎对每一基本权利都明确规定应适用法律保留。是故,在德国公法上并不必要用重要事项保留说来说明干预基本权利适用法律保留的原因,而是用以判断哪些涉及基本权利的事项必须制定法律,哪些又可以由法律授权行政立法进行限制,即所谓直接保留和间接保留的区别。② 在此意义上的重要事项保留说通常被称作重要性理论。③ 相对于用以说明何种事项应适用法律保留的重要事项说,重要性理论被用以更进一步说明法律保留的程度,因此其承担的任务显然更为复杂。在重要性理论的语境下,重要事项保留说的模糊性被放大了。而脱离德国公法学的语境,特别是将其放在我国宪法学的视野下,引入重要事项说似乎完全可以发挥论证"干预基本权利的事项应适用法律保留"这一观点的功能。在此,重要事项说就显得并不那么模糊。

限制基本权利应适用法律保留的观点来自德国,但其在中国宪法学的视野下并非不证自明。我国宪法文本仅对个别基本权利明确了法律保留的适用,此外则存在大量的无保留基本权利,人格尊严权即属此类。引入重要事项保留说可以为干预这类基本权利的事项提供适用法律保留的理由。④ 其一,从法律保留事项范围理论的发展历程来看,干预基本权利的事项属于重要事项范畴。从侵害保留说到全部

---

① 参见[德]罗伯特·阿列克西:《法概念与法效力》,王鹏翔译,商务印书馆 2015 年版,第 46 页。

② 参见张翔:《基本权利的规范建构》(增订版),法律出版社 2017 年版,第 139 页。

③ 德语上的 Wesentlichkeitstheorie 既可译为"重要性理论",也可译为"重要事项保留说"。参见张慰:《"重要性理论"之梳理与批判——基于德国公法学理论的检视》,载《行政法学研究》2011 年第 2 期,第 113 页。

④ 除重要事项说之外,从其他角度对"干预基本权利应适用法律保留"这一命题进行的有力论证,可参见陈楚风:《中国宪法上基本权利限制的形式要件》,载《法学研究》2021 年第 5 期,第 129—143 页。

保留说,法律保留事项范围被大大扩张。重要事项说虽被视为是对全部保留说的退缩,但其也并未退缩至小于侵害保留说范围的程度,而被认为是在"两端的中间地带"进行的理论尝试。① 因此,似可认为侵害保留说所涵盖的法律保留事项是并入重要事项保留说涵盖的"重要事项"之内的。干预基本权利的事项基本表现为一种侵害行政,因此其落入重要事项的范畴亦不成疑问。其二,从人民民主的宪法原则上看,干预基本权利的事项属于重要事项范畴。"八二宪法"起草的主持人彭真同志曾指出,宪法中关于公民基本权利的规定:"是《总纲》关于人民民主专政的国家制度和社会主义制度的原则规定的延伸。我们的国家制度和社会主义制度从法律上和事实上保证我国公民享有广泛的、真实的自由和权利"。② 可见,在我国宪法中,基本权利被视为是人民民主的直接产物,体现了人民的意志,并由作为国家根本大法的宪法确定下来。而如果在一个人民主权的国家之内,对直接体现人民意志的基本权利进行干预的事项无法被称作"重要事项",则将再无其他事项堪称重要。

综合以上论述,引入重要事项保留说的正当性似得到证立,对基本权利进行干预的事项将落入重要事项范畴从而适用法律保留这一事实也得以明确。在此大前提之下,又明确强制相对人协助属于干涉人格尊严权之调查措施的小前提,则强制相对人协助应适用法律保留原则由立法予以规定这一结论便呼之欲出。这正如沃尔夫所认为的,作为干预基本权利的调查措施,"除非有法律的明确授权,行政机关采取这种措施必须得到关系人的同意"。③

---

① 　参见王贵松:《行政活动法律保留的结构变迁》,载《中国法学》2021 年第 1 期,第 133 页。

② 　彭真:《关于中华人民共和国宪法修改草案的报告——一九八二年十一月二十六日在第五届全国人民代表大会第五次会议上》,载全国人大常委会法制工作委员会宪法室编《中华人民共和国制宪修宪重要文献资料选编》,中国民主法制出版社 2021 年版,第 99 页。

③ 　[德]汉斯·J·沃尔夫等著:《行政法》(第 2 卷),高家伟译,商务印书馆 2002 年版,第 223 页。

三、无保留基本权利之保护对强制相对人
协助立法的限制

（一）两种意义上的法律保留之分野

虽然将强制相对人协助交由法律规定将在一定程度上解决其合法性疑虑，但必须指出，适用法律保留仅为强制相对人协助提供形式合法性，而要使其获得内容合法性，必须在宪法的法律保留意义上追问强制相对人协助的宪法界限。此处首先涉及行政法与宪法意义上的法律保留之分野。

在德语中，法律保留有"Vorbehalt des Gesetzes"和"Gesetzesvorbehalt"两个对应词。前者是指行政权为一定事项时必须依据法律，后者是指依宪法中"根据法律"的表述限制基本权利。① 本文将此二者分别称之为行政法意义上的法律保留和宪法意义上的法律保留。行政法上的法律保留原则脱胎于奥托·迈耶的法治国理论。迈耶认为，在法治国下，法律保留是法治的核心构成要素之一。由于行政活动对于法律不具有类似司法的依附性，因此行政活动往往是以自有的力量作用，而不是依据法律。在此，迈耶将在特定范围内排除行政自行作用的领域纳入法律保留的范围。② 由此可见，行政法意义上的法律保留原则规范的是行政行为，其目的在于使行政行为受到法律的约束，防止行政机关恣意行权。芦部信喜认为，战前德国"法治国"理念下的法律并不同于"法的统治"（rule of law）意义上的法律。法治国中的法仅仅作为一种与内容无关的，任何东西都可以放置进去的容器，是一种形式意义上的法律。在法治国中，议会制定的法律之合理性并不曾被作为问题。③ 如此，则暴露了行政法意义上法律保留的重大局限性，即

---

① 参见王贵松：《行政活动法律保留的结构变迁》，载《中国法学》2021年第1期，第128页。
② 参见[德]奥托·迈耶：《德国行政法》，刘飞译，商务印书馆2021年版，第73页。
③ 参见[日]芦部信喜：《宪法》（第6版），林来梵等译，清华大学出版社2018年版，第9—10页。

其仅要求行政行为依据法律,而无法约束法律的内容。

行政法意义上的法律保留立足君主立宪时代下国家与社会的区别原则,使行政权的行使要有法律授权成为了法治国原则的基本要求。但随着国民主权原则的确立,法治国的重点问题由行政权的合法性转变为立法权的合宪性,法律保留的对象就从行政权扩展至立法权,从而诞生了针对立法权的法律保留原则,即宪法意义上的法律保留原则。[①] 与行政法上的法律保留不同,宪法上的法律保留扮演一种"对限制之限制"的角色,具有约束立法机关的功能与意义。[②] 这里是在说,虽然行政法上的法律保留赋予了限制基本权利的行政行为以形式合法性,但由于宪法具有高于法律的民主正当性和效力层级,因而赋予干预行为以行政法上正当性的法律却可能存在违宪之虞。[③] 此时,就有必要引入宪法上的法律保留。宪法意义上的法律保留并不为干预基本权利的立法提供正当化依据,而是为其划定宪法界限。换句话说,宪法上的法律保留设定了法律限制基本权利的可能性,可以理解为宪法授权法律对基本权利进行限制,但这种限制本身要受到宪法的限制。[④]

参照德国宪法学理论,可区分我国宪法上基本权利的法律保留的三重样态,分别为单纯法律保留、加重法律保留和无法律保留,不同样态的法律保留对法律的限制存在差异。所谓单纯法律保留,是宪法仅规定依照法律对该基本权利进行限制,而未附加其他条件,例如对私有财产的征收征用即属此类。所谓加重法律保留,是宪法规定仅在特定条件下才能由法律对基本权利加以限制,如通信自由和通信秘密即属此类。所谓无法律保留,是指宪法未对该基本权利作出法律保留的

---

① 参见王贵松:《行政活动法律保留的结构变迁》,载《中国法学》2021 年第 1 期,第 128—130 页。

② 参见门中敬:《论宪法与行政法意义上的法律保留之区分——以我国行政保留理论的构建为取向》,载《法学杂志》2015 年第 12 期,第 27 页。

③ 参见王锴:《论法律保留与基本权利限制的关系——以〈刑法〉第 54 条的剥夺政治权利为例》,载张志铭主编《师大法学》2017 年第 2 辑,法律出版社 2018 年版,第 80 页。

④ See Robert Alexy, *A Theory of Constitutional Rights*, trans, Julian Rivers, Oxford University Press, 2002, p. 182.

规定,如人格尊严权即属此类。一般认为,适用单纯法律保留的基本权利体现出宪法对立法权的信任,此等情况下,立法被授权的空间相对较大。适用加重法律保留的基本权利体现出宪法周延保障基本权利的倾向,此时立法权的运作空间相对受限。而对于强制亲子鉴定案中涉及的,作为无保留基本权利的人格尊严权,其究竟是不得限制,还是不得由法律限制,抑或是可以由法律加以限制等则尚存疑问,需要展开分析。①

(二)作为无保留基本权利的人格尊严权

人格尊严权作为无保留基本权利,公权力是否可以对其加以干预,以及对其干预是否可以诉诸法律? 我国有学者将无法律保留的基本权利理解为完全不受法律约束与限制,仅能作保护性的规定。② 该观点忽视了宪法第五十一条对所有基本权利均作了总括式的限制,在该条款的规范意旨下,中国宪法上不存在绝对不可限制的权利。德国学者通过对基本法上无保留基本权利的解释也得出了同样的结论。依我国台湾地区学者陈新民的研究,对无保留基本权利,德国学界大致存在两种限制路径:一是援引基本法对一般行为自由的三项限制对其加以限制;二是援引狄骥的社会连带理论,强调社会共同生活对无保留基本权利的限制。以上二种均支持对无保留基本权利加以限制。③ 由此可见,问题的关键不在于无保留权利可否限制,而在于可否由法律限制。对此问题,有学者认为,无保留基本权利并非不受限制,只是不能由法律进行限制,也就是说对无保留基本权利的限制只能诉诸宪法的固有限制,亦即所谓宪法保留。④ 但若考察各国宪法实践中对宪法保留条款的态度,就会发现上述观点的局限。在美国,第一修正案虽然从文义上禁止了国会立法对宗教信仰自由、言论自由和

---

① 参见陈新民:《德国公法学基础理论》(上卷),法律出版社 2010 年版,第 391—394 页。

② 参见胡玉鸿:《论我国宪法中基本权利的"级差"与"殊相"》,载《法律科学》2017 年第 4 期,第 24 页。

③ 参见陈新民:《德国公法学基础理论》(上卷),法律出版社 2010 年版,第 393—394 页。

④ 参见王锴:《论法律保留与基本权利限制的关系——以〈刑法〉第 54 条的剥夺政治权利为例》,载《师大法学》2017 年第 2 辑,法律出版社 2018 年版,第 87 页。

出版自由等的干预,但在联邦最高法院的解释运用中,该宪法保留的规定实质上被打破了。在查普林斯基诉新罕布什尔州一案中,主笔判决的墨菲大法官写道,那些粗俗的、诽谤性的以及挑衅的,可能会即刻破坏社会秩序的言论本身并不具有任何社会价值,也无法提供任何真理性认识。他认为,对该类言论进行限制的损害将远小于由此带来的秩序价值。① 由此,联邦最高法院发展出"双阶理论",对针对高价值言论的限制作严格审查,而对针对低价值言论进行的限制作类型化的利益衡量。② 在双阶理论下,国会事实上获得了进行限制言论自由之立法的权力。德国基本法上虽存在少数无保留基本权利,但联邦宪法法院并未排除其受法律限制的可能。例如,在梅菲斯特案中,宪法法院以宪法的整体性及其所保障的整体价值秩序来限制艺术自由。在另一个案例中,又以宪法对人权的制度性保障来限制婚姻自由。以上均凸显了联邦宪法法院希望使基本法上的无保留基本权利受到法律限制的倾向。③ 客观来看,认为无法律保留基本权利应适用宪法保留的观点支持对基本权利的"绝对保障模式",而一般认为,该种模式需要有实效性的违宪审查制度作为支撑。④ 美、德等国向来被认为拥有较为完备的宪法审查制度,尚且无法完全将基本权利之限制交由宪法。反观我国,备案审查工作尚处于起步阶段,审查机关对合宪性、涉宪性问题又持相当谨慎态度,此确实难以支撑无保留基本权利适用宪法保留的观点。如此看来,对无保留基本权利适用法律保留就成了较为理性的选择。综上所述,在宪法意义上的法律保留视野下,对人格尊严权干预亦得诉诸法律。此时,问题就转变为宪法对干预人格尊严权之立法提出了何种要求,以及作为对人格尊严权之干预的强制相对人协助应当如何满足这种要求。

---

① *See Chaplinsky v. N. H.* ,315 U. S. 568(1942) .
② 参见何永红:《基本权利限制的宪法审查——以审查基准及其类型化为焦点》,法律出版社 2009 年版,第 128 页。
③ 参见陈新民:《德国公法学基础理论》(上卷),法律出版社 2010 年版,第 394 页。
④ 参见林来梵:《从宪法规范到规范宪法——规范宪法学的一种前言》,商务印书馆 2017 年版,第 103 页。

　　毋庸置疑的是,较之其他简单法律保留和加重法律保留的基本权利,宪法对人格尊严权的保护为强制相对人协助提出了更为严格的合宪性要求。人格尊严权在规范上表现为无法律保留,这体现出制宪者倾向于对人格尊严权实施最大化保护的立场。此从历史材料中或可略窥端倪。在"五四宪法"草案的审议过程中,曾有意见提出在草案第十一条中加入"受法律之保护"的字样。① 但这一明确体现基本权利法律保留倾向的建议在最终通过的宪法文本中未被采纳。宪法学家吴家麟在修改"七八宪法"的座谈会上的发言或可解释上述意见未获采纳的原因。在座谈会上,吴家麟提出,在宪法基本权利条款中规定"依法"如何,实质上是给普通法律限制基本权利创造了无限的空间,因而不宜有过多的这类规定。② 同样的,彭真在强调我国宪法对公民基本权利保护的广泛性和真实性时,亦曾指出宪法对公民自由和权利的限制"只有一条",那就是宪法第五十一条所作的总括式限制。③ 由此,我国宪法尽量避免在条文中作法律保留之规定,以保障公民基本权利最大化的意图便比较明显了。基于宪法最大化保护无保留基本权利的立场,宪法并未如加重法律保留般严格限制对人格尊严权干预的条件,可以肯定的是,对于人格尊严权的保护应当较单纯法律保留和加重法律保留的基本权利更为严格。具体而言,较之干预单纯法律保留基本权利的立法,对干预人格尊严权的法律,其立法裁量权应当被严格限制。较之干预加重法律保留基本权利的立法,对干预人格尊严权的法律,其既无宪法限定的干预情形,就应当特别防范立法在无必要时肆意侵犯。此即宪法意义上的法律保留对人格尊严权之保护的特别要求。

　　纵观宪法学界近年来在基本权利保护领域取得的丰硕研究成果,包括比例原则、实践调和、不足禁止、程序预防、权利位阶等,如此

① 　参见韩大元:《1954 年宪法制定过程》,法律出版社 2014 年版,第 129 页。
② 　参见许崇德:《中华人民共和国宪法史》,福建人民出版社 2003 年版,第 592 页。
③ 　参见彭真:《进一步实施宪法,严格按照宪法办事》,载《彭真文选(一九四一——一九九○年)》,人民出版社 1991 年版,第 484—485 页。

种种,均为基本权利之保护提供了有力的理论武器。但是,在脱离个案分析的前提下,纵使这些理论武器轮番上阵,也终究无法具体回答干预人格尊严权之立法如何满足所谓"最大化保护立场"。只有进入个案的语境,结合具体情形加以权衡,缜密而精巧地使用上述理论工具,才能对个案问题作出具体的、可能较为妥当的回答。因此,下文将把视野聚焦于强制相对人协助,再聚焦于强制亲子鉴定,以个案分析为路径,试图获得以小见大的效果。

(三) 强制相对人协助的宪法界限

为了探求强制相对人协助的宪法界限,有必要将其置于社会公共利益与人格尊严权的具体紧张关系中观察。划定强制相对人协助的宪法界限,无非是为了既调和这种紧张关系,又令人格尊严权得到最大化保护。为此,宪法要求法律作出强制相对人协助之规定时必要配套构建严格的程序框架,以发挥规避对人格尊严权造成非必要干预的功能。若考察基本权利保护诸理论则将发现,从程序角度发挥功能的理论工具仅基本权利冲突场域下的程序预防。根据学者的研究,程序预防是指在基本权利冲突以前,通过在立法中设置前置程序以避免基本权利冲突的发生,或者在其仅处于萌芽状态时就将其消灭。如在孕妇堕胎前为其提供堕胎前咨询,使其充分了解法律风险,打消堕胎想法的制度就属于一种程序预防。[①] 在强制相对人协助中,虽然不涉及基本权利冲突,但涉及基本权利与公共利益的冲突。参照基本权利冲突语境下的程序预防,在立法上设置前置条件约束行政机关强制相对人协助决定的作出,将有效避免非必要的强制相对人协助对人格尊严权的侵害。

由于适用拘留的刑事强制措施之时,法律面临与强制相对人协助类似的公共利益与公民基本权利的紧张关系。因此,刑诉法规定的刑事拘留条件可为强制相对人协助的前置条件建构提供参考。刑事诉讼法为拘留的适用设置了实质性的条件,即要求被拘留人为现行犯或

---

① 参见王锴:《基本权利冲突及其解决思路》,载《法学研究》2021 年第 6 期,第 45 页。

重大嫌疑分子。刑诉法将包括犯罪后即时被发觉、被害人或目击者指认、在身边发现证据、企图逃跑等等情形均纳入重大嫌疑的范畴。如此,错误拘捕侵害公民人身自由、人格尊严等基本权利的情形得以减少。若行政机关以相对人是否有违法的重大嫌疑为标准,衡量强制相对人协助的必要性,亦将预防对人格尊严权的非必要干预。刑事诉讼法对适用拘留的条件进行建构时,考虑的因素包括控制犯罪与保障人权的双重目的、刑事强制措施的保障和预防功能以及刑事拘留的应急性与暂时性特点。[①] 而由于行政调查与刑事诉讼的天然差异,有必要结合行政调查的目的和功能构建强制相对人协助的"重大嫌疑标准"。行政法学家王名扬在论及英国行政法上的公开调查之目的时曾言:行政调查是"为了使部长在作出决定前掌握情况,平衡各方面互相冲突的利益,以便作出更符合实际的决定"。[②] 这一论断折射出行政调查的重要目的:获取信息。正因行政调查的主要目的是为了获取信息,而获取信息又是其他行政权力行使的基础,行政调查权甚至被认为是一种附属权力。[③] 作为一种行政调查措施,强制相对人协助的目的亦是为了获取信息,而不是刑事诉讼中的预防被追诉人继续实施犯罪或毁灭证据。在权衡人权保障与公共利益的天平上,获取信息这一功能为公共利益添加的砝码相较于预防犯罪显然要更轻些,如此一来,天平将向人权保障一端稍稍倾斜。由此带来的结论是,作为强制相对人协助前置条件的"重大嫌疑标准"应当比刑事诉讼中更加严格,或至少是同等。法律在赋予行政机关强制相对人协助的权力的同时,应当要求行政机关考察相对人是否有违法的重大嫌疑,仅当行政机关掌握确凿证据证明相对人实施了违法行为,但仍需强制相对人协助以获得关键定案证据时,方可强制相对人协助。以强制亲子鉴定为例,若相对人的邻里、亲戚、好友等均指认相对人存在计生违法行

---

① 参见宋家宁、李颖:《刑事拘留条件的分析与重构》,载《中国刑事警察》2006 年第 2 期,第 50—51 页。

② 王名扬:《英国行政法、比较行政法》,北京大学出版社 2016 年版,第 108 页。

③ 参见余凌云主编:《行政调查的理论与实践》,中国人民公安大学出版社 2014 年版,第 15 页。

为,但相对人拒绝承认时,可以认为符合"重大嫌疑标准"。为了确保作为无保留基本权利的人格尊严权的最大化保护,从程序正义的角度考虑,立法亦有必要规定强制相对人协助的一般程序要求。强制相对人协助虽非行政处罚、行政强制,但其程序亦可参考处罚与强制的普通程序。行政机关作出强制相对人协助决定前,应首先经过调查满足"重大嫌疑标准",并由两名以上执法人员作出书面的"强制相对人协助决定书"送达相对人,同时告知相对人作出决定的理由、依据以及相对人享有的一系列程序性权利。以上程序性要求将共同构成强制相对人协助的程序预防。不论是何种强制相对人协助,立法均宜确定以上程序预防措施。而具体到特殊的强制相对人协助,为避免对人格尊严权的过度限制,则应在个案中运用比例原则进行层层论证以检验其内容合法性。

比例原则是以宪法规范为依据的公法原则。通过对宪法中"权利的限度"条款和"国家尊重和保障人权"条款进行目的解释和体系解释,可以推导出比例原则的宪法基本原则地位。[①] 追问强制相对人协助的宪法界限,必然绕不开对比例原则的运用。以下将以强制亲子鉴定案为例,运用比例原则展开论证,检验强制亲子鉴定的合法性。

首先,法律设置强制相对人协助必须追求为宪法所认同的目标。促进公共福祉的增长,尊重和保障公民基本权利是宪法对一切国家权力的行使提出的要求,强制相对人协助亦不例外。毋庸讳言,强制亲子鉴定的制定者们必然将公共利益作为制定此规定的目的。但公共利益向来被视为一个罗生门式的概念,其内容具有高度的不确定性。宪法上的公共利益之确切内容会随着动态发展的国家社会情形而变化,它永远是弹性的、浮动的,是与某个特定社会中成员的感觉息息相关的,是依靠变动中的社会意识形态来填充的。强制亲子鉴定服务于调查计生违法,而处罚计生违法又服务于贯彻"一对夫妇只能生育一个孩子"的特定历史时期的计生政策。"十三五"以来,国家计划生育

[①]　参见刘权:《比例原则》,清华大学出版社 2022 年版,第 273—289 页。

政策出现历史性转变,从控制生育到提倡生育的变化展现国家应对人口老龄化挑战的积极态度。当今时代,如果仍认为强制亲子鉴定有以宪法第二十五条、第四十九条之规定为依托的目的正当性,就是完全忽视宪法计划生育条款的内在逻辑——通过计划生育来实现人口与经济、社会发展相适应。[①] 因此,即使仅仅从目的正当性的角度考察,强制亲子鉴定亦似乎不具有内容合法性。

其次,强制相对人协助必须有效达成其所追求的目的。虽然强制亲子鉴定的目的正当性已然被否定,但为了全面展示强制相对人协助的内容合法性检验过程,此处暂且假定其目的正当。强制亲子鉴定是地方为了全面查处违法生育行为,落实计划生育政策而创设的制度。通过强制亲子鉴定,计生行政部门能有效地发现计生违法行为并对其进行处理,指引和教育社会成员自觉遵守国家计生政策。此处暂且不论强制亲子鉴定对实现控制人口增长速度这一目标的贡献度大小,仅肯定其对目标实现具有一定积极意义。

再次,在必要性原则的要求下,如果相较于强制相对人协助,有其他手段同样能够达成所追求的目的,且该手段对公民基本权利的损害更小,那么强制相对人协助就不具有合宪性。必要性原则向来被认为过于空洞,缺乏可操作性,对其展开精细化的分析有较大难度。但即使仅作较为粗糙的分析,也应首先明确相同有效性的前提,以避免必要性原则沦为幼稚的"温柔立法原则"。[②] 强制亲子鉴定通过设定制裁,经由法的指引、教育作用而发挥效用。在满足前述"重大嫌疑标准"的前提下,使用这种制裁来获取关键证据似乎是必要的,难以找到同等有效且损害更小的手段。或者可以说,通过设置"重大嫌疑标准",使用制裁的必要性已经被初步证成。但就制裁方式本身的必要性而言,必要性原则仍有适用的空间。例如,强制亲子鉴定案中设定的罚款数额为1万元至5万元,在保证手段本身的有效性前提下,对

---

① 参见秦奥蕾:《生育权、"计划生育"的宪法规定与合宪性转型》,载《政法论坛》2016年第5期,第40页。

② 参见郑春燕:《必要性原则内涵之重构》,载《政法论坛》2004年第6期,第117—119页。

该数额的必要性判断则有必要通过展开成本收益分析来完成。①

最后,均衡性原则要求强制相对人协助所获得的公共利益与其损害的行政相对人权利必须成比例。与必要性原则相比,均衡性原则强调的不是诸方案之间的选择,而是特定方案是否被采用的决断。均衡性原则也因过于抽象而存在被滥用的风险,因此即使仅作粗糙的分析,将强制亲子鉴定获取的公共利益与其对公民基本权利的损害相对比,也需要实证数据的支撑。实行计划生育政策以来,我国人口增长速度得到显著控制,基本实现了与社会经济发展相适应的目标。而在检验均衡性时必须考虑的是,在促成人口增长速率减缓的诸多因素中,强制亲子鉴定的贡献度如何。根据社会学学者的实证研究,计划生育政策并非人口增长速率减缓的唯一原因,经济发展与社会保障水平的提升同样起到了减缓人口增长速率的作用。② 而考虑到强制亲子鉴定使用的频率及其收获的效果,似乎可以认为其在计划生育诸制度中发挥的作用有限,对控制人口增长的贡献度不高。③ 以此为前提,对比其对公民基本权利的干预强度,很难得出强制亲子鉴定符合均衡性原则的结论。

四、结　　语

由强制亲子鉴定案展现的强制相对人协助问题,本质是社会公共利益与公民人格尊严权的冲突问题,为了防止公权力滥用强制相对人协助肆意侵害公民基本权利,必须对其合法性进行论证。在法律保留原则的视野下,以行政法上的法律保留和宪法上的法律保留分野为基础,本文构建了强制相对人协助之合法性的论证框架。行政法上的法

---

① 参见刘权:《论必要性原则的客观化》,载《中国法学》2016 年第 5 期,第 178—195 页。

② 参见王国军、赵小静、周新发:《我国人口出生率影响因素实证研究——基于计划生育政策、社会保障视角》,载《经济问题》2016 年第 2 期,第 7—11 页。

③ 笔者在"北大法宝"及"威科先行"法律信息库中检索以强制亲子鉴定案所涉地方性法规为法律依据的行政处罚文书,未检索到结果,因此似乎可以认为强制亲子鉴定在实践中使用频率不高。当然,这还需要更为精确的实证数据支撑。

律保留要求行政机关强制相对人协助必须依据法律,这将防止行政机关恣意行政,为强制相对人协助提供了形式合法性。宪法上的法律保留是宪法对立法权的控制,它要求法律在规定强制相对人协助时,配套"重大嫌疑标准"作为前置条件,并规定一系列程序要求,这构成对无保留基本权利侵害的程序预防。宪法的法律保留同时要求实践中具体的强制相对人协助规定应经受比例原则的检验,比例原则与程序预防共同为强制相对人协助提供了内容合法性。只有经过双重法律保留的检验,强制相对人协助的整全的合法性才得到证成。

通过运用本文构建的"双重法律保留"框架,基本可以对"地方性法规不宜设定强制亲子鉴定"的备案审查结论作出解释。当然,针对强制亲子鉴定备审案的解读可能存在更多角度,本文亦仅仅提供一个管窥式的分析。透过诸如强制亲子鉴定案之类的备案审查案例,可以发现诸多不易为学者察觉的,同时是颇有价值的研究素材。随着备案审查制度的不断发展,备案审查案例将越来越成为一座理论富矿。备案审查案例研究对于提升备案审查工作质量,推动宪法实施与监督制度发展和中国特色社会主义法治建设的意义也终将不断凸显。

理论研究

规范冲突概念的比较分析

——以规范冲突的判断为中心

袁　勇*

　　摘　要：法律体系是一种规范体系。规范冲突是法律规范之间的不兼容情形。备案审查工作者负有维护法治统一的职责。规范冲突因此是备案审查工作者应当给予消除的不良情形。该实践任务面临的关键理论问题包括但不限于：规范冲突是什么？如何判断之？经文献检阅得知，国内外学者现已界定五种关于规范冲突的概念，并提供了判断规范冲突的相应基准。它们各有优劣之处。其一，规范效果不兼容论指出规范冲突即规范效果不兼容，但未论及其成因。其二，共同遵从不能论虽然仅界定强令规范冲突但却厘定其成因是遵从陈述相矛盾。其三，功能相克互斥论虽能解释所有规范冲突，但功能冲突并非规范本体冲突。其四，共同实现不能论厘定规范冲突的共性是规范不能共同实现，但未阐明必须与无须规范、禁止与准许规范冲突的意义。其五，规范相互否定论则厘清它们的语义、态度与效力在动态规范体系中相互否定；参考此论，必须与准许规范、禁止与无须规范相冲突的基点是其行为模式相互否定。根据前列规范冲突概念阐明的判断基准，通过判断相关规范的内容、语义、态度、效力、行为模式等因素的兼容性，可以在备案审查（尤其是抽象审查）中较为全面、准

---

　　* 袁勇，河南师范大学法学院教授，法学博士。

确地判断各类规范冲突。

关键词:规范　规范冲突　规范逻辑　规范合法性审查

引　　言

　　立法者作为人类成员理性能力有限,何况社会利益复杂多变、自然语言大多模糊,这使得规范冲突成为难以避免的法律现象。[①] 我国是实行"一元两级三层次"立法体制的单一制大国,立法主体数以百计,各类规范性文件数以万计。我国法律体系中的规范冲突数量,相较于其他国家更为多发常见。为了保障宪法法律权威、维护国家法治统一、保障中央政令畅通,我国现行法规定了以人大机关和行政机关的备案审查,以及人民法院的附带审查为主体的规范性文件合法性审查制度。根据立法法(2015)第九十六条与九十七条、《法规规章备案条例》第十条等法律法规的规定,规范性文件合法性审查的主要对象包括法规范与准法规范的相抵触(不含低阶法规范违反高阶法规范情形)或不一致。[②] 学界通常统称之"规范冲突"。为了消除规范冲突,就必须先判断它们是否存在。这就提出了理论上的问题:规范冲突是什么? 审查者如何断定规范冲突?

　　国内外学者迄今为止提出了五种具有代表性的规范冲突概念:一是法律适用情景中的规范效果不兼容论;二是道义逻辑与命题逻辑基础上的共同遵从不能论;三是规范功能的相克互斥论;四是行为逻辑基础上的规范共同实现不能论;五是规范动态体系中的规范语义、态度与效力相互否定论。这五种规范冲突概念基于不同理论、从不同角度界定了五类规范冲突,并提供了各有所长但均有所不足的规范冲突

---

① See Giovanni Sartor, Normative Conflicts in Legal Reasoning, *Artificial Intelligence and Law* 1, pp. 209—235.

② 参见袁勇:《法的违反情形与抵触情形之界分》,《法制与社会发展》2017 年第 3 期,第 133—144 页。

判断要点。

下文将基于一个周延的规范类型体系,比较分析前五类规范冲突概念。该规范类型体系是以规范算子(或称为规范模态词)的种类为基准界定的。国内法律逻辑学者一般均认为,规范算子有四个:必须(应当)的、禁止的(不得)、允许(可以)的、允许不的;[①]国外道义逻辑学者将规范算子划分成五个:必须的、禁止的、准许的、无须的、任意的。[②] 因后者的涵盖面更全,本文采用五分法将规范划分成相应的五类:必须规范、禁止规范、准许规范、无须规范与任意规范。[③] 下面拟制一个包含前五种规范的"烟花燃放规范案",以便比较分析前五种概念的界定是否全面、准确。

假定我国甲市于 T1 时间在《烟花燃放安全管理办法》中规定:本市禁止燃放烟花(记作 T1N)。该市后于 T2 时间在《传统文化旅游促进意见》中规定:本市准许在旅游区燃放烟花(记作 T2N)。后来又于 T3 时间,在《重大节日庆典活动实施细则》中规定:市文化局必须在重大节庆日组织燃放烟花(记作 T3N)。但甲市所在的省随后于 T4 时间发布政府令公布《环境友好型社会建设办法》,其中规定:本省各地无须在重大节庆日组织燃放烟花(记作 T4N)。甲市在该省规章公布后随之于 T5 时间在本市的实施办法中规定:本市既不要求也不禁止在节庆日燃放烟花,由各单位任意决定是否燃放(记作 T5N)。从该案中可提取出下列十对规范组合(记作 S):

---

① 参见雍琦:《法律逻辑学》,法律出版社 2016 年版,第 144—153 页;张大松、蒋新苗主编:《法律逻辑学》,高等教育出版社 2016 年版,第 146—152 页。

② See Paul McNamara, Deontic Logic, in *Handbook of the History of Logic* (Volume 7), Dov M. Gabbay & John Woods (Ed.), North Holland: Elsevier, pp. 197—207.

③ 以必须 p 为基础,用"O"表示必须、用"P"表示准许,可以界定其他规范算子:禁止 p＝必须非 p(记作 O~p),准许 p＝非必须非 p(记作 ~O~p),无须 p＝非必须 p(记作 ~必须 p);因必须 p＝非准许非 p(~P~p),~必须 p＝~~P~p＝P~p,即无须 p＝准许非 p。See Paul McNamara, Deontic Logic, in *Handbook of the History of Logic* (Volume 7), Dov M. Gabbay & John Woods (Ed.), North Holland: Elsevier, pp. 201—205.

表一:烟花燃放规范组合

S1	禁止燃放烟花(T1N)	必须在重大节庆日燃放烟花(T3N)
S2	禁止燃放烟花(T1N)	准许在旅游区燃放烟花(T2N)
S3	禁止燃放烟花(T1N)	无须在重大节庆日燃放烟花(T4N)
S4	禁止燃放烟花(T1N)	任意在节庆日燃放烟花(T5N)
S5	必须在重大节庆日燃放烟花(T3N)	准许在旅游区燃放烟花(T2N)
S6	必须在重大节庆日燃放烟花(T3N)	无须在重大节庆日燃放烟花(T4N)
S7	必须在重大节庆日燃放烟花(T3N)	任意在节庆日燃放烟花(T5N)
S8	准许在旅游区燃放烟花(T2N)	无须在重大节庆日燃放烟花(T4N)
S9	准许在旅游区燃放烟花(T2N)	任意在节庆日燃放烟花(T5N)
S10	无须在重大节庆日燃放烟花(T4N)	任意在节庆日燃放烟花(T5N)

以上规范组合穷尽了五种基本规范类型之间的组合。任一规范冲突概念若不能说明前列规范之间是否冲突,那么它就难以称得上是严整、健全的理论。

一、规范效果不兼容论

我国多数学者认为,法律规范冲突是指法律规范的适用条件相重合、能适用于同一个案,但因规范内容不一致,而导致规范效果不兼容的情形;包括异位法规范抵触、同位法规范不一致、新旧法规范冲突、一般与特别法规范冲突、变通与被变通法规范的冲突等。[①] 该论在国内处于主流地位,因其强调规范效果不兼容,可称之为"规范效果不兼容论"。从理论观点产生的先后来看,该论应当受到民法学"排斥性重合说"的影响,[②]系在法律适用情景中提出的理论。所谓法律适用情

---

① 参见孔祥俊:《法律规范冲突的选择适用与漏洞填补》,人民法院出版社 2004 年版,第 151 页;雷磊:《法律规范冲突的含义、类型与思考方式》,载陈金钊、谢晖主编:《法律方法(第七卷)》,山东人民出版社 2008 年版,第 247 页;董书萍:《论法律规范冲突——以同一部宪法下的法律规范为分析对象》,《法学论坛》2010 年第 5 期,第 100 页。

② 参见王泽鉴:《法律思维与民法实例》,中国政法大学出版社 2001 年版,第 166 页;黄茂荣:《法学方法与现代民法》,法律出版社 2007 年版,第 208 页。

景是指将法规范作为大前提、将具体的个案事实作为小前提,并将小前提涵摄于大前提得出法律结论的情景。此情景中的法律规范冲突表现为法律规范在具体个案中的规范选择适用困境,具有后验的、具体的与被动的特点。在法律适用情景中,最合适的规范逻辑结构论是适于法律三段论推理的规范两要件论(T→R)。① 法律规范冲突在法律适用中表现为法律规范在同一具体个案中适用条件重合,但规范效果却相互排斥、不能共同被适用情形。

例如在 S1 中,禁止燃放烟花与必须在重大节庆日燃放烟花的适用条件重合,即甲市的任何个人和(或)单位燃放烟花,但其规范内容一个是禁止燃放烟花;另一个是在重大节庆日必须燃放烟花。在重大节庆日期间,禁止燃放烟花与必须燃放烟花的实施结果是燃放烟花与不燃放烟花;因为二者不兼容,S1 中的两条规范相冲突。又因为禁止燃放烟花的规定颁布在前,所以二者是同一制定主体发布的新旧规范之间的冲突;且因为在重大节庆日燃放烟花是特别规定,所以二者还是一般规范与特别规范的冲突。如此看来,规范效果不兼容论似乎全面、准确地界定了规范冲突的概念,但从规范冲突判断角度看,其实不然。

首先,规范效果不兼容论并未阐发规范冲突的前提条件与内在成因。从规范冲突判断的角度看,规范效果不兼容论指出了规范冲突的两个要点:规范相重合但不兼容。不过,法律体系由数量繁多、种类多样的规范构成,其中绝大多数规范是无重合但意义与功能互补的关系,规范相重合仅是较少的偶发情形。由于规范不重合就不可能相冲突,阐明规范相重合的条件就可以推定规范不重合的情形,因此规范相重合的条件可以作为判断规范冲突可能性的标准。但是,规范效果不兼容论提及但未阐明规范相重合的条件是什么。除这点暂且不论外,该论还未阐明规范冲突的内在成因。

规范是一个由特定要件要素构成的结构功能体。更确切地讲,规

---

① 关于法律规范的两要件及法律三段论推理的代表性观点,参见[德]卡尔·拉伦茨:《法学方法论》,陈爱娥译,商务印书馆 2003 年版,第 150 页。

范是一个联结实然领域与应然领域、现实世界与可能世界的结构功能体。① 规范效果不兼容论仅看到规范内容在实然层面,即在规范适用情景中不兼容,但它并未阐明是何成因导致规范内容不一致的规范必然在规范实践中不兼容,更未论及规范冲突在应然层面意味着什么。比如这两条规范:禁止燃放烟花与必须燃放烟花,其本身而非效果是否存在冲突?规范效果不兼容论囿于法律适用情景,并未关注此类问题。比较而言,下文引介的共同遵从不能论则准确阐明了强令规范因其遵从陈述不兼容而必然冲突;规范语义、态度与效力相互否定论则说清了规范本体在应然领域不兼容的成因。

其次,规范效果不兼容论划分的规范冲突类型既不周延也未扣住规范冲突的本质,而是对规范冲突现象的部分列举。规范冲突的本质是规范不兼容。无论是异位规范冲突还是同位规范冲突、还是新规范与旧规范冲突,其本质特点皆是规范在某些方面不兼容。例如必须燃放烟花的效果是"燃放烟花"、禁止燃放烟花的效果是"不燃放烟花",二者的规范效果互不兼容。而异位或同位规范冲突、新旧规范冲突、特别与一般规范冲突之类的界分,则是在法律适用情景中基于"新法优于旧法"之类的法律适用准则作出的分类。这种分类解答不了新旧规范、特别与一般规范究竟在何意义上相冲突,无助于判断规范冲突。规范效果不兼容论所划分的规范类型显然偏离了规范冲突概念论应有的规范冲突认知功能。无视规范冲突本质的分类,无助于判断规范冲突。

最后,规范效果不兼容论的基础理论并不适于准确界定规范冲突。最适于作为法律推理大前提的规范逻辑结构是由适用条件与法律效果(或称为规范前件与规范后件)两部分构成的两要件结构。② 规范效果不兼容论即建构在这种规范结构论之上。从规范结构分析的角度看,规范之所以成为规范是因为其含有应当的、禁止的与

---

① See Jaap Hage, *Studies In Legal Logic*, Dordrecht: Springer Press, 2005, pp. 159—202.
② 参见雷磊:《法律规范的逻辑结构》,《法学研究》2013 年第 1 期,第 66—86 页。

准许的等规范算子所限定的规范性意义。① 域外多数哲学逻辑学者公认,规范可以被分成两部分:描述性部分与规范性部分;描述性部分是一种对事态或行为的陈述、规范性部分是规范算子限定描述性部分后产生的有应然意义的部分。② 规范效果不兼容论受制于规范两要件观、囿于法律推理所需的规范逻辑结构,既未区分规范的描述性部分与规范性部分,也未关注并凸显规范算子在规范关系中的关键地位。这使其游离于规范逻辑体系之外,无从基于规范之间的逻辑关系严整地界定规范冲突的概念。例如,根据规范效果不兼容论并不能阐明在前表 S3 中,禁止燃放烟花与无须在重大节庆日燃放烟花是否相冲突。

二、规范共同遵从不能论

综上,规范效果不兼容论囿于法律适用情景、侧重在实践层面判断规范冲突,但没有阐明规范效果为什么不兼容,并不适于在概念上具体判定规范冲突。从 1966 年发表的一篇文章得知,西方学界在当时已普遍采用"共同遵从不能检验"(the impossibility-of-joint- compliance)法来判断规范冲突。他们认为,如果行为者同时遵从两条强令规范陷入了行为困境,那么这两条强令规范必然相冲突;陷入行为困境的成因在于,两条强令规范所规定的内容相对立,行为者遵从其中一条规范的要求就必然违反另一条规范的要求,反之亦然。③ 例如,禁止燃放烟花(即"必须不燃放烟花")与必须燃放烟花的内容——不燃放烟花与燃放烟花——相对立,行为者因不可能同时遵从之而陷入行为困境。若运用"共同遵从不能检验"法,需要先构造强令规范的"遵从陈述"。所谓遵从陈述是一种指示陈述,它描述与规范内容相对应

① See Georg Henrik von Wright, "Deontic Logic", *Mind*, 1951, VoL. LX. No. 237, pp. 1—4.

② See Eugenio Bulygin, "Norms and Logic:Kelsen and Weinberger on the ontology of norms", In *Legal Reasoning*, Vol. I, Aulis Aarnio and Neil MacCormick(Ed.), England:Dartmouth Publishing Co. ,1992, pp. 429—430.

③ See B. A. O. Williams, "Consistency and Realism", *Proceedings of the Aristotelian Society*, Supplementary Volumes, Vol. 40(1966) , pp. 2—3.

的事态。例如,必须燃放烟花和禁止燃放烟花的遵从陈述分别是"烟花被燃放了"与"烟花没有被燃放"。其次还要判断遵从陈述在命题逻辑上是否兼容。例如,"烟花被燃放了"与"烟花没有被燃放"不可能同时为真。这样就可以判定必须燃放烟花和禁止燃放烟花相冲突。这种检验方法提供了规范逻辑与命题逻辑的直接联系,[①]系根据遵从陈述的逻辑兼容性来判断相应的强令规范是否冲突。

个中推理过程如下:标准道义逻辑的合取法则是 $OA \wedge OB \leftrightarrow O(A \wedge B)$。如果 $OA \wedge O\sim A$,那么根据合取法则可以推出 $O(A \wedge \sim A)$;根据命题逻辑的排中律 $(A \vee \sim A)$,$A \wedge \sim A$ 相矛盾,A 与 $\sim A$ 不可能同时为真,因此不可能被同时实现。这意味着行为者不可能遵从相矛盾(或不可能)的规范,[②]设定此类义务的强令规范因此也不可能被共同遵从,在此意义上能够断定它们之间必然冲突。相较于规范效果不兼容论,共同遵从不能论深入而准确地揭示了强令规范冲突的成因、提供了判断它们是否冲突的检验方法。然而,随着规范理论研究的进展,学者们发现共同遵从不能论存在两大不足:

其一,共同遵从陈述不一致所指的是规范内容的不一致而非规范不一致。共同遵从检验法认定的规范不一致、相冲突,与"p"与"~p"的不一致意义不同。两个陈述命题"p"与"~p"不一致,逻辑理由是二者不能都成真,或者说与其相对应的事实或事态不能同时实现。然而,正是这一点没有可类推于规范之处。因为规范作为一种行为规定没有真值,它既不真也不假,只有有效和无效、合理与不合理之分。规范不一致既非"p"与"~p"意义上的不一致,也非规范在逻辑上不能被同时遵从或实现,而是因为规范内容不能被同时实现。[③] 尽管规范

---

①　See B. A. O. Williams,"Consistency and Realism",*Proceedings of the Aristotelian Society*,Supplementary Volumes,Vol. 40(1966),pp. 2—3.

②　See Risto Hilpinen,"Normative Conflicts and Legal Reasoning",*Man, law and Modern Forms of Life*,Eugenio Bulygin et al. (ed.),Dordrecht:D. Reidel Publishing Company,1985,pp. 191—193.

③　See Eugenio Bulygin," Norms and Logic:Kelsen and Weinberger on the Ontology of Norms",*Law and Philosophy* 4(1985)p. 152.

内容的不一致蕴含两条规范不能同时实现的可能性,但并不因此规范"必须 p"与"禁止 p"也是不一致的。规范内容 p 与~p 的不相容并非规范不相容的充分条件;如果是充分条件,那么任何两条规范,只要其中一个规范内容是 p,另一个是~p,那么它们就应该不相容;然而,准许 p 与准许~p 却相容;可见,规范的不相容性并不单纯由其规范内容不相容决定,而是由规范算子及其限定的规范内容所构成的整体决定的。① 如果所谓的"必须 p"与"禁止 p"之间的矛盾仅意味着,两条规范因为逻辑理由不能共同实现(即独立于任何经验),这将不过仅是说命题"p"与"~p"相矛盾的另一种方式,即除了描述性命题之间的不一致,别的就什么也没说。② 或者说,它仅仅是在检验规范内容之间的矛盾或不兼容,而不是规范之间的冲突。相对而言,下文详陈的规范在动态规范体系中的语义、态度与效力相互否定论则是在直接界定规范之间的冲突。

　　其二,共同遵从不能论只能检验强令规范冲突,并不适于检验强令规范与非强令规范的冲突,更不适于检验非强令规范之间的冲突。有学者明确指出,共同遵从检验法仅适用于强令规范(命令与禁令,即必须规范与禁止规范),应用范围过于狭隘。③ 不少学者主张,规范体系中除强令规范之外还有一种独立的规范类型——准许规范。④ 准许规范与强令规范的性质明显不同,遵从或不遵从准许规范都符合该类规范,因为其遵从陈述有两个。例如,在表一 S8 中"准许在旅游区燃

① See Eugenio Bulygin, "Prologue", in Pablo E. Navarro and Jorge L. Rodríguez, *Deontic logic and Legal System*, New York:Cambridge University Press,2014,p. 25.

② See Eugenio Bulygin, "Norms and Logic:Kelsen and Weinberger on the Ontology of Norms", *Law and Philosophy* 4(1985) p. 152.

③ See H. Hamner Hill, "A Functional Taxonomy of Normative Conflict", *Law and Philosophy*, Vol. 6,No. 2,(Aug. ,1987) ,pp. 239—241.

④ See Carlos E. Alchourrón & Eugenio Bulygin, "the expressive concept of norms", in *New studies in Deontic Logic*, Risto Hilpinen(ed.), Dordrecht:D. Reidel Publishing company,1981, pp. 107—117; Georg Henrik Von Wright, "Deontic Logic:A personal View", *Ratio Juris*. Vol. 12 No. 1 March 1999,pp. 32—35; Eugenio Bulygin & Carlos E. Alchourrón, "Permissory Norms and Normative System", in Eugenio Bulygin, *Essays in Legal Philosophy*,Carlos Bernal,et. al(ed.). Oxford:Oxford University Press,2015,pp. 325—336.

放烟花"的遵从陈述是在旅游区燃放了烟花或没有燃放烟花,"无须(即准许不)在节庆日燃放烟花"的遵从陈述是在节庆日燃放了烟花或没有燃放烟花。因此,行为者节庆日期间在旅游区无论是否燃放烟花皆不会陷入行为困境、不会违反前两条规范中的任何一条。这类规范不会发生冲突,即使暗示它们自身会冲突也是不合直觉。① 共同遵从检验方法非但无法检验准许规范的冲突,还无法检验准许规范与强令规范是否冲突。

根据共同遵从检验方法,前表 S5 中的必须在重大节庆日燃放烟花的遵从陈述是燃放了烟花、准许在旅游区燃放烟花的遵从陈述是燃放了烟花或没有燃放烟花,二者仅在行为者利用准许规范不燃放烟花时才可能冲突。但根据下文的规范的语义、态度与效力相互否定论,前两条规范在动态规范体系中必然冲突而非可能冲突。除此之外,共同遵从不能论还不能解释权力规范②之间相冲突的可能性,以及权力规范与强令规范或准许规范相冲突的可能性。③

哈特曾试图设法补救共同遵从不能论的缺陷。他认识到将遵从的概念适用于准许似乎是范畴上的错误,因为准许完全不是一种能被遵从或不被遵从的规范。为了克服这种困难,哈特提出以"遵照"(conformity)来取代遵从的概念。"遵照"既指某人遵从强令的情况,也指某人利用准许的情况。在规范仅包括强令规范与准许规范的条件下,遵照陈述能表述所有适用一条规范的情形。他认为,表示一个准许规范(例如,准许但并未要求去杀人)已经被履行的遵照陈

---

① See Stephen Munzer, "Validity and Legal Conflicts", *Yale Law Journal*, Vol. 82, No. 6. (May, 1973), pp. 1140—1174.

② 阿尔夫·罗斯认为,权力(或权能)是一种法律所确立的、通过和依据意思表示来创设或改变法律规范(或法律效果)的能力;权力规范是确立这种能力、说明这种能力存在之前提条件的规范。他还认为,任何权能规范都可以被转写为行为规范,反之则不成立。这暗示着,通过逻辑转换,任何规范都可以用行为规范的任何模态来表达,而不会改变其意义。参见[丹麦]阿尔夫·罗斯:《指令与规范》,雷磊译,中国法制出版社 2013 年 7 月版,第 150 页、第 162 页。

③ See H. Hamner Hill, "A Functional Taxonomy of Normative Conflict", *Law and Philosophy*, Vol. 6, No. 2, (Aug., 1987), pp. 239—241.

述,与对一个要求同样行为之规范的遵从性陈述(已杀),在形式上将是一样。因此,如果一条规范禁止而另一条规范准许同一人在同一时间作出同样的行为,那么在逻辑上共同遵照这两条规范将是不可能的,这两条规范是相互冲突的。①

有学者认为,哈特以"遵照"取代"遵从"仍然存在缺陷。根据哈特的分析,强令规范与准许规范的冲突,仅在某人选择遵照准许行为,使得遵从强令规范不可能时才会发生。然而,每个准许规范都对应有两个遵照陈述,即利用该规范与未利用该规范。这样只有其中一个有可能造成冲突。未利用准许规范的遵照陈述,不会也确实不能与禁止规范的遵照陈述相冲突。② 如果将真正的规范冲突界定成,行为者遵从其中任一条规范就意味着违反另一条,那么准许规范与强令规范的可能冲突,就不能被认为真正的规范冲突。因为行为者可能不需要遵照准许规范行为,毕竟准许规范并不强迫规范对象进入行为困境。换言之,如果行为者未利用准许规范,那么该规范也就没有同强令规范冲突。③ 总之,哈特提出的共同遵照不能论同样不能用于判断强令规范与准许规范是否冲突。

三、规范功能相克互斥论

根据以上分析,能否认为强令规范与准许规范、准许规范与准许规范无必然冲突呢? 美国学者芒泽认为,在特定情况下,即使是准许规范与准许规范也会产生冲突。④ 他将"两条规范相冲突意味着什

---

① See H. L. A. Hart, *Essays in Jurisprudence and Philosophy*, New York:Oxford University Press, p. 327.

② See H. Hamner Hill, "A Functional Taxonomy of Normative Conflict", *Law and Philosophy*, Vol. 6, No. 2, (Aug., 1987), pp. 239—241.

③ See A. A. O. Elhag & J. A. P. J. Breuker & P. W. Brouwer, "On the Formal Analysis of Normative Conflicts", *Information & Communications Technology Law*, Vol. 9, No. 3, 2000, pp. 207—216.

④ See Stephen Munzer, "Validity and Legal Conflicts", *Yale Law Journal*, Vol. 82, No. 6. (May, 1973), p. 1146.

么?"分成两个问题:其一在无涉遵从与否的情况下,规范自身抽象层面的冲突;其二在被遵从或忽略情况下,规范在特定场景中的具体冲突。他认为,准许规范在抽象层面本身不会冲突,但由于冲突包括规范在特定场景中的碰撞(clash)或者抵触(collide),即规范规定的作为或不作为,要么违反了施加义务的规范、要么违反了与其他规范密切相关的压力、要么违反了支持准许规范的政策。① 例如,准许在旅游区燃放烟花的政策目标是丰富旅游项目、吸引更多游客;准许不在节庆日燃放烟花的政策目标则是节约资源、减少空气污染。身处旅游区的行为者在节庆日期间,无论燃放或不燃放烟花,都不可能同时既做到丰富旅游项目又减少空气污染的政策目标。在此类场景中,行为者被置于不兼容的政策目标所造成的进退两难境地。在这种情况下,即使行为者并未遵照准许去做,前两条规范之间也存在"碰撞"或"抵触"。②

有学者认为,芒泽所采用的进路是为强力政策支持的准许注入准强令的力量。③ 然而,为准许注入准强令的力量只是把特定的准许转换成一种强令,并退回到冲突的"共同遵从不能"检验,其分析最终类似于准许规范与强令规范冲突的情况。④ 前已论证,在共同遵从不能论下,这种方法并不能判断准许规范的冲突。芒泽所界定的这种冲突显然非规范本身的冲突,也非必然产生的真正冲突,而是规范实施结果的偶发冲突。

但美国学者希尔认为,芒泽的观点打开了一条拓展理解规范冲突的重要道路,即规范冲突能在不惟独依赖遵从概念的情况下被分析。他一方面承认德沃金的观点,把政策和原则以及规范都看作法律体系

① See Stephen Munzer, " Validity and Legal Conflicts", *Yale Law Journal*, Vol. 82, No. 6. (May,1973),pp. 1145—1146.

② See Stephen Munzer, " Validity and Legal Conflicts", *Yale Law Journal*, Vol. 82, No. 6. (May,1973),pp. 1144—1146.

③ See A. A. O. Elhag & J. A. P. J. Breuker & P. W. Brouwer, "On the Formal Analysis of Normative Conflicts", *Information & Communications Technology Law*, Vol. 9, No. 3, 2000, pp. 207—210.

④ See H. Hamner Hill, "A Functional Taxonomy of Normative Conflict", *Law and Philosophy*, Vol. 6, No. 2, (Aug. ,1987),pp. 239—241.

的要素；另一方面接受了凯尔森关于规范冲突是一种相异方向运动的力量冲突的观点。① 他认为，一旦政策被当作法律体系的要素，准许规范被当作实施政策的方式，碰撞的比喻就提供了一种让准许规范之间的冲突有意义的方式。在这种思路下，他将力量推进的方向阐述为规范潜在的政策目标；规范的功能是保障实现规范潜在的目标；规范力量的作用点是规范对象的行为。每条规范致力于引导（推或拉）规范对象的行为去实现不同政策目标的规范。当行为者被规范推向不同的方向、朝向不同的目标，但由于其不能同时走向两个方向，至多能达到其中一个目标时，其结果就是一条规范产生的结果与另一规范产生的结果不兼容或相抵制，即产生了规范冲突。在性质上，前述抵制或不兼容并不需要与逻辑上的不一致相关。规范冲突的核心是规范的相互作用妨碍了各自的机能。当规范以压制一条或更多相关规范发挥功能的方式相互作用时，通常的规范冲突的现象就发生了。② 如果两条准许规范各自被指定为实施特定的政策目标，而各政策目标之间相互对抗，或者利用其中一条准许规范使得利用另一条准许及其相关政策成为不可能，那么这两条准许规范之间就冲突。③

这种界定摆脱了基于遵从陈述不能共同为真的逻辑分析进路，不再利用"共同遵从不能检验"法判断规范冲突，而是把规范置入个别情景中并加入支持规范的背景政策、背景价值、规范目的等因素后，从规范应有功能的角度来断定规范冲突，即看某一规范是否压制、阻碍另一条规范所产生的功能。相对于共同遵从不能论，规范功能相克互斥论是能用于判断所有规范类型（包括准许规范）之间的冲突，但所谓力量相抵触、功能相冲突，系从外部着眼、从事后判断规范是否相冲突。此概念论在脱离逻辑分析进路的同时，也忽视了规范内部构成要件不

---

① See Hans Kelsen, *General Theory of Norms*, trans., Michael Hartney, Oxford: Clarendon Press, 1991, p. 125.

② See H. Hamner Hill, "A Functional Taxonomy of Normative Conflict", *Law and Philosophy*, Vol. 6, No. 2, (Aug., 1987), pp. 239—241.

③ See H. Hamner Hill, "A Functional Taxonomy of Normative Conflict", *Law and Philosophy*, Vol. 6, No. 2, (Aug., 1987), pp. 239—241.

兼容所导致的规范本身冲突。尽管这种规范冲突概念论提供的分析方法可以涵盖所有规范类型,但因规范背后的政策、原则与目标等不易确定,而且所得结论可驳性强。此论涵盖面全的代价是将规范冲突判断引入复杂多样、难以判断的实质合法性领域。因其无法确定或难以确定是何类因素的冲突导致规范的功能冲突,此概念显然也难以用来准确判断规范冲突,特别是在事前抽象地判断规范冲突。

四、规范共同实现不能论

共同遵从不能论仅适于判断强令规范冲突,但这并不意味着逻辑与形式分析的进路错误。规范功能相克互斥论试图摆脱这种进路,但却进入后验的、具体的实质判断境地,面临可操作性差、结论可驳度高的缺点,并不适于在事前抽象地判断规范冲突。由此可见,逻辑与形式分析的进路不能断然被抛弃。瑞典学者林达尔与芬兰哲学家冯赖特,仍然采用逻辑分析的进路来阐述规范共同实现不能论,而且该论既论及强令规范的冲突,也认为某些强令规范与准许规范必然冲突。其中关于强令规范与准许规范必然冲突的论点值得认真对待。

首先,林达尔直接明确地提出了规范的可实现性概念:设定 p 是任何规范的规范内容,必须 p 仅在其被遵从时才得到实现,准许 p 仅当它被利用时能得到实现;因此必须 p 与准许 p 当且仅当 p 为真时,它们才得到实现。他把造成规范内容不能共同实现的冲突类型分成相互否定与遵从冲突两种:前者是指准许规范与必须规范之间的关系,具体是指准许 p 否定必须非 p、必须 p 否定非必须 p;后者是指必须规范之间的关系,具体是指人们不可能共同遵从规定不兼容内容的强令规范。[①] 林达尔所界定的遵从冲突观点无异于共同遵从不能论,但其规范相互否定观则将规范冲突扩展至必须规范与无须规范、

---

① See Lars Lindahl, "Conflict in System of Legal Norms: A Logical Point of View", in Bob Brouwer &Ton Hol & Arend Soeteman et. al(Ed.), *Coherence and Conflict in Law*, Deventer: Kluwer Law and Taxation publishers, 1992, pp. 40—46.

禁止规范与准许规范。不过,令人遗憾的是,他并未阐明前两种规范在何种意义上相互否定。

冯赖特曾从行为逻辑与立法理性的角度,分别论及强令规范之间,以及强令规范与准许规范的冲突。他将规范算子 O(必须)或 P(准许)所限定的必须或准许的事态称之为规范内容(the content of norm)。表示规范内容的符号是变量 p,q,……或者变量的分子式复合;同类符号在逻辑上表示的同等形式、表示同样的规范内容。他在行为逻辑的论域内认为,真实的规范,其规范内容是可做成(Doable)的事态。基于此,规范相一致的条件是当且仅当它们内容的结合是一个可做成性的事态;如果它们是不一致的,它们的事态是不一致或相互矛盾的。例如,必须 p 和禁止 p 是相互不一致的,因为 p&~p 是一种不可能的事态;必须 p 和 P~p 相互不一致,即必须实现的事态与准许实现同前者相矛盾的事态是一种矛盾事态。冯赖特的前列观点可以理解为,如果必须规范之间,或者必须规范与准许规范的规范内容相矛盾,那么因相矛盾的规范内容作为一种事态不可能被共同做成(即实现),那么它们必然冲突。但他认为,同时准许一个事态及其矛盾性的事态,其中并没有矛盾;准许规范 Pp 和 P~p 内容相矛盾,但准许规范不可能与另一个相矛盾。① 问题是,为何皆规定相矛盾的内容,Pp 和 P~p 无冲突,而必须 p 和禁止 p、必须 p 和 P~p 却相冲突呢? 冯赖特在其行为逻辑体系中并未给予解释。

冯赖特后来虽然仍基于规范共同实现不能的观点界定规范冲突,但他认为规范冲突是立法者不理性行为的产物。为了阐明立法理性,他引入规范制定目的来理解规范不一致。由于 p 与非 p 不能被共同实现,所以必须 p 与禁止 p、必须 p 与无须 p、禁止 p 与准许 p 的规范组合是不一致的。因为,如果立法者既然设定了规范必须 p 又设定了其否定规范 P~p、设定了规范 Pp 又设定了其否定规范禁止 p,其设定规范的目的是要求人们或允许人们做他不可能做到的事情,而这是不

---

① See Georg Henrik von Wright, "Is There a Logic of Norms", In *Legal Reasoning*, Vol. I, Aulis Aarnio & Neil MacCormick(Ed.), England:Dartmouth Publishing Co. ,1992,p387.

合理、反理性的。同样,立法者既让人们做某事又准许该事不被做、既准许做某事又要求该事不被做,这也是不合理的。这种相互否定的规范是不能被同时实现的。① 冯赖特强调指出,规范一致当且仅当是指规范的内容能通过人的行为都实现,p 同 ~p 相互矛盾,二者不能共同实现,分别以其为规范内容的规范则必然不一致。但是,规范不一致并非其规范内容不能共同为真。认定必须 p 与禁止 p、必须 p 与无须 p、禁止 p 与准许 p 不一致,唯一可接受的理由是规范制定者让人们做不可能做到的事情是非理性的。② 冯赖特指明了必须 p 与无须 p、禁止 p 与准许 p,是相互否定的规范,但他并未阐明前两对规范在何意义上相互否定。

总体上看,前述规范共同实现不能论避开了必须规范与无须规范、禁止规范与准许规范何以构成行为困境的难题,将规范冲突概念的涵盖范围扩展到了必须规范与无须规范、禁止规范与准许规范。不过,从历史的角度来看,共同实现不能说所界定的规范冲突,在某种意义上是新制定的规范排除原有的规范。冯赖特与林达尔的规范冲突概念论中并未阐明此种规范排除与规范废除之间有何不同,也没有更为详细地揭示规范究竟是在什么体系中、在哪些点上、在哪些方面相互否定? 也就是说他们并未揭示强令规范与非强令规范冲突的成因。

五、规范在动态体系中的相互否定论

由上可知,规范共同遵从不能论能准确判断强令规范的冲突,但不能判断必须 p 与无须 p、禁止 p 与准许 p 等强令规范与非强令规范的冲突;规范共同实现不能论补充认为,必须 p 与无须 p、禁止 p 与准许 p 因相互否定而冲突,但并未阐明它们为何相互否定。魏因伯格明

① See Georg Henrik Von Wright, " Deontic Logic: A personal View", *Ratio Juris*. Vol. 12 No. 1 March 1999, pp. 26—38.
② See Georg Henrik Von Wright, " Deontic Logic: A personal View", *Ratio Juris*. Vol. 12 No. 1 March 1999, p. 34.

确指出,必须 p 与无须 p、禁止 p 与准许 p 之所以相互否定,是因为它们的规范语义相矛盾。以禁止 p 与准许 p 为例,"准许"的语义是非必须非,"禁止"的语义是必须非。禁止的语义是对准许的语义的否定。前列相否定的规范算子运算于同一规范内容 p 后生成的准许规范与禁止规范也相互否定。①

例如在前表 S2 中,"准许在旅游区燃放烟花"的新规范,在语义上部分否定原有的"禁止燃放烟花"。语言符号表示的语义在既定的语言系统中具有主体间的客观性,能够为任何接受该语言系统的人所认知。是故,"准许"与"禁止"作为规范算子,二者之间具有一种稳定的相互否定关系。只要立法者用它规定相同的规范内容,二者就会产生相互否定关系;规范遵从者从规范语句中也能解读出二者语义相互否定的意义。必须 p 与无须 p 之间也存在同样的规范语义相互否定关系。从规范动态变化的角度、规范制定者的角度而非静态规范体系、规范遵从者的角度来看,必须 p 与无须 p、禁止 p 与准许 p 之间的相互否定关系在动态规范体系中具有更加丰富的意义。

所谓动态规范体系是指随着规范的增减而变动的规范体系。例如,我国的实定法体系就是一个等级化的、开放的、随着新立法而动态变化的规范体系。规范逻辑学界知名的阿根廷学者——阿尔乔隆与布柳金主张,应当在动态规范体系中,根据规范变动的两种方式——增添规范与消减规范——来认识规范之间的否定关系。规范体系被变动的基本方式是加入新规范、消除旧规范。前者是人们熟知的通过立法创立规范的行为;后者则有两种方式:其一是规范制定者直接颁布规定明示废除特定规范;②其二是规范制定者以创立新规范的方式

---

① 魏因伯格明确指出,"准许"与"禁止"相冲突,是因二者作为规范算子其定义在语义上相互否定。See Ota Weinberger, " On The Meaning of Norm Sentences, Normative Inconsistency, And Normative Entailment: A Reply To Carlos E. Alchourron And Eugenio Bulygin", *Rechtstheorie* 15(1984), p. 470.

② See Hans Kelsen, *General Theory of Norms*, trans. , Michael Hartney, Oxford: Clarendon Press, 1991, pp. 106—110.

间接地排除掉与新规范相对应的旧规范。[①] 第二种方式并不罕见,但未引起人们应有的注意。

这种方式的实现方式是立法者利用必须 p 与无须 p、禁止 p 与准许 p 相互否定的语义,通过颁布旧规范语义相否定的新规范来排除旧规范。不仅如此,经与“新法优于旧法”的毁损准则相结合,立法者还能从法律体系中废除与新规范语义相否定的旧规范。[②] 例如在前表 S2 中,禁止燃放烟花(T1N)是甲市在 T1 时间制定出的禁止规范、准许在旅游区燃放烟花(T2N)是甲市在 T2 时间制定出的准许规范。二者系同一主体先后制定,后者相对于前者是新规范。T2N 作为准许规范同“新法优于旧法”的毁损准则相结合,能够废除 T1N 在该市旅游区的效力。毁损准则正是基于二者规范语义的不兼容才使得 T2N 废除了 T1N 的在该市旅游区的效力,并导致了规范体系的变动。

在“禁止燃放烟花”与“准许燃放烟花”相互否定的规范语义之下隐藏的是规范制定者就同一规范内容“燃放烟花”所持的相互否定的规范态度。具体而言,规定制定者制发新规范“准许燃放烟花”的规范态度是排除旧规范中的禁止态度。同理,在前表 S6 中,必须在重大节庆日燃放烟花(T3N)与无须在重大节庆日燃放烟花(T4N)的规范语义相互否定,它们内含的规范态度也相互否定,T4N 在适用过程中否定 T3N。需要说明的是,规范态度的相互否定不同于前文强令规范的规范内容相矛盾。例如,怀疑论者在态度上否定有神论者肯定神的态度,进而否定神存在的命题;而无神论者则通过主张神不存在的命题

① See Carlos E. Alchourrón & Eugenio Bulygin, "the expressive concept of norms", in *New studies in Deontic Logic*, Risto Hilpinen (ed.), Dordrecht: D. Reidel Publishing company, 1981, pp. 104—110.; See Ota Weinberger, "the expressive conception of norms-An impasse for the logic of norms", *Law and Philosophy* 4 (1985), pp. 179—197.

② See Carlos E. Alchourrón & Eugenio Bulygin, "the expressive concept of norms", *in New studies in Deontic Logic*, Risto Hilpinen (ed.), Dordrecht: D. Reidel Publishing company, 1981, pp. 104—110.; Eugenio Bulygin & Carlos E. Alchourrón, "Permissory Norms and Normative System", in Eugenio Bulygin, *Essays in Legal Philosophy*, Carlos Bernal, et. al (ed.). Oxford: Oxford University Press, 2015, pp. 325—336.

为真来否定有神论者主张的神存在的命题为真。① 准许 p 与禁止 p 的规范态度相矛盾,如同怀疑论者与有神论者的关于神的相矛盾态度;必须 p 与禁止 p(必须非 p)的命题相矛盾,如同有神论者与无神论者关于神的相矛盾命题。简而言之,准许 p 与禁止 p 之间的规范态度相矛盾,必须 p 与禁止 p(必须非 p)之间的规范内容相矛盾。虽然二者相矛盾的条件不同,但是同相矛盾的命题不能共存一样,相矛盾的规范态度在规范体系也只应当仅存其一。换言之,规范制定者制定新准许 p 的目的是排除旧禁止 p 中的规范态度。

不过,尽管准许 p 与禁止 p 的规范语义与规范态度相矛盾,但在规范实践中,新准许 p 并不能直接排除旧禁止 p。例如,在前表 S2 中,禁止燃放烟花作为旧规范在被明示废除之前仍然初显有效并与新准许规范相争。它们相矛盾的规范语义与规范态度会导致行为者难以遵从规范制定者的意志。对不知道毁损准则的人而言,这并非完全虚构。直到结合"新法优于旧法"这一规范毁损准则才能最终确定新规范胜出。在此之前,诸如"禁止燃放烟花"与"准许在旅游区燃放烟花"之类的禁止规范与准许规范,一直会持续不断地在效力上相互否定对方。即使是法院在个案中判定新规范胜出,若法院判决的既判力仅限于个案,旧规范的效力会一直存续到被有权机关明示清除。综上可知,必须 p 与无须 p 之间、禁止 p 与准许 p 之间相互否定的成因在于它们的规范语义、规范态度及规范效力相互否定对方。

比较可知,规范的语义、态度与效力相互否定论详实地阐明了必须 p 与无须 p 之间、禁止 p 与准许 p 之间相互否定对方的成因,强有力地证立了前列规范之间的冲突、扩展了规范冲突概念的内涵及外延,填补了规范共同实现不能论未论证的规范相互否定意义。不过,规范共同实现不能论与规范的语义、态度与效力相互否定论均未论及必须规范与准许规范、禁止规范与无须规范之间是否冲突的问

① See Carlos E. Alchourrón & Eugenio Bulygin, "the expressive concept of norms", in *New studies in Deontic Logic*, Risto Hilpinen(ed.), Dordrecht: D. Reidel Publishing company, 1981, pp. 107—110.

题。因此,根据它们的观点不仅断定不了前表 S5 中的必须在重大节庆日燃放烟花与准许在旅游区燃放烟花是否冲突,还断定不了前表 S3 中的禁止燃放烟花与无须在重大节庆日燃放烟花是否冲突。这样的成对规范之间是否存在冲突?

笔者认为,必须 p 与准许 p 之间、禁止 p 与无须 p 之间相冲突,是因为它们所规定的行为模式的性质显示出它们相互否定。如同必须 p 与准许 p 之间、禁止 p 与无须 p 之间的规范态度相互否定一样,必须 p 与准许 p、禁止 p 与无须 p 的规范态度也相互否定。不过,必须 p 与准许 p、禁止 p 与无须 p 并不具有禁止 p 与准许 p 那样以相互否定的语义作其相冲突的客观基点。换而言之,它们相互否定的规范态度无从通过相互否定的规范语义显示出来,而是通过它们行为模式来显示。从必须 p 与准许 p 规定的行为模式性质来看,必须 p 规定的是确定的、无选择余地的强制性行为模式。这种行为模式确定的是义务、责任等法律地位;准许 p 并不强令行为者只能作为或者只能不作为,而是给予行为者选择作为或不作为的自由余地。这种非强制性行为模式,确定的是权利、权力、特权与豁免等法律地位。

例如,在前表 S5 中,必须在重大节庆日燃放烟花(T3N)规定的是强制性行为模式,行为者在此模式下必须作为,即燃放烟花;而准许在旅游区燃放烟花(T2N)规定的则是非强制性行为模式,行为者在此模式下作为与不作为皆可,即燃放与不燃放烟花皆符合规定。甲市发布T3N 的目的排除人们在重大节庆日期间享有的非强制性行为模式,即通过 T3N 排除 T2N 在重大节庆日期间的效力。概而言之,相对于必须 p 所规定的强制性、确定性、无选择性的行为模式而言,准许 p 规定的则是一种非强制的、不确定的、有选择的行为模式。强制的与非强制的、确定的与非确定的、有选择的与无选择的,在逻辑上相互否定。对禁止 p 与无须 p 而言,也是如此。总之,因为必须 p 与准许 p、禁止 p 与无须 p 所规定的行为模式性质相互否定,所以二者的规范态度与规范效力也相互否定,它们在规范实践中也存在冲突。

根据前文的规范冲突判断要点,可以判断任意 p 是否同其他规范内容相同的规范是否冲突。任意 p 等于既不命令 p 也不禁止 p,可记作必须 $OPp = \sim OBp \wedge \sim OB \sim p$。例如在前表 S4 中,甲市在 T5 时间作出了任意在节庆日燃放烟花的规定(T5N)。这条任意规范同 T1N(禁止燃放烟花)既在规范语义上有矛盾,也在规范态度与行为模式上不兼容。同理,在前表 S7 中,T5N 同 T3N(必须在重大节庆日燃放烟花)在规范语义、规范态度与行为模式上也不兼容。但前表 S9 中的 T2N(准许在旅游区燃放烟花)与 T5N、S10 中的 T4N(无须在重大节庆日燃放烟花)与 T5N,在规范语义、规范态度与行为模式上并无不兼容之处。概而言之,任意 p 同必须 p、禁止 p 必然冲突,但任意 p 同准许 p、无须 p 非必然冲突。至于任意 p、准许 p、无须 p 相互之间在实践中是否存在冲突,还需参考规范功能相克互斥论的观点进一步揭示其相关背景要素,然后再判断其背景要素之间在逻辑与功能上是否冲突。

结　语

前五种规范冲突概念在判断规范冲突时各有优点与不足。规范效果不兼容论既未阐明规范效果不兼容的意义也未论述各类规范冲突的成因,但提出了规范冲突是规范相重合但不兼容。规范共同遵从不能论阐明了强令规范之间不兼容的成因,并提供了检测它们的方法,但不适用于判断强令规范与非强令规范、非强令规范之间的冲突。规范功能相克互斥论强调规范冲突的本质是其实现相关政策与原则的功能相互排斥;该观点适于从实质上判断所有规范类型之间的冲突,但功能冲突并非规范本体的冲突。规范共同实现不能论厘定了各类规范冲突的外显共性是相冲突规范皆不能被共同实现,但未阐明必须 p 与无须 p、禁止 p 与准许 p 在何种意义上相冲突。规范相互否定论则阐明了前两列规范相冲突的成因是规范在动态体系中的语义、态度与效力相互否定。

笔者根据该论点提出,必须 p 与准许 p、禁止 p 与无须 p 因行为模式、规范模态与规范效力在动态规范体系中相互否定也相冲突。从前述规范冲突概念中可以总结出各类规范相冲突的不同成因。在规范性文件合法性审查实务中,只要查明待审规范是否具有前五种概念所揭示的规范冲突成因,就可以相应断定各类规范之间是否存在冲突。前述各类规范冲突的成因及判断要点可作表二简明呈现。

表二:各类规范相冲突的成因及判断要点

	规范分类组合	示例	规范冲突成因	判断要点
S1	必须 p 与禁止 p	必须燃放烟花与禁止燃放烟花	规范内容相矛盾	规范内容的兼容性
S2	必须 p 与无须 p	必须燃放烟花与无须燃放烟花	语义、态度与效力相互否定	语义、态度与效力的兼容性
S3	禁止 p 与准许 p	禁止燃放烟花与准许燃放烟花		
S4	必须 p 与准许 p	必须燃放烟花与准许燃放烟花	行为模式、态度与效力相互否定	行为模式、态度与效力的兼容性
S5	禁止 p 与无须 p	禁止燃放烟花与无须燃放烟花		
S6	任意 p 与必须 p	任意燃放烟花与必须燃放烟花	语义、态度、效力、行为模式相互否定	语义、态度、效力、行为模式的兼容性
S7	任意 p 与禁止 p	任意燃放烟花与禁止燃放烟花		
S8	任意 p 与准许 p	任意燃放烟花与准许燃放烟花	规范目标或背景价值的相互克制	规范目标、背景价值的一致性
S9	准许 p 与无须 p	准许燃放烟花与无须燃放烟花		
S10	任意 p 与无须 p	任意燃放烟花与无须燃放烟花		

131

民族学校教学语言问题的宪法分析

张梦奇[*]

张梦奇*

摘　要：2020 年和 2021 年备案审查工作报告都涉及了民族自治地方的地方性法规对民族学校教学语言的规定与宪法"推广全国通用的普通话"的规定不一致。在多民族国家，教学语言是一项重要的宪法政治议题。比较法上对教学语言立法的合宪性审查存在以法国为代表的"国家整合"进路和以加拿大为代表的"权利保障"进路，我国可发展兼具这两个面向的教学语言宪法释义。原《内蒙古自治区民族教育条例》第十九条规定的以民族语言授课为主的模式阻碍了国家通用语言文字教育的推广，不利于铸牢中华民族共同体意识和少数民族的经济文化发展。该条规定的措施对于保障少数民族学生学习本民族语言文字的权利也不具有必要性，抵触了宪法对国家通用语言文字的制度保障。

关键词：合宪性审查　国家通用语言文字　双语教育　国家整合　权利保障

　　我国宪法实施和宪法学研究已经进入"合宪性审查时代"。全国人大常委会法工委 2020 年和 2021 年的备案审查工作报告分别披露了 3 件和 2 件合宪性、涉宪性案例。其中，"地方性法规民族学校教学语言案"连续两年在备案审查工作报告中现身，并历史性地出现了"不

---

* 张梦奇，武汉大学法学院宪法与行政法专业 2021 级硕士研究生。

合宪"结论。① 两份报告对该案披露的信息有限,这留给了学术界在宪法释义层面进行充实的丰富空间。尽管我国宪法明确规定了语言文字事项,但对语言文字问题的宪法学研究一直较为少见。直到近一两年来,伴随现实事例的出现,宪法的"推广普通话"条款开始受到关注。②

本文以备审年报案例为主线,分析我国民族学校教学语言涉及的宪法问题。在结构安排上,本文参考了郑磊教授提出的"案例概况介绍—审查逻辑梳理—法律系争要点"案例分析框架。③ 第一部分结合两份报告的内容和相关时政新闻,勾勒出这一案例的前因后果。第二部分通过对法国和加拿大教学语言类案例的介绍和分析,展现了比较宪法上处理教学语言立法合宪性的两种代表性模式,并探寻在我国的语境下处理此类案件的可能思路。在此基础上,第三部分对《内蒙古自治区民族教育条例》第十九条的合宪性进行规范分析,得出了以民

---

① 我国规范性文件"不合宪"的第一案究竟是什么? 1998 年全国人大常委会工作报告在总结第八届全国人大常委会的五年工作时就曾指出:"本届对备案的地方性法规,交由专门委员会进行了初步审查,有的专门委员会还对个别不符合宪法、法律规定的地方性法规提出了纠正意见。"但这里没有介绍不符合宪法的地方性法规的具体情况。《全国人民代表大会常务委员会法制工作委员会关于 2019 年备案审查工作情况的报告》披露了"有的地方性法规规定,公安机关交通管理部门调查交通事故时可以查阅、复制当事人通讯记录。经审查认为,该规定不符合保护公民通信自由和通信秘密的原则和精神"。此处实质上依据宪法第四十条作出了不合宪判断,但有意回避了"宪法"二字。直到 2020 年的"民族学校教学语言案"中,才首次明确认定具体法规与宪法第十九条第五款不一致。

② 现有的关于语言文字的宪法学研究代表作如张蔚:《宪法中语言问题的规范内涵——兼论中国〈宪法〉第 19 条第 5 款的解释方案》,载《华东政法大学学报》2013 年第 6 期;尤陈俊:《法治建设的国家能力基础:从国族认同建构能力切入》,载《学术月刊》2020 年第 10 期;陈斌:《论语言的国家塑造与宪法意义》,载《法律科学》2021 年第 5 期。专门涉及国家通用语言文字和少数民族语言文字关系的,则有常安:《论国家通用语言文字在民族地区的推广和普及——从权利保障到国家建设》,载《西南民族大学学报(人文社会科学版)》2021 年第 1 期;上官丕亮、刘焕芳:《论"国家推广全国通用的普通话"宪法条款的实施》,载《学习与探索》2021 年第 7 期。

③ 参见郑磊、王翔:《拒绝给付条款备审案例分析——鉴定式备案审查案例分析的一次尝试》,载《备案审查研究》(2021 年第 1 辑),中国民主法制出版社 2021 年 3 月版,第 121—137 页。

族语言文字授课为主的规定抵触宪法第十九条第五款的结论。在推进宪法全面实施和合宪性审查工作的当下,本文是利用本土材料、以法学方法讲好中国宪法监督故事的一个尝试。

一、备审年报"地方性法规民族学校教学语言案"概况

(一)案例背景

新中国成立以来,我国在少数民族地区先后建立了一批专门招收少数民族学生的学校(通常称作"民族学校")。民族学校实施同时教授国家通用语言文字和本民族语言文字的双语教育模式。[①] 双语教育具体可分为一类、二类和三类模式,分别对应以民族语言授课为主加授汉语文("民加汉")、以汉语授课为主加授民族语文("汉加民"),以及同时使用民族语言和汉语授课("民汉并进")。[②] 由于各地区各民族实际情况的差别,2019 年之前,内蒙古和吉林延边等地的民族学校以一类模式为主,广西等地的民族学校则以二类模式为主。[③]

自 2014 年中央民族工作会议以来,为铸牢中华民族共同体意识,我国全面加强在少数民族地区推广国家通用语言文字教育。2017 年,由教育部统一编写的义务教育阶段道德与法治、语文和历史三科教材在全国启用。2019 年,教育部教材局印发《中小学三科统编教材"铸魂工程"推进实施方案》,提出民族地区义务教育学校从 2020 年秋季学期起、普通高中从 2022 年秋季学期起,全部使用国家通用语言文字编写的三科统编教材,到 2025 年实现全国中小学三科统编教材使用全覆盖。2020 年秋季,内蒙古、吉林、甘肃、辽宁、青海、四川等 6 省

---

① 这里需要区别作为授课媒介的教学语言和作为学习对象的语言。教学语言的使用强度远远高于作为学习对象的语言。一般情况下考虑到教学便利,教学语言与受教育者的母语是一致的。

② 周庆生:《论我国少数民族双语教学模式转型》,载《新疆师范大学学报(哲学社会科学版)》2014 年第 2 期,第 124 页。

③ 苏德毕力格等:《中国民族教育发展报告(2015—2018)》,社会科学文献出版社 2019 年版,第 29 页、第 80 页。

区民族语言授课学校开始使用统编教材。

(二) 系争规定

2021 年 1 月 20 日所作的 2020 年备案审查工作报告披露,"有的地方性法规规定,各级各类民族学校应当使用本民族语言文字或者本民族通用的语言文字进行教学;有的规定,经本地教育行政部门同意,有条件的民族学校部分课程可以用汉语言文字授课。我们审查认为,上述规定与宪法第十九条第五款关于国家推广全国通用的普通话的规定和国家通用语言文字法、教育法等有关法律的规定不一致,已要求制定机关作出修改"。① 根据报告内容并经法规检索识别可知,被认定不合宪的法规条文系《内蒙古自治区民族教育条例》第十九条"自治区各级各类民族学校应当使用本民族语言文字或者本民族通用的语言文字进行教学,重点发展民族学校的双语教学工作"和《延边朝鲜族自治州朝鲜族教育条例》第二十五条第一款"朝鲜族中小学用规范的朝鲜语言文字授课,经自治州教育行政主管部门批准,具备条件的部分课程可以用汉语言文字授课"。

2021 年年底所作的 2021 年备案审查工作报告披露,"国务院有关主管部门对有的民族自治地方民族教育条例等法规提出合宪性审查建议,认为条例中的有关规定存在合宪性问题,不利于促进民族交往交流交融。经审查认为,宪法和有关法律已对推广普及国家通用语言文字作出明确规定,包括民族地区在内的全国各地区应当全面推行国家通用语言文字教育教学,有关法规中的相关内容应予纠正。经沟通,制定机关已废止有关法规"。② 笔者推断,国务院主管部门建议审查的"有的民族自治地方民族教育条例等法规"包含了《内蒙古自治区民族教育条例》。2021 年 9 月 29 日,内蒙古自治区第十三届人大常委会第三十次会议通过了《内蒙古自治区教育条例》,新条例第一百一

---

① 沈春耀:《全国人民代表大会常务委员会法制工作委员会关于 2020 年备案审查工作情况的报告》,十三届全国人大常委会第二十五次会议,2021 年 1 月 20 日。

② 沈春耀:《全国人民代表大会常务委员会法制工作委员会关于 2021 年备案审查工作情况的报告》,十三届全国人大常委会第三十二次会议,2021 年 12 月 21 日。

十一条规定:"本条例自 2022 年 1 月 1 日起旅行。……《内蒙古自治区民族教育条例》同时废止。"这次会议还同时修订了《内蒙古自治区实施〈中华人民共和国国家通用语言文字法〉办法》,废止了《内蒙古自治区蒙古语言文字工作条例》。内蒙古自治区下辖的呼和浩特市、包头市也分别于 2021 年 10 月、2021 年 11 月废止了本市的民族教育条例及相关文字管理法规。

二、教学语言类宪法案例的两种审查进路

语言文字关系到群体身份,基础教育阶段的教学语言更决定着下一代文化身份的形成。在多民族国家,教学语言问题集中反映着族群关系,是一项具有高度敏感性的宪法政治议题。如何处理好国家团结统一和族群客观差异的关系,考验着各国宪制的设计者和实践者们。了解他国实践的经验得失有助于更好地立足国情实施本国宪法。一个经典的历史案例是,奥地利帝国 1867 年宪法第 19 条规定帝国境内的各民族有权拥有自己的语言教育体系,没有学习第二种语言的强制义务。这种高度隔离的安排在短期内缓和了民族矛盾,长期看来则滋长了各民族的自我意识和离心倾向,从而间接导向奥匈帝国的解体。[1]

二战后,各国陆续建立起宪法审查制度,教学语言政策从政治舞台走到了宪法审查机关面前。大体来看,各国对教学语言立法的合宪性审查存在两种模式:其一是以国家整合为目标,把通用语言教学作为巩固国家统一和人民团结的基本制度,其代表为法国。其二是以权利保障为目标,审查教学语言立法是否侵犯了语言权(如宪法中有规定)、表达自由[2]、受教育权或亲权,其代表为加拿大。法国是一种国家语言加多个地方性语言并存的单一制国家,与西班牙[3]、中国的情况

---

[1] 参见郑非:《帝国的技艺》,广西师范大学出版社 2021 年版,第 301—317 页。

[2] 美国最高法院在 Meyer v. Nebraska(1923)案中判决强制英语教学的州法违反第十四修正案,之后的判例法将学习外语的权利纳入第一修正案保障的表达自由。

[3] 西班牙宪法法院对加泰罗尼亚自治条例关于学习加泰语义务违宪的判决依据的是西班牙宪法有关西班牙语的国语地位的条款,参见 Constitutional Court Judgment 31/2010。

相似。加拿大是拥有两个以上官方语言的联邦制国家,与比利时、瑞士的情况相似。① 语言文字事项在法、加两国的宪法中均有明文规定,在其国内政治中也都有着广泛影响力。两国宪法审查制度也相当成熟。因此,选取这两国的案例对于我们理解比较宪法上的教学语言具有很强的代表性。

(一)法国宪法委员会关于地区语言授课的判决

自大革命以来,法国在本土和海外领地长期重视法语的官方语言和教学语言地位。1992 年,法国通过宪法修正案将法语的地位载入了宪法。但除法语之外,法国境内还有着巴斯克语、布列塔尼语等七十多种地区语言。1999 年,法国政府签署《欧洲区域或少数民族语言宪章》(European Charter for Regional or Minority Languages)(以下简称《宪章》),提交国会批准后生效。《宪章》第二部分确立了在包括教育在内的七大公共领域内推动区域或少数民族语言发展的 98 条具体措施。时任法国总统希拉克依据宪法第 54 条②提请宪法委员会审查批准《宪章》是否符合法国宪法。宪法委员会判决,《宪章》的内容与《法国宪法》第一条的"共和国的不可分离""法律面前人人平等"和"法国人民的统一性(unicity)"等原则和第二条对法语地位的规定相冲突。只有通过宪法修正案的方式,法国才能加入《宪章》。修宪的高门槛导致法国迄今为止都没有批准《宪章》。③

尽管宪法上的阻碍难以克服,但法国保护地区语言的声音从没有停息过。从 1994 年到 2015 年,法国公共舆论调查机构多次调查表明,超过 75%的法国民众支持正式承认区域语言的地位,要求国家立

---

① 虽然都是联邦制国家,但美国的族群政治情况呈现出独特的移民大熔炉(melting pot)模式,与加拿大、比利时等国有显著不同。在大熔炉模式下,英语自然地居于主导地位,少数族裔的迫切需求是通过学习英语以融入主流社会而非保持自身文化身份。政府实施双语教学计划的主要目的在于通过提供学习英语的机会以促进平权。

② 法国宪法第 54 条规定,如果宪法委员会根据共和国总统、总理、一院或另一院院长、国民议会 60 名议员或 60 名参议员的推荐,认为某项国际承诺含有违反宪法的条款,则只有在修改宪法后才能授权批准或核准有关的国际承诺。

③ Decision no. 99-412DC of 15 June 1999,参见法国宪法委员会网站 https://www. conseil-constitutionnel. fr/en/decision/1999/99412DC. htm。

法予以承认和保护,近 80% 的民众要求加入和批准《宪章》并为此修宪。[①] 2008 年的法国宪法修正案新增了"地区语言是法兰西遗产的一部分"的规定。国民议会最初通过的版本先是将地区语言写入宪法第1 条,但在遭到右翼占多数的参议院的反对后挪至了最终版本的第75-1 条。[②]

2021 年 4 月,法国国民议会通过了一部专门保护地区语言的立法。该法第 4 条规定包括中小学在内的各类学校可以使用地区语言进行沉浸式教学(immersive teaching),意味着地区语言可以取代法语成为主要教学语言。然而,应包括教育部长在内的 61 名议员提出的审查申请,2021 年 5 月 21 日宪法委员会裁决该法第 4 条违反了《法国宪法》第二条"共和国的语言是法语"。宪法委员会的理由在于:基础教育是一项公共服务,而国家和公民在公共服务中必须使用法语。地区语言可作为教授的课程,但不能作为教学语言。[③] 该裁决引起了法国国内支持保护地区语言一派的强烈抗议,支持法案的国会议员主张通过宪法修正案保障地区语言的地位。[④]

(二)加拿大最高法院关于魁北克《法语宪章》第 73 条的判决

加拿大宪法规定的官方语言是英语和法语。英语人口在全国占大多数,法语人口集中居住于魁北克地区并在当地占多数。1982 年

[①] La Charteeuropéennedeslanguagesrégionalesou minoritairesdansla campagneprésidentielle, 2017-02-21, http://www.touteleurope.eu/actualite/la-charte-europeenne-des-languages-region-ales-ou-minoritaires-dans-la-campage-presidentielle.html。转引自庄晨燕:《〈欧洲区域或少数民族语言宪章〉与法国多样性治理:对西方选举政治的反思》,载《世界民族》2018 年第 5 期,第 19 页。

[②] Henri Giordan, "Les langues régionales dans la Constitution:un pas en avant très ambigu", Diasporiques,n°3 nouvelle série,septembre 2008. 转引同上注,第 20 页。

[③] Decision no. 2021-818 DC of 21 May 2021, 参见法国宪法委员会网站 https://www.conseilconstitutionnel.fr/ decision/2021/2021818DC.htm。

[④] 参见 France Constitutional Council strikes down bill allowing regional languages in schools, 2021-05-22, https://www.jurist.org/news/2021/05/france-constitutional-council-strikes-down-bill-allowing-regional-languages-in-schools/。

《加拿大权利和自由宪章》(以下简称1982年宪法)第23条规定了英语和法语少数社群公民接受母语教育的权利,较为详细地列举了有权接受母语教育的情形。魁北克地区有着自身独特的历史文化和悠久的自治传统,长期存在脱离加拿大独立的倾向,而语言文字就成为魁北克政府实现这一目标的政策工具。1977年,魁北克议会通过了《法语宪章》(Charter of French Language),将法语作为魁北克的唯一官方语言,并规定适龄学童应以接受法语教学为原则。该法第73条列举了若干例外情形,只有符合这些情形,学童才能进入有国家资助的英语学校学习。1984年,加拿大最高法院裁决魁北克《法语宪章》第73条限定只有魁北克本地的英语母语居民才能进入英语学校学习的规定,直接抵触了1982年宪法第23条对所有加拿大公民母语教育权利的保障。① 魁北克议会随后修改了第73条,将进入英语学校学习的条件放宽为"儿童业已接受了以英语为主(major part)的教育"。2005年,加拿大最高法院判决修改后的第73条只要经过妥当解释,就不抵触宪法。法院认为,如果申请接受英语教育的人表现出成为英语群体一员的"真切承诺"(genuine commitment),政府就不得拒绝其接受英语教育。政府官员在审查学童已接受的教育是否"以英语为主"时,应当综合考虑受教育时长、年龄段等因素。②

现实中魁北克地区的一些法语母语者和移民为了能让子女接受英语教学,将子女送入英语私校接受短期教育以满足《法语宪章》的要求。根据魁北克政府的统计,到2002年累计约有1000名学生使用这种方法进入英语学校,其中大多数人在英语私校上学不到一年。③2002年,魁北克议会通过104号法案修正了《法语宪章》,移除了该入学途径以"堵塞漏洞"。2009年,加拿大最高法院判决104号法案违反1982年宪法第23条的规定。法院认为,104号法案保护法语的目

① Quebec v. Quebec Protestant School Boards, [1984] SCC66.

② Solski v. Quebec, [2005] SCC14.

③ Charbonneau, Francois. "The Art of Defining Linguistic Minorities in Quebec and Canada." Harvard Ukrainian Studies 35, no. 1/4(2017):502. http://www.jstor.org/stable/44983555.

的是正当的,但覆盖范围过于广泛,目的与手段不合比例,违反了法院在早前 Solski 案中确立的"真切承诺"规则。法院在判决违宪的同时给予了一年生效缓冲期,以供魁北克议会修改法律。①

(三)我国教学语言宪法释义应兼具国家统一和权利保障面向

法国和加拿大的案例分别展示了对教学语言进行合宪性审查的两条进路。法国宪法委员会从"国家"入手,援引国家和人民的统一性、官方语言等宪法条文,将法语的唯一教学语言地位视作共和国不可动摇的特质。加拿大法院则从"权利"入手,通过保障英语公民的母语教育权利,制约魁北克当局对单一法语教学的强势推进。从表面上看,基本权利进路与国家整合进路的释宪立场是相对立的。但在魁北克自治的语境下,为了避免刺激具有独立冲动的魁北克当局和民众,加拿大法院只能在承认倾斜保护法语的目的正当的基础上进行有限度审查。通过对魁北克地区英语公民的母语教育权的保障,最终效果上促进了魁北克与其他英语省区的整合。

作为宪法规定了唯一国家通用语言的单一制国家,法国所秉持的"国家整合"进路对我国具有重要的参考价值。但法国宪法委员会对地区语言的忽视并不适合我国多民族国家的基本国情。中法两国宪法对少数族群语言文字的法律地位有相当不同的规定。我国宪法第四条第四款规定了各民族都有使用和发展自己的语言文字的自由,第一百二十一条和第一百三十九条规定了民族自治地方的自治机关和法院、检察院在执行职务时应使用当地通用的语言,这与法国宪法委员会认为法国宪法第 2 条要求国家和公民在公共服务中只能使用法语的规定具有很大不同。

加拿大法院秉持的"语言权利"进路立足于其特殊的"双语言"国情和联邦制,对我国的借鉴意义有限。但结合宪法文本及"现代化"的国情背景,我国宪法的教学语言释义也具有权利保障的内容。一方

① Nguyenv. Quebec,〔2009〕SCC47.

面,从宪法规定的"各民族都有使用和发展自己的语言文字的自由"中,可以推导出少数民族公民有学习本民族语言文字的权利。另一方面,掌握国家通用语言文字对于政治参与权①、平等权、生存权、发展权有着促进作用,学习国家通用语言文字应该理解为一项宪法保障的公民权利。

我国的民族关系历史和社会主义制度决定了教学语言规范的国家整合和权利保障面向从根本上来说是统一的。在长期历史进程中,各民族共同开发祖国的辽阔疆域,共同创造了包括国家通用语言文字和各民族语言文字在内的中华文化②,形成了中华民族多元一体格局。近代以来,中国各族人民在中国共产党的领导下站了起来,推翻压在身上的三座大山,紧紧团结为一个中华民族大家庭。五十六个民族的兄弟姐妹在共同的语言环境下交往交流,平等地参与国家事务的管理、接受国家法律的保护、分享国家发展的成果,保存并发扬各具特色的文化。倘若片面突出其中一个方面而忽视另一个方面,就容易陷入大汉族主义或地区民族主义的陷阱之中,最终既无法保障国家的长治久安,也不能维护各少数民族人民的权利与自由。

三、《内蒙古自治区民族教育条例》第十九条的合宪性分析

2020年备案审查报告中,全国人大常委会法工委判定与宪法第十九条第五款不一致的地方性法规分别是《内蒙古自治区民族教育条例》和《延边朝鲜族自治州朝鲜族教育条例》。本部分选取《内蒙古自治区民族教育条例》第十九条为合宪性分析对象。"自治区各级各类民族学校应当使用本民族语言文字或者本民族通用的语言文字进行

---

① 关于少数民族学习国家通用语言文字与政治参与的关系,早在清末杨度的《金铁主义论》和章太炎的《中华民国解》关于立宪国体的论争中就有专门的论述。二人均认为在蒙、回、藏等边疆地区推广汉语教育是在这些地方举行议会选举的基础。

② 例如,满语对普通话的语音和词汇都发挥了重要影响,普通话标准音就取自满族人口占70%的河北滦平。而朝鲜族、壮族等不少少数民族文字在创建时也借鉴了汉文的特点。

教学,重点发展民族学校的双语教学工作。"这一规定从法律上确认了内蒙古自治区长期实施的以民族语文授课为主的一类双语模式。结合该条例第二十条和《内蒙古自治区蒙古语言文字工作条例》第八条至第十一条的规定,以蒙古语言文字授课为主的学校享有优先重点发展的地位,而使用国家通用语言文字授课的民族学校则处于边缘性、补充性的地位。

在对规范性文件进行合宪性审查之前,需要先开展合法性审查。如能得出不合法的结论,便无须启动合宪性审查。① 然而,在统编教材改革的背景下,以民族语文授课为主的模式与使用国家通用语言授课的安排存在着难以消解的冲突。既然合法性审查层面无法解决问题,便需要进入合宪性层面考察。

在形式合宪性层面上,《内蒙古自治区民族教育条例》作为自治区立法机关制定的地方性法规,可以根据宪法第一百一十九条和民族区域自治法第三十六条的授权规定本区域内学校的教学用语。该条规定也没有涉及立法法第八条规定的法律保留事项,故不涉及形式违宪。因此需要重点考察的是该条规定是否构成实质违宪,即是否违反"国家推广全国通用的普通话"的实质内涵。下文将首先结合本案情况选择恰当的释宪方法与审查强度,然后解释宪法第十九条第五款的规范含义,最后适用这一规范框架判断《内蒙古自治区民族教育条例》第十九条的合宪性。

(一)释宪方法与审查强度的选择

1. 原旨主义与"活的宪法"

在解释宪法上涉及民族学校教学语言的条款时,应当选择基于宪法制定的原初意图与对宪法条文原初理解的"原旨主义",还是追求让宪法文本随着时代不断演进的"活的宪法"?"八二宪法"起草时,最初打算把推广普通话写在宪法第四条。但部分少数民族委员提出了反对意见。彭真为了避免副作用,提出将其挪至关于教育制度的第十

---

① 参见全国人大常委会法工委法规备案审查室著:《〈法规、司法解释备案审查工作办法〉导读》,中国民主法制出版社 2020 年版,第 99 页。

九条。① 这种回避冲突的策略能够成功,一定程度上是因为当时民族教育政策侧重于恢复被"文化大革命"中断的民族语言教学,而普通话教育则处于起步期,二者并未出现现实张力。1981 年召开的第三次全国民族教育工作会议提出:"少数民族学生在中小学阶段应先学好本民族语文,在此基础上学习汉语文。"②这一政策方针体现在了 1984 年制定的民族区域自治法第三十七条对民族语文和汉语文教学的不同安排的规定上,"招收少数民族学生为主的学校,有条件的应当采用少数民族文字的课本,并用少数民族语言讲课"③,"小学高年级或者中学设汉文课程,推广全国通用的普通话"。

综上所述,结合我国当时的民族教育政策,"八二宪法"的"原旨"并未包含要求民族学校使用普通话授课。然而,我国的现行宪法作为一部"改革宪法",其规范内容赋予了未来的行动者和解释者以广泛的活动空间。我国的少数民族地区的社会经济面貌和普通话的推广程度相对于宪法制定时已经有了很大的变化。在审查 2016 年制定的《内蒙古自治区民族教育条例》第十九条的合宪性时,可以在一定程度上超越制宪时的理解,追求宪法内涵的与时俱进。

2. 审查强度的央地关系维度

宪法的规定往往是高度原则性的,这意味着合宪性审查拥有很大的弹性空间。为了避免宪法审查权的滥用,各国的审查机关一般都发展或遵循了审查强度理论以进行自我约束。在域外的司法审查模式下,缺失民主合法性和政治判断能力的法官需要尊重立法者的"政治形成空间",谨慎认定代表着民主意志的法律是否违宪。④ 在我国,全

---

① 参见许崇德:《中华人民共和国宪法史》,福建人民出版社 2003 年版,第 679 页。

② 《全国民族教育工作会议在京召开》,载《中国民族》1981 年第 4 期,第 17 页。

③ "应当采用少数民族文字的课本,并用少数民族语言讲课"的表述目前仍存在于民族区域自治法第三十七条第三款之中,这一规定当前是否符合宪法要求值得探讨。

④ 关于域外宪法审查的"司法尊让"问题,可参见付婧《香港法院在涉选举案件中的司法尊让》一文对英、美、德情况的总结,载《法学评论》2017 年第 4 期。对于立法者"形成空间"理论的介绍,可参见黄舒芃所著《什么是法释义学:以二次战后德国宪法释义学的发展为借镜》一书第四章第三节"从追求政治法治化到保障立法者的政治形成空间",台大出版中心 2020 年版。

国人大常委会虽然有充足的民主正当性,但在审查地方性法规时仍应基于维护地方的主动性、积极性而尊重下位立法者的"形成空间"。① 相较于一般的地方省市,民族区域自治地方原则上应享有更大的自主权。本案中,被审查的地方性法规是民族自治地方立法机关针对民族教育事务的立法。一方面,宪法第一百一十九条明确认可"自治机关自主地管理本地方的教育……事业";另一方面,基础教育关系到青少年的身份认同和价值观的塑造,关系到将来国家建设的栋梁,具有国家事权属性。对审查对象应当适用严格的审查强度还是宽松的审查强度呢?

在考虑民族区域自治时需要明确,我国的民族区域自治制度是在国家统一领导下的自治,民族自治地方的自治机关都是中央政府领导下的一级地方政权,都必须服从中央统一领导。② 根据立法法和民族区域自治法的规定,民族区域自治机关变通权的行使须经过上级国家机关的批准,且不得变通国家法律、法规和政策中专门就民族自治地方所作的规定。③ 民族自治地方的自治机关决定各级各类学校的设置、学制、办学形式、教学内容、教学用语和招生办法,应以符合国家的教育政策方针为前提。④

在少数民族地区推广国家统编教材是党中央、国务院的决策部署。当民族自治地方的教育管理权与国家统编教材的推广工作出现冲突时,应当适用严格审查标准以确保国家政令统一。在严格审查标准下,审查机关可以对宪法文本进行更加实质、深入和与时俱进的解释,进而在一定程度上"替代"法规制定机关在诸法益间作出价值权衡,对地方性法规的严格审查往往意味着审查结论与中央政策的立场统一。

(二)宪法第十九条第五款的规范含义

"国家推广全国通用的普通话"不仅仅是一项倡导性规定,更具有

---

① 参见俞祺:《论与上位法相抵触》,载《法学家》2021 年第 5 期,第 66—69 页。
② 国务院新闻办公室:《中国的民主》(2021)。
③ 立法法第七十五条、民族区域自治法第十九条、第二十条。
④ 民族区域自治法第三十六条。

规范层面的意义。首先,"普通话"的规范含义应扩大解释为由汉语普通话和规范汉字组成的国家通用语言文字。这建立在语言和文字互为载体的关系、宪法条款的形成背景和国家通用语言文字法对宪法含义发展的基础上。新中国建立后,以扫除"文盲"工作为代表的人民教育事业得到了蓬勃发展。为了克服笔画繁多的文字和差异巨大的方言对普及大众教育的阻碍,20 世纪 50 年代后期国务院先后颁布了《汉字简化方案》《关于推广普通话的指示》《汉语拼音方案》,取得了良好成效。1977 年,中国文字改革委员会在第一次《汉字简化方案》的基础上进一步颁布了《第二次汉字简化方案》。然而,"二简字"的改革并不成功,此后一段时间内出现了"一简字"和"二简字"混用的局面。八二宪法因此仅规定了推广普通话而未一并规定规范汉字。直到 1986 年的全国语言文字工作会议,我国确立了不再进行汉字简化的方针,语言文字工作进入了以规范化、标准化为标志的新时期。[①] 2000 年,全国人大常委会依据宪法制定了国家通用语言文字法,确立了普通话和规范汉字作为国家通用语言文字的法定地位。这意味着作为立法者和宪法解释者的全国人大常委会,通过立法发展了宪法第十九条第五款的含义,将国家通用语言文字共同纳入宪法保障的范围。

对于"推广"一词的理解,不可将其等同于"鼓励""提倡"等纯粹的立场宣示性话语。我们可以从国家任务层面解读"推广"的规范含义:立法机关负有建构具体制度,促使普通话和规范汉字真正成为全国通用语言文字的积极义务。[②] 全国人大常委会制定国家通用语言文字法就是履行该项宪法义务的体现。要注意的是,"推广"国家通用语言文字是国家机关的宪法义务,并不限制公民个人在生活中使用非通用语(包括方言、少数民族语言文字和外语)的自由,更不能理解为对公权力强制公民使用官方语言的赋权。当然,公共资源对普通话的倾

---

① 陈斌:《论语言的国家塑造与宪法意义》,载《法律科学》2021 年第 5 期,第 24—25 页。

② 张蔚:《宪法中语言问题的规范内涵——兼论中国〈宪法〉第 19 条第 5 款的解释方案》,载《华东政法大学学报》2013 年第 6 期,第 84—85 页。

斜不可避免会缩小其他语言的实际运用空间。虽然有交叉使用的情况存在,但是普通话的主流地位会日益加强。这是符合宪法宗旨的。①

当国家通用语言文字形成制度之后,该宪法条款的规范作用也并没有终止,而是转化为对国家通用语言文字地位的持续维护。这可以理解为一项宪法上的"制度保障"。相较于主要依托立法过程实施的"国家任务","制度保障"可以更有效地通过合宪性审查予以实施。"制度保障"的概念最初起源于魏玛德国时期的法学家卡尔·施米特,意指先于宪法存在、并被宪法所确认的特定制度。他提出这一概念的用意在于拘束当时并不受《魏玛宪法》基本权利条款约束的立法者,防范立法者以一般立法的方式动摇这些重要的制度。② 由于侧重于客观法维护,施米特提出的制度保障概念被归纳为"消极的制度保障"。战后,德国宪法教义学重构了制度保障的内涵,从基本权利国家保护义务的角度将"制度保障"诠释为立法者建构具体制度以保障某项基本权利的积极义务,不过"消极的制度保障"在德国宪法教义中仍继续存在。③ 此处将国家通用语言文字解释为一种宪法制度保障也属于"消极的制度保障",但省去了"先于宪法存在"这一要件。背后的原因在于,考虑到我国现行宪法初创之时国家百废待兴,宪法上的不少条款均是对未来发展方向的指引,而非对现存制度的保障。但是,制宪者实施这些条款的决心是坚决的。④ 因此,在这些宪法条文的指引下逐步形成的具体制度虽然后于宪法产生,但一经形成便理应受到宪法的保障,不容立法机关以一般立法的方式所动摇。对于国家通用语言文字制度的客观威胁一般来自地方立法机关。地方在立法保护

---

① 张震:《"方言学校"事件评析——以我国宪法文本中普通话条款的规范分析为路径》,载《山东社会科学》2007 年第 5 期,第 28—29 页。

② 【德】卡尔·施米特:《宪法学说》,刘峰译,上海人民出版社 2016 年版,第 229—233 页。

③ 欧爱民:《德国宪法制度性保障的二元结构及其对中国的启示》,载《法学评论》2008 年第 2 期,第 117—124 页。

④ 彭真在宪法修改工作中指出,"宪法只能写现在能够定下来的、最根本的、最需要的东西……能定下来的有两类,一类是实践已经检验证了的,一类是有可能和必须实现的方面"。参见《彭真传》编写组:《彭真主持起草一九八二年宪法》,载《党的文献》2013 年第 1 期,第 72 页。

本地的少数民族语言和方言时,可能会影响国家通用语言文字的地位。

鉴于宪法第十九条规定的是教育事业,国家通用语言文字的制度保障首先应体现在教育教学领域。这要求:语文(汉语文)应当成为基础教育阶段的主要课程和中、高考的核心考核科目,普通话和规范汉字应当成为学校的基本教学用语用字。在绝大多数情况下,以上要求的遵守和落实并不成问题。但在招收以本民族语言文字为母语的少数民族学生的学校,普通话授课的规范要求如何适用、是否容许例外,便需要在均衡考虑多重因素的基础上审慎判断。

(三)多重法益的均衡判断

判断一项立法是否违反宪法上的制度保障时应区分制度的边缘和核心。立法者绝对不得废除或掏空制度的核心。如果规定民族学校无须教授国家通用语言文字,则直接侵犯了国家通用语言文字制度的核心。但规定以民族语文授课为主的同时也兼授汉语,便属于对制度边缘的调整。立法者对制度的边缘享有较大的形成自由空间,但仍应在诸法益之间保持平衡。在以严格强度审查立法者是否合宪地均衡各法益时,既要确保重要的法益得到优先保护,也要注意不得为了某一法益的最大化而不合理地损害其他法益。

在《内蒙古自治区民族教育条例》规定的以民族语文授课为主的教学模式下,少数民族学生在学好本民族语言文字的基础上再学习国家通用语言文字,国家通用语言文字在教育教学中实际上与外语处于同等地位。[①] 这对国家通用语言文字在少数民族地区的推广无疑造成了客观阻碍[②],不利于统一多民族国家的整合、少数民族地区的现代化

---

① 参见苏德毕力格等:《内蒙古双语教育发展现状、问题与建议》,载郝时远编:《中国民族教育发展报告(2017):内蒙古卷》,社会科学文献出版社 2017 年版,第 102 页。

② 反映内蒙古自治区民族语文授课生汉语能力短板的证据十分多见。例如,2015 年《科尔沁都市报》在对蒙语授课高校毕业生就业促进计划的报道中提及:"'我的汉语说得不好,这让我在就业和工作时遇到了很多困难。'蒙语授课毕业生乌日嘎向记者讲述了她的就业经历。记者走访发现,受语言环境单一等因素的影响,众多蒙授毕业生面临就业时没有自信心等问题,渴望更多的选择机会,以及更多的政策支持。"参见《蒙古语授课高校毕业生就业促进计划启动》,https://www.malaqin.cn/article/article_3873.html 。

和公民的发展权。同时,该条规定有利于保障少数民族学生学习和使用本民族语言文字的权利,有必要对这一重要宪法权益进行衡量。

1. 在少数民族地区推广国家通用语言文字教育的意义

我国宪法序言第十一段载明,"中华人民共和国是全国各族人民共同缔造的统一的多民族国家";第四条第二款规定,"国家根据各少数民族的特点和需要,帮助各少数民族地区加速经济和文化的发展";第三十三条第三款规定,"国家尊重和保障人权"。这些规定共同构成了在少数民族地区加强国家通用语言文字教育的宪法基础,阻碍通用语言文字教育的推广也会影响到这些宪法目标的落实。

从国家整合层面而言,国家通用语言文字教育有助于铸牢中华民族共同体意识。对中国这样一个幅员辽阔、地区间差异巨大的国家而言,统一的语言文字是一项维系并象征着国家统一的"宪制",从物理联系和心理认同两方面都发挥着整合政治共同体的功能。习近平总书记指出,"语言相通是人与人相通的重要环节。语言不通就难以沟通,不沟通就难以达成理解,就难以形成认同","文化认同是最深层次的认同,是民族团结之根、民族和睦之魂"。有了共同的语言环境,各民族学生到了学校后才能正常交往,而不会"各抱各的团、各转各的圈",避免出现"共同体成员对于作为次级共同体的民族归属感得到极大的增长,而影响到作为一体的大共同体中华民族的归属感"。[1] 自秦朝推行"书同文,车同轨,行同伦"以来,中国各朝各代至今都以汉语言文字为主要交流语言文字,方块汉字和官话成为维系"中国"这一历史和文化共同体的重要载体。[2] 学好国家通用语言文字,有助于各族学生领略到国家通用语言文字背后蕴含的深厚历史文化底蕴,自觉形成对中华民族的文化认同,铸牢中华民族共同体意识。

从经济发展层面而言,在少数民族地区推广国家通用语言文字教

---

[1] 常安:《论国家通用语言文字在民族地区的推广和普及——从权利保障到国家建设》,载《西南民族大学学报(人文社会科学版)》2021 年第 1 期,第 7 页。

[2] 参见苏力:《大国宪制:历史中国的制度构成》,北京大学出版社 2018 年版,第 344—387 页。

育,有利于密切地区间的经济往来,促进民族地区的经济发展,实现各民族、各地区的共同富裕。虽然国家通用语言文字和少数民族语言文字没有高低之分,但不能回避的事实是,我国经济发达地区的企业和个人均以国家通用语言文字开展商业活动为主。少数民族地区要想加速实现现代化,治本之策则要靠密切与发达地区的经济活动往来。当前,文化旅游、网络购物等新兴产业为少数民族地区借助发达地区的资本和市场实现快速发展提供了契机,而这些产业的从业人员均需要较为熟练地掌握国家通用语言。然而,由于长期使用民族语言进行教学,普通话普及率较低、行业人才不足成为制约民族地区经济发展的重要因素,也是我国全面建成小康社会,打赢脱贫攻坚战的短板所在。[1] 为了补齐这一短板,国家近年来出台了《深度贫困地区教育脱贫攻坚实施方案(2018—2020)》《推普脱贫攻坚实施方案(2018—2020)》等一系列"推普扶贫"政策,要求"确保各民族中学毕业生具有较好的国家通用语言文字应用能力,能够熟练使用普通话进行沟通交流","少数民族双语教师具有使用国家通用语言文字进行教育教学的能力,普通话水平达到相应等级"。

从权利保障层面来看,帮助少数民族学生熟练地掌握国家通用语言文字能使其享有更加充分的教育、文化和经济权利。掌握国家通用语言文字可以使少数民族学生有能力阅读丰富的汉语出版物。尽管我国长期以来投入了大量资源推动少数民族文字出版业的发展,但汉语出版物,尤其是理工科书籍和外文书中译本,不论数量还是质量相较于各少数民族语言文字的出版物都高得多。[2] 在读者数量的客观差距下,二者间的差距在很长一段时间内也很难得到弥补。根据祖力亚提·司马义对新疆双语教学情况的研究,由于当地的民族学校长期只在汉语课程教授国家通用语言文字,少数民族学生运用国家通用语言

---

① 李瑞华:《新中国少数民族语言教育政策的历史变迁与转型逻辑——基于历史制度主义视角》,载《民族教育研究》2020 年第 5 期,第 136 页。

② 根据国家统计局的统计,2010 年全国出版图书 328397 种,其中少数民族文字图书 9429 种,仅占 2.87%。

文字能力难以提高,尤其是理科素质较低。① 在统一的国内市场体系中,少数民族学生不论选择在本地还是经济发达地区就业,都需要熟练地掌握汉语,以确保不会因语言不通而处于劣势地位。② 实践中,蒙语授课学生就业困难的情况已然凸显。③ 而如果"少数民族毕业生与汉族毕业生在就业方面因为竞争作用而出现明显对比时,他们所面临的就业困难和各种压力就可能会激发带有族群背景的民族情绪"④,这又会影响中华民族共同体意识的形成。

2. 正确认识和保障少数民族的语言文字权利

宪法第四条第四款规定,"各民族都有使用和发展自己的语言文字的自由"。《内蒙古自治区民族教育条例》第十九条的规定是为了保障少数民族学生学习和使用本民族语言文字的权利。此目的在宪法上具有正当性,但该条采取的措施则不具有必要性。保障少数民族学生学习本民族语言文字的权利并非只能透过以民族语言授课为主的一类双语模式。在二类和三类双语模式下,开设有民族语文课程以及部分使用民族语文授课的课程,学习本民族语言文字的权利仍可以得到切实的保障。实际上,内蒙古自治区在废止本条例同时制定的《内蒙古自治区教育条例》中,既规定了国家通用语言文字为基本教育教学用语用字,也规定了以少数民族学生为主的学校依法实施双语教育,尊重和保障少数民族学生学习本民族或者当地民族通用的语言文字。⑤

需要承认的是,随着经济发展和各民族间的交流交融,内蒙古自

---

① 参见祖力亚提·司马义:《民族教育政策在新疆教育中的实践与发展》,社会科学文献出版社 2016 年版。

② 参见马戎:《从现代化发展的视角来思考双语教育》,载《北京大学教育评论》2012 年第 10 期,第 136—156 页;马戎:《汉语学习与中国少数族群的现代化》,载《社会政策研究》2017 年第 1 期,第 110—124 页。

③ 为解决此问题,内蒙古自治区实施了蒙古语授课高校毕业生就业促进计划,拿出公务员考录及事业单位公开招聘岗位的 15%专门面向蒙授高校毕业生。但这种明显的倾斜性政策会引起其他民族和汉语授课蒙古族的报考者的不公平感,也与培养少数民族干部汉语能力的方向相悖。

④ 马戎:《少数民族社会发展与就业——以西部现代化进程为背景》,社会科学文献出版社 2009 年版,第 308 页。

⑤ 《内蒙古自治区教育条例》第九条、第十条。

治区民族学校的蒙古族学生对蒙古语言文字的掌握水平确实出现了一定程度的降低。相较于将民族语言作为学习对象，将民族语言作为教学语言确实能在一定程度上提高学生对于民族语文的掌握水平，减缓蒙古族学生蒙语文水平的下降趋势。但是，因经济社会发展而产生的语言变迁，本身就处于"发展自己的语言文字"的规范空间之内，不能成为证成民族语言授课规定合宪的正当理由。

我国宪法规定的少数民族语言文字权利是使用和发展语言文字的自由，而不能理解为对特定族群文化特权的承认和维护。列宁曾指出，"'民族文化自治'的口号则在教育（或者整个'文化'）事业上宣扬民族的隔绝，但隔绝是同保持一切（其中包括民族）特权的基础完全符合的"。① 在一些西方国家和地区，少数族群在"多元文化主义"的口号下与主流族群保持着一种"井水不犯河水"的名义平等关系。这种"隔离但平等"的体制表面上似乎给少数群体保留了某种文化特权，但实际上意味着该族群的大多数普通成员无法获得真正平等的发展机会，被迫维持封闭落后的现状。与此相反，马克思主义追求全世界劳动人民跨越族群的阶级联合，反对一切加深民族差异和隔阂的举措。在我国的社会主义民族关系下，各族人民团结互助，共同进行社会主义现代化建设，最终目标是实现全体人民在政治、经济和文化上的共同解放。如果把少数民族的语言文字权利狭隘地理解为语言隔离，反而会阻碍大多数少数民族公民的政治参与权、平等权、生存权和发展权的实现。

改革开放后的一段时间，为了矫正"文化大革命"时期过"左"的民族政策，有的部门和地方出台政策要求民族学生必须进入民族学校就读、民族学校必须使用民族语言授课。② 这种做法人为加深了民族差异，不利于各民族交往交流交融。进入新时代以来，党中央着力强

---

① 列宁：《民族问题提纲》，载《列宁全集》第 99 卷，人民出版社 1959 年版，第 241 页。

② 1984 年《西藏工作座谈会纪要》要求"教学要以藏语文为主，小学全部用藏语文，中学可以增设汉语课，现在没有这样办的，必须积极设法改过来"。1988 年西藏自治区颁布的《西藏自治区关于学习、使用和发展藏语文的若干规定（试行）的实施细则》规定，"从 1987 年秋季招收的小学一年级开始，藏、汉族学生分开编班，分别制定教学计划"。转引自前注马戎：《汉语学习与中国少数族群的现代化》。

调"铸牢中华民族共同体意识是新时代党的民族工作的'纲'","各民族像石榴籽那样紧紧抱在一起"。① 对于偏离宪法确定的社会主义民族关系、强化各民族差异性的法规,宪法监督机关有责任予以纠正。

(四)审查结论

宪法第十九条第五款的含义是跟随时代发展而不断演进的。以民族语言授课为主、加授汉语文的模式在一些普通话掌握程度偏低的少数民族地区长期发挥了普及基础教育、推广国家通用语言文字的宪法实施功能。但时至今日,普通话在民族地区的推广工作已卓有成效,各民族各地区之间的交往愈发密切,该款规定被赋予了民族学校以国家通用语言文字为基本教学用语用字的新含义。推广以国家通用语言文字编写的"三科统编"教材,正是在新的时代环境下实施宪法第十九条第五款的体现。民族自治地方立法规定以民族语文授课为主的教学模式,阻碍了国家通用语言文字教育的实施,长远来看不利于铸牢中华民族共同体意识、少数民族地区的经济发展和公民权利的保障。同时,推广国家通用语言文字教学不改变现行的双语教育模式,少数民族学生学习本民族语言文字的权利仍能得到切实保障。因此,审查机关认定《内蒙古自治区民族教育条例》第十九条违宪。

对本案中的违宪法规应以采取柔性处理方式为宜。民族学校教学语言问题涉及民族关系、受教育权,兹事体大,需要尽可能保持稳定性和连续性。在调整过程中,民族学校学生的学习适应性和教师的教学适应性都需要通过循序渐进的安排得到妥当照顾,避免出现"一刀切"、矫枉过正的工作方式。由全国人大常委会径行撤销违宪法规,并不利于当地调整工作的系统、稳健开展。因此,审查机关根据《法规、司法解释备案审查工作办法》第四十一条②的规定,交由制定机关结合当地实际情况在一定期限内自行纠正。

---

① 《以铸牢中华民族共同体意识为主线推动新时代党的民族工作高质量发展》,载《人民日报》2021 年 8 月 29 日第 1 版。

② 经审查研究,认为法规、司法解释存在本办法第三章第三节规定情形,需要予以纠正的,在提出书面审查研究意见前,可以与制定机关沟通,要求制定机关及时修改或者废止。

余论：嵌入政治过程的合宪性审查

2014 年中央民族工作会议以来，为铸牢中华民族共同体意识，我国全面加强在少数民族地区推广国家通用语言文字教育。全国人大常委会配合党中央推行统编教材的部署，"激活"宪法第十九条第五款审查地方性法规，排除政策落实的制度障碍。在审查决定作出后，依托有力的政治领导机制，①被认定违宪的地方性法规被制定机关及时废止，当地迅速全面推行使用国家统编教材和国家通用语言文字教学。②

合宪性审查对政治过程的嵌入在"超生即辞退""强制亲子鉴定"等涉及计划生育的地方性法规审查案例之中也有体现。这一嵌入系是我国政治体制的运行逻辑所决定的。全国人大及其常委会作为"坚持中国共产党领导的政治机关、保证人民当家作主的国家权力机关、全面担负宪法法律赋予的各项职责的工作机关、始终同人民群众保持密切联系的代表机关"③，其合宪性审查工作是党领导的政治过程的一个子系统。

---

① 2020 年 10 月，中共中央第八巡视组进驻内蒙古自治区，并在 2021 年 2 月的巡视反馈中特别指出了该区民族工作存在的问题。内蒙古自治区第十三届人大常委会第三十次会议指出，"制定《内蒙古自治区教育条例》，修改《内蒙古自治区实施〈中华人民共和国国家通用语言文字法〉办法》，同步做好相关法规废止工作，是自治区落实中央巡视整改意见、纠正我区民族领域立法工作偏差的重要举措"。

② 参见《中共内蒙古自治区委员会关于十九届中央第六轮巡视整改进展情况的通报》，载中央纪委国家监委网站，2021 年 10 月 23 日，https:// www. ccdi. gov. cn/ dllxszg/202110/ t20211025_252819. html.

③ 《习近平在中央人大工作会议上发表重要讲话》，载中国人大网，2021 年 10 月 14 日，ht-tp:// www. npc. gov. cn/ npc/ kgfb/202110/4edb8e9ea1f240b9bfaf26f97bcb2c27. html.

备案审查制度的运行、影响及问题

卢剑峰　吴　泓*

摘　要: 备案审查作为保障宪法实施的重要制度,持续地向深度和广度发展。通过合宪性备案审查,废止和纠正了侵犯人权的法规和司法解释,捍卫了宪法的核心价值。合宪性备案审查得以破局,归因于中国合宪性审查的政治决断,也形塑一种独具特色的宪法审查模式。本文研究认为,备案审查极有可能成为合宪性审查的"点火器",虽然启动真正的合宪性审查还面临一些具体制度的制约。建议积极稳妥地推进合宪性审查制度的主体制度、程序制度、宪法解释等的建构与完善,为真正迈进合宪性审查时代而努力。

关键词: 备案审查　合宪性审查　宪法实施　国家治理

一、引　言

备案审查制度是保障宪法与法律实施的重要制度安排。随着法治建设的深入推进,提高立法质量、加强法律监督、维护法治统一的问题更加突显。党的十九大报告关于"合宪性审查"的政治决断,激发有关合宪性审查的讨论热情。备案审查如何发挥其预设功能? 能否通过备案审查进路撬动合宪性审查? 以及备案审查向何处去? 这些问题都在陆续被提出。

* 卢剑峰,浙大宁波理工学院传媒与法学院副教授,博士,公法研究所所长;吴泓,浙大宁波理工学院传媒与法学院讲师,博士。

收容遣送制度、劳动教养制度、收容教育制度相继被废止,传输一个强烈的信号:作为宪法性制度的备案审查制度可以提供对违反宪法、侵犯人权的法律法规规章及规范性文件予以撤销和纠正的可能性。然而合宪性备案审查的运行缺少重要的制度支撑,备案审查与合宪性审查被有意无意地混同,①以及备案审查的三种模式(合宪性审查、合法性审查与适当性审查)在实践中并没有清晰的界分,存在以合法性审查代替合宪性审查的问题等,②通过备案审查迈向合宪性审查仍然面临制度瓶颈。

备案审查对宪法实施与法治国家的影响及其发展方向,是本文讨论的重点内容。论文的第二部分介绍了备案审查制度的运行机制。第三部分阐释了备案审查制度的基本体系及运行效果。第四部分从三个角度论述备案审查制度的影响。第五部分分析备案审查存在的结构性缺陷与问题。第六部分是本文的结论。

二、备案审查制度的运行机制

(一)制度缘起

我国宪法采用最高权力机关监督宪法实施的机制,也就规定了合宪性审查的制度基础。1979 年的地方组织法第一次规定了省级国家权力机关的立法权,同时规定了地方立法监督的内容。1982 年宪法正式确立"统一而又分层次"的立法体制,也规定了与立法体制相适应的监督制度。立法法与监督法为备案审查提供了直接的法律依据。2000 年立法法正式确立备案审查制度,2006 年监督法对"司法解释"的备案审查作了补充性规定。2015 年修订立法法赋予设区的市地方立法权,补充完善了相应的备案审查程序。经过 40 年的探索实践,备

---

① 胡锦光:《论法规备案审查与合宪性审查的关系》,《华东政法大学学报》2018 年第 4 期。任喜荣:《国家文化义务履行的合宪性审查机制》,《中国法学》2018 年第 6 期。黄明涛:《具体合宪性审查的必要性及其制度空间》,《比较法研究》2020 年第 5 期。

② 王锴:《合宪性、合法性、适当性审查的区别与联系》,《中国法学》2019 年第 1 期。

案审查制度逐步完善。全国人大及其常委会对提交备案的规范性法律文件启动了合宪性审查。由于本位主义驱动,地方立法与中央立法相抵触,行政立法限制基本权利的情形时有发生。全国人大常委会对行政法规和地方性法规实施备案审查,发挥其维护法治统一与保障人权的重要功能。本文认为备案审查制度是合宪性审查制度的 1.0 版本,合宪性审查制度是备案审查制度的 2.0 版本,二者都是我国宪法实施的重要制度,通过备案审查迈向合宪性审查,可能是我国宪法实施的渐进主义方案。

(二)审查方式

全国人大常委会颁布的《法规、司法解释备案审查工作办法》(2019)规定了四种审查方式:依职权审查、依申请审查、专项审查和移送审查。这四种方式发挥的作用不尽相同。

1. 依职权审查

立法法第九十九条第三款规定,有关的专门委员会和常务委员会工作机构可以对报送备案的规范性文件进行主动审查。理论上,全国人大常委会对所有报备的规范性文件都应当进行主动审查。2004 年全国人大常委会在法制工作委员会内设立法规备案审查室,专门承担对行政法规、地方性法规、司法解释的具体审查研究工作。法规备案审查室从 2006 年开始对最高人民法院、最高人民检察院报送备案的司法解释进行主动审查,2010 年开始对国务院报送备案的行政法规进行主动审查,2018 年开始对当年所有新增的地方性法规进行主动审查。受专业能力与审查人员数量的制约,实际上并未实现"有备必审"。"审查能力不足,造成的结果就是审查流于形式。没有能力进行实质审查,就用形式审查代替实质审查,也就是备而不审"。[①]

2. 依申请审查

立法法第九十九条第一款以及监督法第三十二条第一款规定,有关国家机关和社会团体、企业事业组织、公民都可以提出对法规、司

---

① 梁鹰:《备案审查工作的现状、挑战与展望》,《地方立法研究》2020 年第 6 期。

法解释进行审查的建议。也即,提出备案审查的主体有两类,一是法定的国家机关;二是不特定的公民和其他组织。自开展备案审查以来,只有个别国家机关提起了备案审查申请,绝大多数的申请者是那些利益相关方的公民或法律学者、律师等专业人士。2015 年立法法修订以来,依申请审查数量呈现快速增长的趋势。备案审查信息平台的建成,给公民在线提交审查建议提供了便利,依申请审查的压力将会持续增加。

3. 专项审查

专项审查是在特定时段为了实现特定目标专门对某领域的规范性文件开展主动审查。2017 年以来,专项审查力度逐年加大。2018 年,对有关生态环境保护的法规、规章、司法解释和规范性文件开展专项审查,督促地方性法规修改 814 件,废止 127 件,推动修改部门规章 37 件、地方政府规章 456 件,以及 2 件司法解释、1.1 万余件各类规范性文件。① 2020 年,对野生动物保护领域的法规、规章、司法解释及其他规范性文件进行专项审查和集中清理。民法典通过后,又对民法典涉及的法规、规章、司法解释及其他规范性文件专项审查和集中清理,发现需要修改或者废止的规范性文件达 2850 件。② 专项审查成为最有效率的一种备案审查方式。

4. 移送审查

其他备案审查工作机构发现规范性文件可能存在违反上位法规定的问题,将其移送给有管辖权的机关进行审查处理。现实工作中有两种情况,一种是从人大系统内移送到人大系统外;另一种是从人大系统外移送到人大系统内。(1)全国人大常委会对规章没有撤销的权力,不能直接向规章的制定机关提出审查研究意见,妥当的方法是向

---

① 全国人民代表大会常务委员会专题调研组关于《全国人民代表大会常务委员会关于全面加强生态环境保护依法推动打好污染防治攻坚战的决议》落实情况的调研报告[EB/OL]. （2020-12-15）[2021-02-25].
  http://www.npc.gov.cn/npc/c30834/202012/4b901f3b55ca432eacdf54a 299bb145d.shtml.
② 解码 2020 年备案审查工作情况报告[EB/OL].（2021-01-20）[2021-02-25].
  http://www.legaldaily.com.cn/index_article/content/2021-01/20/content_8412188.htm.

负责国务院备案审查工作的司法部,或者向有监督权的地方人大常委会的备案审查工作机构移送。(2)中央办公厅、司法部、中央军委办公厅等发现行政法规、监察法规、地方性法规、司法解释等同宪法、法规相抵触的,可以向全国人大常委会法制工作委员会移送。在国家层面,移送审查已经有实际的案例发生,但并无相关法律法规对移送审查作出明确的规定。

(三)审查标准

备案审查的标准具有多元性,"合宪性标准""政治性标准""合法性标准""适当性标准"成为备案审查的四项基准。全国人大常委会《法规、司法解释备案审查工作办法》(以下简称《工作办法》)对四项标准分别作了界定。

表 1:备案审查的四项标准

审查标准	规范表述	典型案例
合宪性标准	第三十六条:对法规、司法解释进行审查研究,发现法规、司法解释存在违背宪法规定、宪法原则或宪法精神问题的,应当提出意见。	专项审查道路交通安全领域地方性法规有关查阅复制当事人通讯记录
政治性标准	第三十七条:对法规、司法解释进行审查研究,发现法规、司法解释存在与党中央的重大决策部署不相符或者与国家的重大改革方向不一致问题的,应当提出意见。	审查省级法规中有关"超生即开除"的规定
合法性标准	第三十八条:对法规、司法解释进行审查研究,发现法规、司法解释违背法律规定,有所列举 8 种情形的应当提出意见。	审查《人民检察院审查逮捕质量标准》和《关于人民检察院审查逮捕工作中适用"附条件逮捕"的意见(试行)》关于"附条件逮捕"的规定
适当性标准	第三十九条:对法规、司法解释进行审查研究,发现法规、司法解释存在明显不适当问题,有所列举 5 种情形的,应当提出意见。	审查市级法规有关著名商标认定的规定

1. 合宪性标准

合宪性是备案审查根本性和最高性的基准,要求规范性文件在形式和实质上都不得与宪法相抵触。具体从宪法规定、宪法原则和宪法精神三个维度进行审查。如某地方法规规定,公安机关交通管理部门调查交通事故时可以查阅、复制当事人通讯记录。全国人大常委会法制工作委员会就以合宪性标准予以审查,认为该规定侵犯公民通讯自由和通信秘密,建议制定机关进行修改。[1] 但是合宪性标准在具体实施中颇有难度,主要在于对"宪法规定""宪法原则"和"宪法精神"尚未作出正式解释。

2. 政治性标准

政治性标准是中国特色社会主义法治的政治观体现。宪法第一条规定:中国共产党领导是中国特色社会主义最本质的特征。如何把握政治性标准,《工作办法》认为主要看规范性文件是否与党的重大方针政策、决策部署以及国家重大改革方向保持一致。如一些有关计划生育的地方性法规规定,违反地方计划生育条例的职工,用人单位可以单方面解除劳动合同。全国人大常委会法制工作委员会适用政治性标准予以审查,这项"超生即辞退"的规定与党的计划生育政策改革方向不相符合,建议制定机关作出修改。[2]政治性标准实质是要求坚决地贯彻党的意志和主张,服从党的工作大局,但是该标准的抽象性,使得实际工作中难以准确把握。

3. 合法性标准

合法性标准是备案审查最普遍的适用基准。立法法(2015)第九十六条规定:凡超越权限、下位法违反上位法、违背法定程序的,有关机关依法予以改变或撤销。全国人大常委会《工作办法》对"超越权限""下位法违反上位法"与"违背法定程序"以列举方式予以规定。

① 全国人大常委会法制工作委员会法规备案审查室:《规范性文件备案审查案例选编》,中国民主法制出版社 2020 年版,第 31—33 页。
② 全国人大常委会法制工作委员会法规备案审查室:《规范性文件备案审查案例选编》,中国民主法制出版社,2020 年版,第 17—19 页。

如《人民检察院审查逮捕质量标准》和《关于人民检察院审查逮捕工作中适用"附条件逮捕"的意见(试行)》,公民提出审查建议,认为规定"附条件逮捕"超越司法解释制定权限,不符合刑事诉讼法规定。全国人大常委会法制工作委员会适用合法性标准审查,建议制定机关予以纠正。[①]

4. 适当性标准

适当性标准来自立法法的规定,是对立法的理性和可执行的要求。《工作办法》对"适当性标准"以列举方式予以细化,主要有五种情况。不适当的情形必须达到"明显"的程度才应予以纠正。2017年 17 所高校的研究生联名提出对《重庆市著名商标认定和保护条例》的审查建议,全国人大常委会法制工作委员会研究认为由政府对著名商标进行认定和特殊保护存在着利用政府公信力为企业背书,扭曲市场公平竞争关系,应当予以清理废止。[②] 此案例适用适当性标准,认为把著名商标作为一种荣誉称号是"明显不适当"。但适当性标准存在一定的模糊性,"一般不适当"与"明显不适当"的界限难以截然分开。

(四)纠错机制

备案审查的重要功能是"纠错","纠错机制"由法定程序和工作程序组成。"法定程序"主要是立法法的规定,"工作程序"是全国人大常委会《工作办法》的规定。也即,形成了正式与非正式相结合的纠错机制。正式的纠错机制为:提出书面审查意见,撤销,要求修改、废止;非正式的纠错机制为:沟通、协商,督促、约谈。前者是比较刚性的机制,后者则是柔性机制。非正式机制为全国人大常委会所青睐,使用频繁,体现了备案审查"非对抗监督"的中国特色。

---

① 全国人大常委会法制工作委员会法规备案审查室:《规范性文件备案审查案例选编》,中国民主法制出版社 2020 年版,第 97—99 页。

② 全国人大常委会法制工作委员会法规备案审查室:《规范性文件备案审查案例选编》,中国民主法制出版社 2020 年版,第 51—53 页。

表 2：备案审查纠错机制类型

类型	形式	来源
非正式机制	沟通、协商	法规、司法解释备案审查工作办法
	督促、约谈	
正式机制	提出书面审查意见	立法法
	撤销，要求修改、废止	

1. 沟通与协商

审查机关与制定机关的"沟通与协商"是首选纠错机制。沟通指及时告知不合法、不适当等情形，协商指对规范性文件存在的问题商量如何处理。《工作办法》规定，对备案审查工作中发现的问题，一般不采取宣布撤销等严厉的做法，以免产生不利的政治和社会影响。审查机关不采取对抗监督，强调协调合作。"沟通与协商"是全国人大常委会优先选择的纠错方式。

2. 书面审查意见

书面审查意见属于一种正式的纠错机制。对此立法法也作了规定。经"沟通协商"没有产生纠错效果的，审查机关向制定机关可以提出书面审查意见。书面审查意见含有警告的意味，坚持"积极稳妥原则"，一方面坚持有错必纠；另一方面要讲究方式慎重。书面审查意见由全国人大常委会的工作机构作出，并不是全国人大常委会的决定，强制执行力有所弱化。

3. 督促与约谈

督促与约谈是比较温和的非正式监督机制，督促具有提醒、催促之意，约谈则是告诫、指导之意。制定机关收到备案审查意见后逾期未报送书面处理意见的，审查机关可以发函督促或者约谈有关负责人，要求限期报送处理意见。与沟通、协商比较，督促与约谈的监督力度有所升级。督促一般采取书面形式，即审查机关向制定机关发函，对审查意见中指向问题进行询问、督办。约谈则是审查机关与制定机关负责人面对面进行交流或者指导，具有解释、说明、探讨的意蕴,有助于就处理意见达成共识。

4. 撤销或要求修改、废止

撤销或要求修改、废止,是正式的纠错机制,包括两个方面,一是撤销不合法(宪)、不适当的规范性文件;二是要求修改或废止与法律相抵触的司法解释。撤销规范性文件涉及国家机关之间的职权划分,宪法、立法法以及行政法规、监察法规、地方性法规都作了规定。《工作办法》进行具体细化:制定机关未按照书面审查意见对法规及时予以修改、废止的,可以提出撤销的议案、建议,由委员长会议决定提请常委会会议审议。制定机关未按照书面审查意见对司法解释及时予以修改、废止的,可以提出要求最高人民法院或者最高人民检察院对司法解释予以修改、废止。人大常委会虽然有权行使撤销等权力,但审查中一般采取谦抑姿态,保留撤销的权力,尽量不采用给制定机关的权威和公信力造成消极影响的措施。

备案审查纠错机制总体上主要通过柔性机制来纠正错误,法律虽然赋予备案审查以牙齿,但牙齿往往是备而不用的。

三、备案审查制度的运行效果

(一)制度体系

中共十八届四中全会决定提出:"把所有规范性文件纳入备案审查范围",人大、党委、政府、军队都启动各自系统的备案审查,并且颁布相应的制度规定,形成备案审查制度体系,即"四系统、四层级"框架:(1)全国人大常委会对行政法规、监察法规、地方性法规、司法解释进行备案审查;县级以上地方人大常委会对同级地方人民政府的规章、决定、命令和下一级地方人大及其常委会的决议、决定进行备案审查;(2)党中央和地方党委对党内法规及规范性文件进行备案审查;(3)国务院及省级人民政府对地方性法规、部门规章及地方政府规章进行备案审查;(4)中央军委对军事规章和军事规范性文件进行备案审查。

表3：备案审查"四系统"

	人大	党委	政府	军队
审查内容	全国人大常委会对行政法规、监察法规、地方性法规、司法解释进行备案审查；县级以上地方人大常委会对本级地方政府规章以及下一级地方人大及其常委会的决议、决定进行备案审查	中共中央和地方党委对党内法规和党内规范性文件进行备案审查	国务院对地方性法规、部门规章、地方政府规章进行备案审查	中央军事委员会对军事规章和军事规范性文件进行备案审查
审查依据	1. 宪法 2. 立法法 3. 监督法 4. 法规、司法解释备案审查工作办法	1. 中国共产党党内法规制定条例； 2. 中国共产党党内法规和规范性文件备案规定	1. 法规、规章备案规定； 2. 法规、规章备案条例； 3. 规章制定程序条例	1. 军事法规军事规章条例； 2. 军事立法工作条例

1. 人大主导备案审查

（1）全国人大常委会依法行使最主要的备案审查监督权。最初的备案审查的对象是地方性法规、自治条例、单行条例，后来扩展至行政法规、司法解释。地方人大常委会则获得了对地方政府规章、本级人民政府发布的决定、命令和下一级人大及其常委会的决议、决定的备案审查监督权。毫无疑问，备案审查制度源自人民代表大会制度，自然由全国人大常委会主导推进。（2）全国人大常委会备案审查对象主要是"法规"和"司法解释"。"法规"体系复杂，既包括国务院制定的行政法规以及国家监察委制定的监察法规，也包括省级以及设区的市人大及其常委会制定的地方性法规，以及自治州、自治县人大制定的自治条例和单行条例，经济特区所在地的省、市人大及其常委会制定的经济特区法规。"司法解释"违背立法精神，突破法律界限自我授

权,变相限制权利等问题时有发生,产生了消极的社会影响。①对地方
"两院"制定的有关司法解释的再解释的规范性文件,是否应纳入地方
人大常委会备案审查范围? 理论界批评法律实务界,认为地方"两院"
规范性文件本来没有法律效力,同级人大对其的备案审查也没有法律
效力。② (3)省级人大常委会具有备案审查权。设区的市"扩容立法"
以后,全国人大常委会的备案审查的压力剧增,赋予省级人大常委会
备案审查权,既有现实需要的理由,也符合法理推定。虽然宪法与法
律未作明确规定,但从宪法基础、组织基础、备案基础、审查基准上分
析均有制度空间。③

2."四系统联动"问题

2014 年以后要求"备案审查全覆盖",中共中央办公厅发文,提
出要建立党委、人大、政府和军队系统之间的备案审查衔接联动机
制。那么,如何实现"四系统联动"呢? (1)横向层面,全国人大常委
会工作机构建立与中共中央办公厅、司法部、中央军委办公厅之间
的备案审查衔接联动机制,包括审查建议移送、共商研究意见、共享
工作信息、协商解决问题等工作机制,解决备案审查可能遇到的疑
难、遗漏等问题。2019 年司法部通过备案审查衔接机制向全国人大
常委会法工委移送 200 件地方性法规研究处理。全国人大常委会接
受移送后作了研究处理并于 2020 年向司法部作了反馈。④ 备案审查
制度存在一个不容忽视的结构性问题:人大与政府双重主体审查,表
现为,省、自治区、直辖市、设区的市的人大及其常委会制定的地方性
法规,以及自治州、自治县的自治条例和单行条例,都要同时报全国人
大常委会和国务院两个主体备案。这就产生了一个制度性难题:国务

① 韩旭:《限制权利抑或扩张权力——对新〈刑事诉讼法〉"两高"司法解释若干规定之质
疑》,《法学论坛》2014 年第 1 期。
② 姚魏:《地方"两院"规范性文件备案审查的困局及纾解——以法律效力为中心的制度建
构》,《政治与法律》2018 年第 11 期。
③ 郑磊:《省级人大常委会对设区的市地方性法规备案审查权:制度需求与规范空间》,《政
治与法律》2019 年第 2 期。
④ 沈春耀:《全国人民代表大会常务委员会法制工作委员会关于 2019 年备案审查工作情
况的报告》,《中国人大》2020 年第 5 期。

院享有对省、自治区、直辖市、设区的市的人大及其常委会制定的地方性法规的备案审查权,其性质是一种行政机关对权力机关的审查,或者说行政权对立法权的审查,这是否符合人民代表大会制度的基本原理?[①] (2)纵向层面,上级机关对下级机关的备案审查有业务指导的义务,下级机关对上级机关有工作报告的义务,尽管在设计上对备案审查期望高,但备案审查的制度供给和执行能力不足的问题比较严重。备案审查全覆盖的目标要求与有限的审查能力之间的矛盾是一个重大的现实问题。

(二)运行效果

随着备案审查制度的完善,全国人大常委会加强了机构建设,开展对各地备案审查工作的调查研究,建立专项报告制度,累积了一定数量的典型案例。

1. 备案审查不断向广度和深度发展

全国人大常委会法制工作委员会法规备案审查室于 2020 年8 月出版《规范性文件备案审查案例选编》,案例选编中的典型案例包括 2005—2019 年 25 个省级人大提供的 169 件案例,覆盖国家、省、市、县四级人大常委会的备案审查。其中,全国人大常委会审查案例 55 件,占 33%;省级人大常委会审查案例 57 件,占 34%;市级人大常委会审查案例 49 件,占 29%;县级人大常委会审查案例 8件,占 4%。

范围上,备案审查涵盖六种类型:法律、行政法规、地方性法规、司法解释、地方政府规章、规范性文件。案例反映的规律:位阶越低,合法性问题越多。具体是规范性文件(人大、司法、行政三种)62 件,占37%;地方政府规章(省、市两级)55 件,占 33%;地方性法规(省、市两级)26 件,占 15%;司法解释 18 件,占 10%;行政法规 6 件,占 4%;法律 2 件,仅占 1%。规范性文件数量居第一,值得注意的是,其中包括人大规范性文件 7 件,司法机关规范性文件 5 件,其余为行政规范性

---

① 　封丽霞:《制度与能力:备案审查制度的困境与出路》,《政治与法律》2018 年第 12 期。

文件,计50件。在全国人大常委会层面,地方性法规一直是备案审查的重点。在省级人大常委会层面,地方政府规章是备案审查的重点。市县两级人大常委会层面,规范性文件的备案审查成为重中之重。

表 4:备案审查典型案例统计（1）

	全国人大常委会审查	省级人大常委会审查	市级人大常委会审查	县级人大常委会审查
法律数量	2	/	/	/
行政法规数量	6	/	/	/
地方性法规数量	26	/	/	/
司法解释	18	/	/	/
地方政府规章	1	35	19	/
规范性文件数量	2	22	30	8
合计	55	57	49	8

方式上,包含依申请审查、依职权审查、专项审查、移送审查四种形式,基本形式是依申请审查和依职权审查两种形式。数据显示:全国人大常委会主要以接受公民建议等形式被动地启动备案审查,地方人大常委会则更主动地依职权启动备案审查。具体:全国人大常委会以"依申请审查"为主,依申请审查 50 件,占 90%;省级人大常委会则以"依职权审查"为主,依职权审查 36 件,占 63%;市级人大常委会"依职权审查"继续上升,依职权审查 43 件,占 88%;县级人大常委会也以"依职权审查"为主,有 6 件,占 75%。这个结果很有意思,在备案审查中,全国人大常委会是领导者和制度供给者,但在启动备案审查中比地方人大常委会态度更加谨慎、更加谦抑;省级人大常委会在备案审查中有更积极作为的意愿和行动,其备案审查的功能和地位得到了一定发挥。县级人大常委会则受人力资源、专业能力等所限,备案审查几乎还没有什么实质性启动。

表 5：备案审查典型案例统计（2）

	全国人大 常委会审查	省级人大 常委会审查	市级人大 常委会审查	县级人大 常委会审查
依申请审查	50	17	6	2
依职权审查	2	36	43	6
专项审查	3	2	/	/
移送审查	/	1	/	/

进度上，从 2005 年开始，分三个阶段，近 5 年备案审查得到更为迅猛的发展，之前的案例，数量稀少，不成气候。数据显示：2016—2020 年，全国人大常委会审查 47 件，占 85%；省级人大常委会审查 55 件，占 96%；市级人大常委会审查 36 件，占 73%；县级人大开展审查总数较少，近 5 年占 87%。

表 6：备案审查典型案例统计（3）

	全国人大 常委会审查	省级人大 常委会审查	市级人大 常委会审查	县级人大 常委会审查
2005—2009 年	5	0	1	0
2010—2015 年	3	2	12	1
2016—2020 年	47	55	36	7

总之，备案审查作为宪法性制度已被激活，四级人大备案审查工作普遍开展起来。全国人大常委会和省级人大常委会建立了向常委会报告备案审查工作制度，设区的市人大常委会超过三分之二建立了向常委会报告备案审查工作制度。备案审查成为各级人大的重点职能越来越受到重视。

2. 合宪性备案审查在实践探索中得以破局

2017—2020 年，合宪性备案审查进入实质性探索，并逐步实现破局。

2017 年，"合宪性审查"进入审查机关的工作计划。2017 年全国人大常委会首次实行备案审查专项报告制度，在《全国人民代表大会常务委员会法制工作委员会关于十二届全国人大以来暨 2017 年备案审查工作情况的报告》中,提出建立制度体系,为合宪性审查创造条件。报告对工作展望持积极稳妥的态度:

"认真总结近年来全国人大常委会及地方人大开展备案审查工作的实践经验,深入探讨备案审查这一符合中国国情、具有中国特色的宪法监督制度的功能、地位和作用,逐步构建起备案审查制度理论框架和话语体系,为更好开展备案审查工作提供指导,为推进合宪性审查工作奠定基础。"[1]

2018 年,合宪性备案审查的提案进入审查程序并予以处理。在 2018 年的专项报告中,对政协委员的合宪性备案审查提案以结果主义的姿态建议废止该制度。在前期联合调研的基础上,处理意见从历史演变的角度评析该制度终止的合理性,运用迂回间接的方式处理了收容教育制度的合宪性争议。报告认为废止收容教育制度已经形成共识,建议适时废止收容教育制度。审查的重点理由在限制人身自由的立法权限和收容教育实施萎缩的客观现实,绕开了合宪性解释以及合宪性审查等棘手的宪法程序问题。报告对合宪性处理建议持谨慎的态度:

"通过调研论证,各有关方面对废止收容教育制度已经形成共识,启动废止工作的时机已经成熟。为了深入贯彻全面依法治国精神,我们建议有关方面适时提出相关议案,废止收容教育制度。"[2]

2019 年,继续推动对涉宪法律的废止并成功列入人大立法议程。在 2019 年的专项报告中,措辞明确使用"合宪性审查的提案"表述,提到要联合多部门,持续推动废止收容教育制度工作。这项工作得到全国人大常委会的支持与肯定。报告对合宪性审查的结果持自信且满意的态度:

---

[1] 沈春耀:《全国人民代表大会常务委员会法制工作委员会关于十二届全国人大以来暨 2017 年备案审查工作情况的报告》,《中国人大》2018 年第 1 期。

[2] 沈春耀:《全国人民代表大会常务委员会法制工作委员会关于 2018 年备案审查工作情况的报告》,《中华人民共和国全国人民代表大会常务委员会公报》2019 年第 3 期。

"我们去年对全国政协委员提出的关于对收容教育制度进行合宪性审查的提案进行了研究,在当年备案审查工作情况报告中提出了适时废止收容教育制度的建议。……国务院已经向全国人大常委会提出《国务院关于提请废止收容教育制度的议案》。该议案已列入本次常委会会议议程。"①

2020年,合宪性备案审查在数量与质量上均有新的突破。数量上,报告中列举了三个案例:民航发展基金的合宪性问题、地方法规中有关民族学校使用本民族语言文字教学的规定、司法解释有关人身损害赔偿案件中城镇和农村居民赔偿标准差别的规定,这在历年报告为最多。关于质量上,报告以"积极、稳妥处理合宪性、涉宪性问题"为标题单独列出,比较翔实地介绍三个案例的情况,直接引用宪法条文分析问题,审查结论和处理方式谨慎稳妥,积累了宝贵的合宪性审查经验。

案例1:关于全国政协委员提案建议对民航发展基金的征收进行合宪性审查,法制工作委员会审查后向司法部提出,如果需要继续征收民航发展基金,应当及时完善相关法律或者行政法规依据。报告直接引用宪法并作分析:

我们审查认为,征收民航发展基金不属于宪法第十三条第三款规定的对私有财产的征收或者征用,不存在与宪法相抵触的问题。但是,征收民航发展基金依据的是国务院文件和有关部门规章,与2014年修改后的预算法第九条第一款关于政府性基金依照法律、行政法规的规定征收的规定不符。②

案例2:关于地方法规中有关民族学校使用本民族语言文字教学的规定,法制工作委员会主动审查后要求修改。报告直接引用宪法并作分析:

---

① 沈春耀:《全国人民代表大会常务委员会法制工作委员会关于2018年备案审查工作情况的报告》,《中华人民共和国全国人民代表大会常务委员会公报》2019年第3期。

② 沈春耀:《全国人民代表大会常务委员会法制工作委员会关于2020年备案审查工作情况的报告》。

我们审查认为,上述规定与宪法第十九条第五款关于国家推广全国通用的普通话的规定和国家通用语言文字法、教育法等有关法律的规定不一致,已要求制定机关作出修改。①

案例 3:关于司法解释有关人身损害赔偿案件中城镇和农村居民赔偿标准差别的规定,全国人大常委会法工委与最高人民法院沟通,建议在总结试点经验的基础上,适时修改完善人身损害赔偿制度,统一城乡居民人身损害赔偿标准。报告没有引用宪法条文,而是进行合理性分析:

我们审查认为,随着社会发展进步,国家提出城乡融合发展,城乡发展差距和居民生活水平差距将逐步缩小,城乡居民人身损害赔偿计算标准的差异也应当随之取消。②

概言之,备案审查作为宪法监督制度,已经全面运作起来,在合宪性审查方面也作了有意义的探索,基本发挥出预期的维护法治统一、保障法律实施、保护公民合法权益等制度效果。

四、备案审查制度的重大影响

备案审查对我国政治生活的影响落在三个层面:一是对宪法实施的影响;二是对宪法审查的影响;三是对治理模式的影响。

(一)助推宪法实施模式的转变

宪法学家夏勇采用"三阶段"理论框架,对中国宪法发展进行分析,认为中国宪法在经历了 1975 年和 1978 年的曲折阶段,现在的任务是继续推进宪法改革,并实现对"改革宪法"的跨越。③ 经过实践探索,确立宪法的最高权威,以尊重人权为核心价值,中国共产党表述为"以人民为中心"。同时,国家一切活动,包括各方面的改革,纳入宪法

① 沈春耀:《全国人民代表大会常务委员会法制工作委员会关于 2020 年备案审查工作情况的报告》。

② 沈春耀:《全国人民代表大会常务委员会法制工作委员会关于 2020 年备案审查工作情况的报告》。

③ 夏勇:《中国宪法改革的几个基本理论问题》,《中国社会科学》2003 年第 2 期。

和法律的轨道。进言之,一方面坚持党的领导与宪制的统一;另一方面强调党的领导必须依靠宪制框架。深入推进宪法实施必须依靠三项要素:发展市场经济、民主政治、公民社会,这三要素的核心是对人权的尊重与保障。只有人权保障成为宪法的首要价值追求,宪法实施才能落到实地。①

保障人权是备案审查的实质价值目标之一。立法法规定公民有法规审查建议权,当公民认为法规等规范性文件存在违宪,侵犯其合法权益的,可以向全国人大常委会提出审查建议。公民的审查建议权,一方面体现社会监督;另一方面实现权利救济。如收容遣送制度、劳动教养制度,侵犯公民基本权利,公民提起合宪性审查建议,最终废止了两项制度。立法法修改增加对公民建议应当反馈的规定,支持公民通过行使监督权来维护合法权利。

私人财产权的保护进入备案审查的视野。2009 年有关私人财产权的合宪性审查建议具有历史性价值。五位法学教授以公民身份对国务院《城市房屋拆迁管理条例》(1991 年)提出审查建议,认为该条例与宪法、物权法相抵触,要求对其进行审查。根据该条例,没有补偿安置就可实施强制拆迁,侵犯公民私有财产。启动备案审查两年后,国务院以实际行动承认行政法规违宪,出台新的《国有土地上房屋征收与补偿条例》,体现保护私人财产权的理念,《城市房屋拆迁管理条例》则被废止。

劳动权得到备案审查的保护。劳动权作为中国宪法规定的公民基本权利,被某些地方性法规关于国家机关工作人员"超生即开除"的规定所侵害,通过备案审查得到纠正。此案例中,劳动法专家以公民身份提出审查建议,全国人大常委会法工委受理,发函征求相关制定机关以及其他机关的意见,三省区的人大常委会启动自我纠错,相继对相关规定作出修改。

合宪性备案审查机制,给我国社会提供了人权保障的平台,也给

---

① 杨叶红、刘峰:《从"改革宪法"走向"宪政宪法"——我国改革开放三十年宪法发展的回顾与思索》,《湖南社会科学》2008 年第 2 期。

各级立法者和决策者传播了尊重和保障人权的理念,这对我国宪法实施模式的形成意义重大。

(二)助推宪法审查模式的形成

宪法审查模式的形成与一国历史文化传统和政治体制紧密相关。世界上的宪法审查模式,根据审查主体不同可以归为四类:一是普通法院审查模式;二是宪法委员会审查模式;三是宪法法院审查模式;四是立法机关审查模式。普通法院审查模式,以美国为代表,是最早成型的合宪性审查模式,但并非是世界各国的"通用模式"。宪法委员会审查模式的代表是法国,和美国采取的"立法后审查"不同,法国宪法委员会采取"立法前审查"制度。宪法法院模式以德国为代表,以宪法法院这一特设机关作为合宪性审查主体。立法机关审查模式,代表国家是英国,我国也属于立法机关审查模式。我国宪法审查模式的理论基础是人民主权和民主集中制理论,与西方三权分立思想以及权力制衡理论不同;制度基础则是人民代表大会制度,全国人大是最高国家权力机关,全国人大常委会是它的常设机关,"一府一委两院"由它产生,对它负责,受它监督,因此最高人民法院不可能对全国人大及其常委会制定的法律进行合宪性审查,也不可能在全国人大及其常委会之外出现一个宪法法院那样的机构。新设立的"宪法和法律委员会",定位为协助全国人大和全国人大常委会进行合宪性审查的机构,拥有一定程度的独立的合宪性审查权。合宪性审查的具体工作机构也得到加强,除原有的"法规备案审查室"之外,增设"宪法室",承担推动宪法实施以及合宪性审查等职责。

"以人大制度为中心"的合宪性审查制度,不同于西方模式,这是一种独立的、纵向的宪制秩序维护机制,这种合宪性审查模式也对维护和完善人民代表大会制度有积极的作用。从制度实践来看,现实中出现的涉宪性案例,给人大宪法审查制度提供了磨合和完善的机会。1999 年的齐玉苓案、2003 年洛阳种子案、2003 年孙志刚案等甚至对合宪性审查直接挑战。近些年的涉宪规范性文件也基本上以合法性机制处理,合宪性审查机制并没有真正规范地启动,但也推动了合宪性审查的热烈讨论,澄清了一些理论误区,如"宪法司法化"和其他模式被扬弃,以人民代表大会制度为中心的合宪性审查模式逐步确立起来。2017年—2020年,全国人大常委会法制工作委员会向全国人大常委会报告备案审查工作提到"合宪性审查"的频率分别为:2次、3次、2次、5次,2020年合宪性备案审查实现3个案例的突破。

(三)助推我国国家治理能力提升

提升国家治理能力已被确立为"全面深化改革"的基本目标。备案审查作为一项具体的宪法实施制度,在三个方面有功能发挥。

一是保证中国共产党决策得到落实。我国宪法是在中国共产党领导下制定的,我国法治也是在中国共产党领导下建设的。党作为社会价值规范的提供者,为宪法和法治提供了规范价值基础;同时,宪法和法治约束党的行为方式,使其服从于宪法和法律。[①] 1982年宪法在序言中规定了"党的领导",2018年宪法修正案将"党的领导"写入宪法总纲,还规定"中国共产党领导是中国特色社会主义最本质的特征",以宪法规范的形式确立了党在国家发展改革中的领导地位。宪法序言和条文中"党的领导"规范,构成"党的领导规范体系"。[②] 中国共产党告别"革命宪法",不断磨合党的领导与依法治国的相互关系,使党的政策与法治原则具有一致性。在"改革宪法"时期,政治制度、经济制度、文化制度,以及法治改革,在党的领导下作出,同时也符合法治主义特征。备案审查的首要任务是"保证党中央令行禁止",也是在这个意义上确立的。通过备案审查,对党中央决定的重大改革和政策调整所涉及的法规、司法解释、规范性文件开展专项审查和重点审查,清理过时的法规和规章,推动党中央的决策部署得到全面贯彻落实。如某省人口与计划生育条例的惩处规定,被公民提起备案审查建议,审查机关认为该规定的确与党的十九大人口发展战略精神不符,及时启动了修改程序予以纠正。保证党的决策落实,也是确保巩

---

① 强世功:《中国宪政模式——巴克尔对中国"单一政党宪政国"体制的研究》,《中外法学》2012年第5期。

② 秦前红、刘怡达:《中国现行宪法中的"党的领导"规范》,《法学研究》2019年第6期。

固党的领导。

二是人大现实地位和权威得到提升。人民代表大会制度作为根本政治制度,是国家治理体系的重要组成部分。人大的四种职能(立法权、决定权、任免权和监督权)由于种种原因发挥部分职能,宪法监督与法律监督职能未能充分发挥。实施备案审查,能较大限度地激活和强化全国人大常委会在国家治理中的地位。全国人大常委会对国务院制定的行政法规,国家监察委制定的监察法规,最高人民法院制定的司法解释,以及地方人大制定的地方性法规等进行备案审查,既是维护全国人大常委会对宪法和法律的监督权,也是增强全国人大常委会特殊的权威和地位。省级人大常委会在备案审查中积极主动进取,对地方立法以有力有效的监督。有 20 个省、自治区、直辖市已经将属于人大监督对象的"一府一委两院"规范性文件全部纳入人大备案审查范围。通过备案审查将人大制度优势转化为治理效能,给人大现实地位和权威提升提供了重要平台。人民代表大会制度现实地位的增强,体现了宪法秩序的确立与治理合力的形成。

三是维护国家法制的统一和尊严。宪法第五条规定:国家维护社会主义法制的统一和尊严。一切法律、行政法规和地方性法规都不得同宪法相抵触。世界上最大的单一制国家,面对各地经济、社会、文化发展的不平衡,在民主集中制原则下,虽然中央与地方分权,在立法、司法、法律监督等方面又强调法治统一性。对法治统一挑战性最大的是庞大的"法规"体系,现行行政法规有 700 多件,地方性法规12000 多件,自治条例和单行条例 900 多件,经济特区法规 300 多件。行政规章数量更为膨胀而且复杂,国家部委可以制定规章,设区的市以上的地方政府也可以制定规章。法律体系内在冲突难以避免,有些地方法规、规章同法律、行政法规相抵触;地方法规之间、行政规章之间冲突打架等等。另外,司法解释虽然效力位阶不高,但在法院裁判中的具体指引作用大,"不是法律,胜似法律",现实中经常有替代、削弱法律规则的冲动。备案审查的基本功能就是维护国家法制的统一性,首先一切法都不得与宪法相抵触,其次下位阶的法不能与上位阶的法相抵触,再次是同位阶的法相互之间不能抵触。通过备案审查发现并纠正行政法规、地方性法规、行政规章违反宪法法律的问题,而且规范行政机关、监察机关、地方国家权力机关以及审判机关、检察机关各类规范性文件的制定。备案审查成为保障宪法法律实施,维护法治统一的重要举措。如,2010 年起,全国人大常委会法制工作委员会就对当年制定的行政法规全部进行主动审查。2017 年开始,全国人大常委会法制工作委员会连续四年向全国人大常委会报告备案审查工作,公开披露备案审查工作中发现的立法问题和问题立法,并通过与制定机关沟通,及时反馈意见,促进提高规范性文件的质量。

五、备案审查制度存在的问题

以现实主义的立场和方法审视,同时也展望未来,备案审查存在如下结构性缺陷与挑战。

(一)合宪性审查的基础性制度准备不足

实质意义上的合宪性审查没有真正启动,即使一些涉宪性问题,也以合法性审查程序予以处理,合宪性审查被稀释冲淡。合宪性审查的基础性制度尚未准备充分。一是从事合宪性审查的机构权威性不够。2018 年修宪设立全国人大"宪法和法律委员会"以后,合宪性备案审查具体工作应当由全国人大"宪法和法律委员会"负责,但在公布的典型案例中全国人大常委会法制工作委员会仍然是合宪性备案审查的工作机构。全国人大常委会法制工作委员会从事合宪性审查,一定程度上降低了合宪性审查机构的权威性。实际上即使全国人大宪法和法律委员会承担合宪性审查的具体工作,审查决定仍然由全国人大常委会决定并作出,全国人大宪法和法律委员会也不是独立的责任主体。二是宪法解释机制没有建立起来。宪法解释是合宪性审查工作得以有效开展的基础,尽管 1982 年宪法第六十七条赋予了全国人大常委会"解释宪法"职权,但迄今为止全国人大常委会尚未以具有法律效力的决定通过任何一项正式的宪法解释文件。这样批评颇为合理:"我们过分地重视了宪法修改的作用,导致了本来应当由宪法解释出场发挥自身制度功能的场合,宪法解释却被人们遗忘了。"①宪法解释需要的基础性制度至今是空白的。在解决宪法审查的疑难复杂问题,全国人大常委会并没有什么经验可以借鉴。三是有关合宪性审查的过滤机制缺失。在现有规定中,对公民申请合宪性审查的主体资格没有什么限制,然而公民个人启动合宪性审查程序未规定任何资格和条件限制的情况下,全国人大常委会如何应对可能出现的巨量公民个人建议审查申请? 在制度设计上,如果任何社会主体都有资格启动合宪性审查程序,事实上则必然演变成为任何社会主体都不可以启动的结局。② 此外,全国人大常委会对合宪性审查采取谨慎和谦抑态度。这种态度可以理解,但长期以往,则并不利于形成全社会尊重宪法、实施宪法的氛围。

(二)法律游离于备案审查制度之外

现行备案审查体系中,法律被排除在外,对法律不能进行合法性审查,也不能进行合宪性审查。是不是法律不存在违宪问题? 回答是否定的。"无论是全国人大制定的基本法律还是全国人大常委会通过的法律,都应受到衍生自'最高国家权力'的合宪性审查权的监督"。③ 如果法律存在违宪问题,由谁审查法律的合宪性? 有观点认为新设立的全国人大"宪法和法律委员会"具有职权。实际上,全国人大宪法和法律委员会本身仅协助全国人大常委会开展合宪性审查工作,并无权力审查全国人大及其常委会通过的法律。在人民代表大会制度下,全国人大制定的基本法律的合宪性审查只能由全国人大进行"自我审查",即对违反宪法的法律或者法律条款修改或者废除。根据宪法第六十二条和立法法第九十七条规定,全国人大和全国人大常委

---

① 莫纪宏:《宪法解释是推进合宪性审查工作重要的制度抓手》,《法学论坛》2020 年第 6 期。
② 胡锦光:《论合宪性审查的"过滤"机制》,《中国法律评论》2018 年第 1 期。
③ 李忠夏:《合宪性审查制度的中国道路与功能展开》,《法学研究》2019 年第 6 期。

会共享合宪性审查权,可以对相关立法作出是否合宪的判断。也即,全国人大常委会制定的法律,违反宪法的,全国人大可以改变或者撤销。全国人大常委会是除全国人大之外的唯一行使合宪性审查的国家机关,全国人大实际上又不可能对全国人大常委会所有的法律及具有法律性质的决定决议进行合宪性审查,只能由全国人大常委会自我审查,并作出修改或者废止的决定。这种自我监督方式,是对备案审查制度的一个补救。但确实自我监督的效果会让人产生合理怀疑,全国人大常委会能否认真对待并启动相关程序,作出令人信服的审查结论,有待全国人大出台相关制度。

(三)备案审查的标准难以准确把握

备案审查"四标准"中,三个标准存在模糊性的问题。一是合宪性标准所含摄有关"宪法原则""宪法精神"的内容有赖于宪法解释,但并不是任何机关都可以解释宪法,有权解释宪法的国家机关只有全国人大及其常委会,但这种宪法保障功能基本上是在休眠,使得合宪性标准实际上难以操作。二是政治性标准在过度"讲政治"的情势下容易滑向"政治挂帅"的泥沼,超越合宪与合法标准,以致脱离法治轨道,成为"优先性标准"。"本来在法治社会或者说在依法治国建设社会主义法治国家的方略中,讲政治主要是讲法治。不讲法治依法治国的方略根本无法实现"。① 在中国共产党领导的宪法秩序中,政治性标准或可为合宪性标准吸收。三是适当性标准,其适用条件难以把握,适当性标准应为合宪性标准与合法性标准的补充,只有当不存在合宪性问题与合法性问题的条件下才适用适当性标准进行审查。需要警惕基层对适当性审查的曲解和误用。可以推断,备案审查人员的法治思维和法律素养对"四标准"的理解适用也有重要的影响。

(四)备案审查制度刚性不足

备案审查的纠错机制,采取"两重柔性机制":优先与制定机关"沟通""协商",要求制定机关自行修改或者废止;沟通后仍未解决问

---

① 陈金钊:《法治时代的法律位置——认真看待法律逻辑与正义修辞》,《法学》2011 年第 2 期。

题,再施以"督促""约谈"的方式。"两重柔性机制"仍不能纠错的,才可以提请人大常委会撤销。有的地方规定要求多次与制定机关进行协商。整个纠错机制的运行小心翼翼,一团和气,缺少制度的刚性和监督效率。这种设计将审查机关与制定机关之间的冲突可能性降到最低,但也牺牲了审查的效率。① 再者,备案审查制度缺失责任机制,"没有长出牙齿"。无论是立法法还是监督法,以及行政法规、地方性法规都没有规定备案审查责任,对不备案、不审查的,没有相应的制裁机制。对不审查的制裁,主要是备案审查机关针对自己内设的备案审查机构发起,属于自己人监督自己人。责任机制的缺失,变相纵容规范性文件制定者,也易让备案审查机关怠于职守。

六、结　　语

经过四十多年备案审查的制度探索,我国逐步进入合宪性审查时代。在备案审查工作中谨慎处理合宪性、涉宪性问题,积累了一定的经验。备案审查已经成为一种保障宪法实施的重要机制。"合法性备案审查"直接保证法律的实施,间接监督宪法的实施;"合宪性备案审查"则直接保证宪法的实施。对不符合宪法规定和宪法精神的法律法规等,通过备案审查程序作出相应的纠错处理。如武警领导体制改革是首次针对法律的合宪性备案审查,废止收容教育是首次针对全国人大常委会决定的合宪性备案审查,废止《城市房屋拆迁管理条例》是首次针对行政法规的合宪性备案审查。全国人大常委会法工委以"合宪性审查"机制向全国人大常委会作了专项报告。公民启动审查建议,得到正式回应和反馈。通过合宪性备案审查,废止和纠正一些侵犯人权的法规和司法解释,捍卫了宪法的核心价值。但是,合宪性备案审查的经验累积并不必然迈向合宪性审查时代,二者在重要制度上存在差异,如在主体、原则、程序上都有差别。全国人大常委会法制工

---

① 王锴、刘犇昊:《现状与问题:地方备案审查制度研究——以 31 个省级地方为例》,《江苏行政学院学报》2018 年第 3 期。

作委员会作为合宪性审查机构,会有"越权"的问题。备案审查本来的初衷是解决法律法规的冲突,维护国家法治统一,"合法性审查"是其重点,一旦触及合宪性问题,备案审查制度就出现不适应,处理的结果往往是合宪性审查被合法性审查所吸收和抵消。

党的十九届四中全会通过的决定进一步提出"健全保证宪法全面实施的体制机制",宪法的全面实施被作为巩固和提升国家治理效能的首要任务和基础性工作得到重点强调。2021 年初颁布的《法治中国建设规划(2020—2025 年)》浓墨重彩地规定了全面实施宪法的任务。该规划明确要求"将宪法实施和监督提高到新水平",既是对以前宣示的重申,同时也提出新的要求。执政党努力营造的宪法全面实施的制度导向氛围无疑为合宪性审查开创了良好的局面,但真正启动合宪性审查还面临具体制度的制约。现有体制框架下,全国人大宪法和法律委员会协助全国人大及其常委会开展合宪性审查工作,但其应遵循怎样的法定程序进行合宪性审查,需要在组织、权力、程序、责任等环节全面实现制度化和规范化,建立制度支持系统。开展合宪性审查的另一必要条件是宪法解释。全国人大常委会法工委的宪法解释案例,并不是宪法规定的正式的宪法解释,其不利影响已经显现。宪法解释成为开展合宪性审查的"阿喀琉斯之踵"。我国还没有专门的法律来规范宪法解释,出台宪法解释程序法显得非常重要,这部法律的出台同样考验立法者的智慧。

备案审查数字化改革的
理念、方法与浙江实践

刘永华[*]

摘　要：数字化改革是浙江省委 2021 年部署实施的全领域、全方位、一体化实施的重大改革工程。备案审查数字化改革作为浙江省人大常委会首批重点建设的重大改革项目，按照数字化改革"V 字模型"，运用数字化的理念、方法和手段，在下行梳理阶段体现改革导向，在上行集成阶段体现改革效果，通过层层分解核心业务，逐项细化问题最小颗粒度，科学构建评价体系，再造工作流程，重塑系统平台，集成打造多跨协同的备案审查应用场景。建成并上线了备案审查应用场景 1.0 版，初步实现了备案审查工作整体性优化和系统性重塑，以数字赋能推动了全省备案审查工作整体智治、高效协同。

当今世界，随着网络化、智能化、数字化为主要特征的新一轮技术革命的到来，社会的生活方式、生产方式和治理方式已经发生了全面、深刻的变革，正在加速迈向一个全新的数字文明时代。党的十八大以来，党中央围绕实施网络强国战略、大数据战略作出了一系列重大决

---

* 刘永华，浙江省人大常委会法工委备案审查处处长。

策部署,党的十九大进一步明确提出建设"数字中国"。2021 年 2 月,浙江省深入贯彻落实习近平主席在浙江工作时作出的建设"数字浙江"的重大决策部署,在推动"最多跑一次"改革、政府数字化转型等重大改革的基础上,全面启动数字化改革,推动省域经济社会发展和治理能力的质量变革、效率变革、动力变革,以数字赋能推进省域治理体系和治理能力现代化。浙江省人大常委会积极贯彻省委数字化改革决策部署,常委会主要领导亲自挂帅,成立人大数字化改革领导小组,下设若干工作专班,全面推进人大系统的数字化改革工作。备案审查数字化应用场景作为省人大常委会首批建设的重点应用场景,常委会法工委组织精干力量专班运作,集中优势资源重点突破。经过近一年时间的边学习边研发边修改,备案审查数字化应用场景 1.0 版已经在 2021 年建成并上线运行,备案审查数字化改革初见成效。

一、备案审查数字化改革的总体理念

浙江省的数字化改革是全领域、全方位、一体化的数字化改革,涉及一体化智能化公共数据平台(平台+大脑)建设和党政智治、数字政府、数字经济、数字社会、数字文化、数字法治、基层治理系统等七大系统建设。备案审查数字化改革作为全省数字化改革中的一个分支子系统,如何对准改革主跑道,找准在数字化改革中的定位、思路和方法,是备案审查数字化改革中首先应当解决的重大问题。

(一)准确认识全省数字化改革的内涵与要求

浙江省实施的数字化改革,是围绕建设数字浙江目标,统筹运用数字化技术、数字化思维、数字化认知,把数字化、一体化、现代化贯穿到党的领导和经济、政治、文化、社会、生态文明建设全过程各方面,对省域治理的体制机制、组织架构、方式流程、手段工具进行全方位、系统性重塑的过程。通过实施全领域、全方位、一体化的数字化转型,从整体上推动省域经济社会发展和治理能力的质量变革、效率变革、动力变革,在根本上实现全省域整体智治、高效协同,努力成为"重要窗口"的重大标志性成果。

(二)依法定位备案审查数字化改革目标

备案审查是中国特色的宪法监督制度,有着极为严肃的政治意义和具体严格的法律规定。推进备案审查领域的数字化改革,必须要从备案审查工作自身的特点和工作实际出发,提高政治站位,增强宪法意识,决不能在数字化改革过程中,突破法律的规定,削弱备案审查的政治功能与法治功能。因此,备案审查数字化改革的目标要对准、聚焦备案审查的工作机制和工作流程,以解决制约备案审查工作的问题为导向,通过运用数字化技术、数字化思维、数字化认知,对备案审查工作机制和工作流程实施全方位、全过程的流程再造和系统重塑,全面提升备案审查工作的质量、效率和效能,更好地发挥备案审查在维护党的领导、维护法治统一、维护人民利益方面的重大作用。

(三)科学把握备案审查数字化改革基本原则

1. 树立全局意识。全省数字化改革是一个高度集成的系统工程,备案审查数字化改革作为全省数字化改革中的一个分支子系统,必须要跳出部门局限,主动站在全省数字化改革的场景中去思考和谋划,自觉增强改革的系统性、整体性和协同性,保证备案审查数字化改革成果可以无障碍地接入全省数字化改革平台,与党政智治系统以及其他应用共享贯通,实现党政机关间的整体智治、高效协同。

2. 坚持问题导向。兴利除弊是所有改革的共同要求,数字化改革也不例外。要对标对表党中央的要求、宪法法律规定和人民群众的期待,从数字化改革的视角对现有的工作理念、机制、方法、手段等进行全方位、全过程的反思与检讨,找出影响备案审查工作的难点堵点痛点,保证备案审查数字化改革精准发力。

3. 强化系统观念。备案审查数字化改革是综合运用数字化理念、技术与手段,对备案审查工作进行全方位、全过程流程再造和系统重塑的过程,必须加强顶层设计与谋划,运用系统观念和系统方法,打破业务协同壁垒和数据共享壁垒,构建多跨协同、数据共享、闭环管理的智能应用场景,以算力换人力,以智能增效能。

4. 加强技术协同。数字化改革是建立在数字技术应用上的改革,必须要有一支业务素质高、熟悉党政机关工作的技术团队来提供技术支持。应当邀请技术团队参与改革的全过程,加强与技术团队的讨论与沟通,尊重并吸纳技术团队的意见建议,确保技术团队能够及时、准确地理解改革需求,按照时间节点实现改革意图。

二、备案审查数字化改革的方法路径

数字化改革的核心,是运用数字化理念、思维、技术与手段,对传统的党政工作进行数字化改造与转型。因此,数字化改革的关键节点之一,就是要有一套正确、有效的方法路径,来整合、融合传统的党政业务和现代的数字技术,实现党政工作的数字化转型。

浙江省的数字化改革明确提出将系统分析"V字模型"作为改革实施的方法路径。系统分析"V字模型"的基本含义,是将数字化改革过程分为业务协同模型和数据共享模型左右两翼。其中,业务协同模型构成"V字模型"的下行一翼,以"定准核心业务—确定业务模块—拆解业务单元—梳理业务事项—确定业务流程—明确协同关系—建立指标体系—汇总数据需求"为基本路径,从梳理党政机关核心业务出发,逐层拆解到最具体最基本的事项,并从治理与服务两个维度加以标识形成业务事项清单,逐一明确支持事项及业务流程的数据指标,实现事项的标准化、数字化,形成可认知、可量化的部门职责体系。数据共享模型构成"V字模型"的上行一翼,以"形成数据共享清单—完成数据服务对接—实现业务指标协同—完成业务事项集成—完成业务单元集成—完成业务模块集成—形成业务系统"为基本路径,按照数据需求清单,逐项明确数据所在系统与所属部门,明确数据共享方式与对接接口,加快业务单元、业务模块的数据定义和系统开发,开发支撑部门职责体系的业务系统。左右两翼合并,形成完整的数字化改革过程。

"V 字模型"对于全省数字化改革来说,是一个规模庞大、结构复杂的系统开发过程。但是,备案审查工作的领域相对独立,业务相对单一,因此,备案审查数字化改革可以遵循"V 字模型"要求,根据自身特点作一些适当的简化和变化,找出一条相对高效、快捷的方法路径。

1. 业务需求与技术需求相对分离。业务需求与技术需求在改革过程中相互交织、相互纠缠、相互影响,业务部门不熟悉数字化技术,技术团队不熟悉备案审查业务,双方各执一端,难以融合,是备案审查数字化改革的最大难题。因此,需要在改革伊始,就明确业务需求由业务部门负责提出,技术需求由技术团队负责实现的分工责任制。责任分工清晰后,业务部门与技术团队的争执减少,合力增强,改革进程大大提速。

2. 下行一翼重在拆解细分。在业务梳理的下行阶段,业务部门负责提取核心业务,拆解业务单元,理出改革需求清单,建构指标体系。技术部门负责确定最基础最重要的数据单元,保证业务部门的原始数据符合数字化改革的数据标准。

3. 上行一翼重在系统重构。在业务重构的上行阶段,业务部门负责提出有关流程再造、系统重塑、多跨协同等方面的改革思路与技术需求。技术部门负责数据归集整理和程序开发设计,打通相关数据壁垒,用数字技术实现业务部门的改革设想。

4. 持续迭代升级。数字化改革是一个长期的螺旋式迭代过程,数字化改革的认识不可能一步到位,数字化改革的建设也不可能毕其功于一役,需要根据现实条件与可能,按照"规划一代、建设一代、应用一代"的思路,分阶段有序推进。通过数字化应用场景的实际部署使用,不断优化完善相关设计,随时叠加新的形势任务要求,持续迭代升级数字化应用场景,推动数字化改革螺旋上升。

三、备案审查数字化改革的浙江实践

浙江省人大常委会高度重视人大工作的信息化建设,早在

2014年,就在全国率先建成集备案功能与审查功能于一体的规范性文件备案审查系统,实现备案审查工作信息化。近8年以来的备案审查信息化工作实践,为本次备案审查数字化改革奠定了坚实的工作基础。

(一)梳理提取核心业务,建构工作指标体系和评价体系

将备案审查工作分解为若干项简单可供执行的核心业务,并进一步拆解拆分各项核心业务的基本工作单元,构建相对应的工作指标体系和评价体系,是备案审查数字化改革的逻辑起点和基础性工作。

1. 提取核心业务。全面汇总梳理宪法、法律关于备案审查工作的规定和党中央、全国人大常委会、省委对备案审查工作的指示要求,将备案审查工作分解为"有件必备、有备必审、有错必纠、制度和能力建设"等4项核心业务,全面、准确反映党和国家对备案审查工作的核心要求。

2. 建构指标体系。围绕4项核心业务,逐项分解基本业务单元,建构了由4个一级指标、20多个二级指标组成的备案审查工作指标体系。如将"有件必备"设置为一级指标,并进一步分解为"本级政府规章、规范性文件,下级人大决议决定报备及时性""本级人大决议决定报备及时性""地方性法规报备及时性""报备规范性"等4项二级指标,全面、准确反映"有件必备"这一核心业务的核心工作要求。同时,为鼓励市、县备案审查工作探索创新,独立设置"其他加分项"指标,增强指标体系的完整性和科学性。

3. 建构评价体系。根据各项指标对应的工作重要程度和难易复杂程度,对各项指标进行合理赋分,建构较为科学的指标评价体系。如将"有件必备、有备必审、有错必纠、制度与能力建设"等4项核心业务均设置为一级指标,各赋予25%的分值,保持各项一级指标间的赋分均衡,保证备案审查工作整体均衡推进。在二级指标设计赋分时,对当年度需要重点推进的工作如2020年"两院"规范性文件备案审查工作等,赋予较高分值,加重其评价权重,推动重点工作在当年度落地做深做实。

（二）检视备案审查工作难点痛点，细化数字化改革业务需求

备案审查工作中的难点痛点，就是需要数字化改革突破的堵点卡点。为此，我们从业务建设和系统建设两个纬度，全面检讨备案审查工作和备案审查系统的不足，层层分解堵点卡点，细化业务需求事项的最小颗粒度。

1. 备案审查工作的卡点堵点。一是在备案环节主要有：（1）不报漏报；（2）报备总量不清；（3）报备不及时；（4）报备不规范，包括纸质、电子报备文件不一致，报备文件错漏，关键要素填报不全等。二是在审查环节主要有：（1）审查不及时；（2）审查质量不高，包括发现问题不精准，审查流于形式等；（3）第三方参与审查不足；（4）审查建议不处理，回复不及时等。三是在纠正环节主要有：（1）不敢提出审查意见；（2）重提审查意见轻督促落实；（3）不敢动用撤销等刚性手段，监督不力等。四是制度和能力建设方面主要有：（1）机构不健全；（2）人员配备不足；（3）工作人员业务能力不强，审查能力薄弱；（4）重点工作开展滞缓，工作创新缺失；（5）工作显性化不高，包括向常委会汇报工作未制度化，宣传培训不足等。

2. 备案审查系统的卡点堵点。一是核心业务功能模块不健全。主要有：（1）缺少基于审查建议展开的被动审查工作流程；（2）缺少基于工作计划展开的专项审查工作流程；（3）缺少反映制度和能力建设的功能模块；（4）缺少反映备案审查重大工作动态进展的功能模块等。二是功能设计不完善。主要有：（1）缺少反映工作效率的时间项目设置等；（2）缺少第三方参与功能；（3）缺少智能辅助审查功能；（4）缺少历史工作资料库功能等。

（三）明确数字化改革阶段性目标，实施备案审查工作流程再造和系统重塑

数字化改革是一个长期的螺旋式迭代升级过程，也是一个统筹运用数字化技术、数字化思维、数字化认知不断攻坚克难的过程，需要兼顾现实条件和可能，分步确定阶段性改革目标，有序推进。现阶段主要目标有：

1. 重塑系统功能模块。主要是新增被动审查功能模块、重要工作任务模块、纠正情况模块,调整主动审查功能模块,改造备案审查资料库模块等,实现备案审查各项核心业务在数字化应用场景中得到全景展示和应用。同时,还需要根据条件适时增加在线审查模块、第三方参与审查模块、智能审查模块等,提升备案审查系统的智能化水平。

2. 完善系统功能设计。一是在备案环节,完善审查机关与制定机关的多跨协同,实时共享制定机关规范性文件制定数据进行横向比较,解决报备总量不清、不报漏报等问题;增加规范性文件"公布日期"项,实时统计报备及时率,解决报备起始日期不清晰、超时未报等问题;改造系统报备界面设置,规范必填项内容,确保不符合规定格式的文件无法报备,解决报备文件错漏、填报不全等问题。二是在审查环节,完善人大常委会法工委与人大各专工委多跨协同,增加"交付时间、办理时间、提出异议"等项,实时统计审查及时率,标记超时未审情况,解决审查不及时、审查质量不高等问题;增加设置栏目记录审查建议办理全流程,标记超时未办、久办未结等情况,解决审查建议不回复、回复不及时等问题。三是在纠正环节,完善审查机关与制定机关多跨协同,增加设置栏目,对纠正意见办理全流程进行目录化闭环管理,解决制定机关对审查意见落实不力的问题;设置时间节点记录审查机关督促工作情况,解决审查机关重提意见轻督促落实的问题。

(四)打造备案审查应用场景,实现全省备案审查工作一屏掌控

备案审查应用场景是备案审查数字化改革最终实现系统集成的标志性成果,也是指挥备案审查工作的驾驶舱,必须保证数字化应用场景能够一屏反映备案审查工作各项核心业务的进展情况,保证实时、在线实现各项核心业务的可量化、可监测、可评价。

1. 一屏集成备案审查核心业务。备案审查应用场景中主要展示省本级工作情况,设置"备案和形式审查情况、法规备案情况、审查工作情况"等3个图表栏目,和"重要工作动态、审查纠正情况、历年工作情况"等3个文字栏目,全面、实时显示省本级各项核心业务的工作进展情况。同时,设置"全省工作概况"栏目,用数字形式实时展示全省备案总量、审查总量、纠正总量等主要工作情况,实现省本级以及全省备案审查工作动态一屏掌控。

2. 选取关键指标,落实可量化可监测可评价。在备案栏目,选取设置规范性文件的备案数、不合规数、超时数等指标,重点反映备案工作及时性和规范性。在审查栏目,选取设置正在办理数、已经通过数、审查异议数、超时数等指标,重点反映人大各专工委审查工作质量和效率。在纠正栏目,设置审查纠正情况目录,重点反映不适当规范性文件纠正情况。同时,对各项指标实行红、黄、绿分色管理,由应用场景自动统计计算各项工作质量情况予以赋色,实现实时监测、智能预警、在线监督。

3. 优化底层数据库,实现应用场景数据自动实时生成。应用场景的主要数据来自备案审查系统,还有一些来自其他系统的数据共享。业务部门按照数字化改革数据标准,对备案审查系统中的底层数据库进行系统改造和优化升级,技术团队负责打通应用场景与底层数据库之间的数据链接,确保核心任务全面展示、关键数据实时提取、工作动态全流程反映。

经过近一年时间的专班攻关,备案审查应用场景 1.0 版已经上线运行,部分实现了数字化改革设想。下一步,浙江省人大常委会将迭代升级备案审查应用场景,重点完善以数据共享为基础的多跨协同应用场景建设,更好推进备案审查工作整体智治、高效协同。

新时代备案审查工作的浙江实践

王贤祥[*]

规范性文件备案审查是中国特色的宪法监督制度,是保证党中央令行禁止,保障宪法法律实施,保护公民合法权益,维护国家法治统一的重要制度安排。党的十八大以来,党中央对备案审查工作作出了系列重要部署,党的十八届三中全会、十八届四中全会、十九届四中全会、中央人大工作会议分别从全面深化改革、全面推进依法治国、推进国家治理体系和治理能力现代化、坚持和完善人民代表大会制度的高度,对备案审查工作提出了明确要求,为地方人大推进新时代备案审查工作指明了奋进方向,提供了根本遵循。本届(2018年,下同)以来,浙江省人大常委会认真贯彻落实党中央决策部署,着力加强备案审查实务研究和创新探索,出台《浙江省人大常委会关于加强新时代规范性文件备案审查工作的若干意见》,在更高质量、更高水平、更大范围推进备案审查工作,积极推动以备案审查为基础的中国特色宪法监督体系在浙江省域实践完善。

一、拓宽备案范围,全面落实有件必备

(一)落实备案全覆盖

自立法法、监督法实施以来,省人大常委会就将省市县三级的人

王贤祥,浙江省人大常委会法工委备案审查处干部。

大决议决定、政府规章以及政府规范性文件纳入备案审查范围。为深入贯彻落实党中央"把所有规范性文件纳入备案审查范围"的要求,省人大常委会根据法律规定和工作实际,不断拓宽备案范围,分别于2020 年、2021 年将"两院"规范性文件、监委规范性文件纳入备案范围,实现规范性文件横向到边(包括人大、政府、监察、"两院"),纵向到底(包括省市县三级)全覆盖。

"两院"规范性文件。立法法第一百零四条第三款规定:"最高人民法院、最高人民检察院以外的审判机关和检察机关,不得作出具体应用法律的解释。"但是在司法实践中,为明晰具体司法案件的法律适用,地方"两院"一直在制定对审判、检察工作有指导作用的规范性文件,以保证省域内的司法公平公正。为准确把握"两院"规范性文件纳入备案范围后的监督工作尺度,2020 年浙江省人大常委会组织开展了重点课题研究,结合本省实际,制定了《浙江省人大常委会关于省高级人民法院、省人民检察院规范性文件备案审查工作规定》,将需要备案的"两院"规范性文件,明确限定在涉及公民、法人和其他组织权利义务,对审判、检察工作具有规范、指导作用的规范性文件,并对"两院"规范性文件的审查、沟通以及纠正程序作出了符合法律精神的规定,保证"两院"规范性文件备案审查工作积极稳妥前行。

监察规范性文件。监察法实施后,全国人大常委会出台《全国人民代表大会常务委员会关于国家监察委员会制定监察法规的决定》,授权国家监委可以制定监察法规,并报全国人大常委会备案,但是对地方监委是否有权制定规范性文件,是否应当报同级人大常委会备案没有作出规定。为此,省人大常委会对地方纪委监委制定规范性文件情况进行了调研,按照文件制定主体将地方纪委监委制发的规范性文件分为纪委单独制发、纪委监委联合制发、监委单独制发等三种类型,按照党内监督与人大监督分开的原则,提出了纪委单独制发以及纪委监委联合制发的规范性文件纳入党委备案审查体系,监委单独制发的规范性文件纳入人大备案审查体系的工作思路。经过与省纪委监委沟通会商,自 2022 年起正式开展监察规范性文件备案工作。

乡镇规范性文件。地方组织法规定,县级人大及其常委会有权撤销乡镇人民代表大会不适当的决议决定,乡镇人民代表大会有权撤销乡镇人民政府不适当的决定命令。乡镇工作直面一线,在乡村振兴、环境整治、宅基地审批等涉及人民群众切身利益的工作中承担着重要职能,并且越是乡镇文件,适用越频繁,影响也越直接。为此,省人大常委会一直积极支持、推动乡镇人大探索开展规范性文件备案工作,并于 2021 年组织对全省乡镇人大备案审查工作进行专题调研。调研情况显示,虽然全省乡镇人大普遍存在人手少、法律专业人才欠缺等困难,但是仍有超过 20% 的乡镇人大开展了备案审查工作,为适时全面推开全省乡镇规范性文件备案审查工作积累了经验。

(二)提升备案质量

及时精准规范进行规范性文件备案是备案审查的最基础工作,也是开展审查纠正工作的前提。但是从过往的备案工作看,这项基础性工作不是很扎实,迟报漏报、材料不全、格式不规范等问题时有发生。为此,省人大常委会采取了系列措施加强督促报备工作。一是建立备案情况不定期检查制度,对发现的问题实时提醒。二是建立备案审查情况年度统计和通报制度,通报各级各类规范性文件制定主体的备案工作质量。三是推动省政府将政府规章、政府规范性文件报人大常委会备案情况纳入法治政府考核,实施考核管理。经过综合施策,全省备案工作的及时性精准性规范性明显提升,报备及时率准确率规范率基本达到 100%。

二、完善审查机制,做深做实有备必审

(一)完善审查工作机制

备案审查的主要工作内容是合法性审查,因此,地方人大常委会在明确备案审查职责分工时,多数将备案审查工作确定由人大常委会法工委负责,同时,又会考虑规范性文件涉及社会治理的各个方面,需要有关专门(工作)委员会进行专业审查等因素,明确由有关专门(工作)委员会负责对其归口领域的规范性文件进行协助审查。但是在实际工作中,由于有关专门(工作)委员会自身的监督、立法等重点工作任务已经十分繁重,往往无暇顾及审查工作,导致在许多地方的审查工作逐渐演化为人大常委会法工委一家职责,甚至在一些有立法权的省和设区的市人大常委会,人大常委会法工委专注于立法主业,审查工作进一步退化为备案审查处职责。为此,省人大常委会从完善审查工作机制入手,着力解决有备必审工作不到位的问题。一是将审查工作流程分为专门(工作)委员会初步审查、人大常委会法工委综合审查前后两道程序,明确各专门(工作)委员会负责对口审查的文件范围,保证规范性文件审查全覆盖。二是在人大常委会法工委内部建立健全分工协作的重点审查工作机制,明确政府规章由人大常委会法工委立法处负责重点审查,其他重要规范性文件由人大常委会法工委备案审查处负责重点审查,加强对重要规范性文件的审查力度。三是明确各道审查环节的审查时限和责任人,压实审查工作责任,保证审查意见质量。以人大常委会法工委为主、各专门(工作)委员会分工协作的审查工作机制完善后,促进了人大常委会法工委与有关专门(工作)委员会形成审查工作合力,保证了每一件备案的规范性文件都能得到有效的审查,保证了有备必审要求的实现。

(二)构建备案审查共同体

与备案审查工作的重要性及工作任务相比,当前的工作力量、工作能力薄弱是个较为突出问题。为此,省人大常委会做好"借力"文章,不断拓展辅助力量。

横向方面,保持备案审查衔接联动机制畅通。依托备案审查衔接联动机制,加强与省委办公厅、省司法厅的工作沟通与联系,相互通报年度工作,相互邀请参加工作会议,相互交流审查意见。如 2021年,省委办公厅来函征求对省委编办《市县机关事业单位编外聘用人员管理暂行办法》的审查意见,省人大常委会法工委对劳动合同解除、编外聘用人员用工形式等不适当规定提出审查研究意见。又如,《浙江省国土资源厅浙江省农业厅关于进一步支持设施农业发展的通知》

规定,乡镇政府要将用地协议与农业设施建设方案报县级有关部门备案,不符合设施农业用地有关规定的不得动工建设,省人大常委会法工委研究认为该规定涉嫌以备案形式变相设定行政许可,移送省司法厅建议作进一步审查。

纵向方面,探索省市县三级人大联动审查机制。一方面,加强培训指导,通过实战研讨方式提高市县人大的审查能力。如2019年,围绕《关于电动自行车新标准实施过渡期有关登记和路面管理工作的通知》等4件个案,2020年围绕《规章、规范性文件备案审查指引(试行)》,组织市县人大共同参与审查或研讨。另一方面,探索省市县三级人大联动审查机制,增强监督总体效能。如2021年,根据温州市人大常委会法工委的请示,对省医疗保障局等3部门发布的《关于进一步加强医疗救助工作的指导意见》进行审查,纠正其中不适当的规定。又如,经对公民的审查建议审查研究,发现湖州、嘉兴、金华、衢州、舟山等市的网约车管理规定,涉嫌限制外地户籍驾驶员到本地区从事网约车服务的权利,与行政许可法、优化营商环境规定相抵触。省人大常委会法工委移送湖州等市人大常委会审查后,各市均在要求期限内作出了纠正处理。

社会力量方面,注重引进第三方审查力量。一是省人大常委会法工委按照精干、效能原则,建立了只有8名成员组成的备案审查专家组,深度参与备案审查工作,为备案审查工作提供专家咨询意见。二是2020年,与浙江工商大学合作建立"浙江省规范性文件备案审查工作研究基地",加强备案审查理论和实务研究,为备案审查工作实践探索创新提供理论支持。三是每年通过政府购买服务方式,委托浙江工商大学法学院对政府规章以及其他重要规范性文件进行合法性预审,增加合法性审查的视角,提高审查质量。四是经常邀请具有法律专业背景的代表参与备案审查工作,更好发挥代表作用。

(三)优化审查方式

省人大常委会在全面审查的基础上,聚焦关键问题,优化审查方式,提高审查效能。

组织专项审查。根据全国人大部署要求,省人大常委会集中开展了涉及民法典、人口与计划生育法、行政处罚法、环境保护法等领域规范性文件的专项审查,清理与党中央重大改革和法律、政策调整不相适应的规定。设区的市人大常委会围绕党委政府中心工作和地方立法实际,组织开展了多次规范性文件专项审查。如湖州、衢州市组织开展地方性法规配套规范性文件专项审查,温州市开展民办教育领域规范性文件专项审查,嘉兴市组织开展交通、建筑领域规范性文件专项审查,台州市组织开展优化营商环境领域规范性文件专项审查等。

坚持有重点审查。省人大常委会每年接收备案的规范性文件数量基本稳定在 100 件左右,而省人大常委会法工委备案审查处工作人员只有 2 到 3 人,客观上没有条件对所有备案的规范性文件实施全面深入的审查。为此,省人大常委会法工委坚持从实际出发,要求备案审查处每年选择 6 件左右的规范性文件,参照立法审议模式逐条、逐段地对照上位法进行重点审查。通过重点审查,每年都能发现 2 到 3 件规范性文件存在合法性或者其他不适当问题,有效地维护了备案审查工作的权威性,保持了对制定机关的监督压力。

规范依申请审查。本届以来,省人大常委会收到公民书面审查建议 10 余件。对所有的审查建议,省人大常委会法工委都按照有件必复的要求,逐一登记、逐件审查研究,提出审查处理意见并向审查建议人作出反馈,做到件件有办理,件件有回应。

三、把准审查尺度,持续推进有错必纠

(一)统一审查尺度

根据宪法法律规定,地方人大有权撤销"不适当"的规范性文件,但不同文件制定机关、备案审查机关往往对具体条款的"不适当"理解存在差异,直接影响了规范性文件制定和审查工作的严肃性。如对立法法规定的城乡建设与管理、环境保护、历史文化保护等三类事项的内涵,限缩上位法规定的行政处罚幅度,公共信用惩戒的适用条

件、范围等问题,都争议较大。本届以来,省市县三级人大共对 164 件规章、规范性文件提出审查异议,最终纠正 119 件,占比 72.56%,主要原因就是审查标准不统一。为此,省人大常委会法工委系统梳理了规范性文件制定权限和制定程序、行政处罚、行政许可、行政强制、优化营商环境、公共信用信息管理等六个方面较常见、有争议的适当性问题,经过反复研究论证,明确提出相对具体、细化的审查标准,出台浙江省《规章、规范性文件备案审查指引(试行)》,为全省统一审查标准提供指引和参考。此外,省人大常委会法工委每年选编审查纠正案例,通过具体个案评析审查重点和审查标准尺度,发挥了相当重要的指导作用。

(二)突出纠正重点

省人大常委会结合监督工作计划和代表议案建议,聚焦全面深化改革大局、关系公众切身利益的规范性文件进行重点审查,纠正了一批涉及违法设定行政处罚、行政许可,破坏营商环境,侵犯公民权利的不适当规范性文件。

如 2021 年,《浙江省危险货物道路运输安全管理办法(试行)》规定,"危险货物运输企业新增自有或租赁停车场(位),应按规定通过第三方安全服务机构的安全评价。"经审查研究,《中华人民共和国道路运输条例》等法律、法规有关道路危险货物运输许可事项规定中并无停车场应当经过第三方安全评价的要求,该办法涉嫌没有法律、法规或者国务院决定依据将中介服务事项作为行政审批条件,与国务院《优化营商环境条例》第四十三条规定相抵触。该办法又规定,外省道路危险货物运输车辆进入我省装载或卸载的,应按规定向我省报送电子运单。我省危险货物装货人和收货人等相关企业或个人对未备案、未按规定报送电子运单的,不得进行装载或卸货。经审查研究,根据交通运输部等六部委《危险货物道路运输安全管理办法》第二十四条规定,危险货物承运人应当制作危险货物运单。《浙江省危险货物道路运输管理办法(试行)》规定外省企业未报送电子运单不得装载或卸货,否定了纸质运单的效力,与部委规章规定不一致,也违反了建立全国统一大市场的要求。

又如 2020 年,《浙江省农村集体资产股权管理暂行办法》第十六条规定:"村集体经济组织流动资金占总资产百分之十以上,且近三年经营性收入年均增幅达百分之五以上时,方可开展集体赎回。"经审查研究,股权持有人将股权退回本村集体经济组织,由本集体经济组织对其股权进行收购,属于集体经济组织自主决定的事项,除非法律法规有明确规定,政府部门无权干预。该规定超越了规范性文件制定权限,违法限制了集体经济组织及集体资产股权持有人的民事权利。

(三)推动市县全面发力

备案审查是一项新兴的法律制度,目前仍处在探索、创新、规范阶段,理论积淀尚不深厚,专业培养未成体系。可以说,对备案审查工作而言,人人都是新兵,市县人大尤其明显。很多市县人大对备案审查工作的认识停留在备案阶段,审查基本当成"程序性工作",纠正更是"没有考虑过的问题"。虽然浙江省备案审查工作一直在稳步发展,所有设区的市人大常委会都已有纠正案例,但是仍有近80%的县级人大常委会没有实现纠正案例零的突破。为进一步督促市县人大常委会积极履职,坚决纠正不适当的规范性文件,2020 年省人大常委会将备案审查工作纳入"党领导人大工作"考核,指标分值向纠正情况倾斜。经过两年考核,市县人大常委会审查纠正工作全面发力,2020 年纠正规范性文件 29 件,其中设区的市人大常委会纠正 20 件,县级人大常委会纠正 9 件;2021 年纠正规范性文件 56 件,其中设区的市人大常委会纠正 36 件,县级人大常委会纠正 18 件,呈大幅增长趋势。

四、深化改革创新,全方位提升备案审查能力

(一)加强备案审查工作显性化

备案审查工作重要性无需赘言,但有时处境尴尬,说起来重要,做起来次要,忙起来不要。近年来,省人大常委会一直致力于备案审查工作显性化,努力实现备案审查工作在法工委、专委会、常委会以及社

会等各个层面的显性化,不断彰显备案审查制度的张力。一是推动市县人大常委会听取审议备案审查工作报告。2019 年出台的《浙江省人大常委会关于加强新时代规范性文件备案审查工作的若干意见》,明确要求设区的市人大常委会每年听取审议备案审查工作报告,县级人大常委会每届至少听取审议 2 次备案审查工作报告。2021 年,设区的市人大常委会已经实现全覆盖。下一步,将根据新修改的地方组织法规定,重点推动县级人大常委会听取审议备案审查工作情况报告全覆盖。二是加强备案审查工作宣传。如 2019 年《浙江日报》要闻版推出"省人大常委会去年备案审查报告出炉——法制体检,查出了啥"长篇报道;《今日浙江》杂志刊出"让法规体检刚性运行"长篇通讯;2022 年,《浙江日报》头版介绍浙江备案审查工作情况。近年来,社会公众尤其是法律专业人士对备案审查工作知晓度明显提升,公民审查建议逐渐增多。

(二)推进备案审查工作数字化改革

2021 年,浙江全省党政机关开展全方位的数字化改革,备案审查数字化改革是人大数字化改革的重要模块。按照数字化改革 V 型理论,全流程多维度审视备案审查工作,层层分解堵点卡点,细化工作事项颗粒度。一是针对不报漏报、报备不及时、报备不规范等问题,完善审查机关与制定机关的多跨协同,实时提取制定机关规范性文件制定数量进行横向比较,解决报备总量不清、不报漏报等问题;增加"公布日期"项并实时统计报备及时率,解决报备起始日期不清晰、超时未报等问题;改造系统设置,确保不符合规定格式的文件无法报备,解决报备文件错漏、填报不全等问题。二是针对审查不及时、审查质量不高、公民建议不回复等问题,完善人大各专工委之间的多跨协同,突出显示超时未审情况,解决审查不及时问题;优化省市县人大多跨协同,实行联合审查、交叉审查,提高市县人大常委会审查质量;设置专栏记录审查建议办理全流程,突出显示超时未办情况,解决审查建议回复不及时等问题。针对不敢纠正、纠正情况跟踪不力等问题,设置专栏对纠正意见落实实行目录化管理,解决制定机关审查纠正意见落实不力、审查机关重提意见轻督促的问题。2021 年,已经建成备案审查数字化应用场景 1.0 版,2022 年,将继续实施系统升级改造,进一步打通数据孤岛,实现关键节点可量化可监测,工作效能可执行可评价,以数字化改革推动备案审查工作高质量发展。

(三)建成全省法规规章规范性文件数据库

建设权威、统一、规范的全省法规规章规范性文件数据库,既是建设法治中国示范区的内在要求,也是建设数字法治的基础性工程。2021 年,省人大常委会在全国人大常委会法工委的指导下,会同"一府一委两院"共同建设浙江省法规规章规范性文件数据库,并上线投入使用。在定位上,与国家法律法规数据建设以备案审查视角不同,我省数据库以规范性文件制定为视角,实行谁制定、谁把关、谁负责的工作机制,落实制定机关主体责任,确保数据更新的准确及时全面。在内容上,数据库建设坚持"横向到边、纵向到底",涵盖省、市、县三级人大、政府、监委、"两院"规范性文件,并在创造条件尽快收录乡镇规范性文件,全面贯彻全覆盖要求。在检索方式上,因地方规范性文件数量大且知晓度低,为方便查询,增设了"主题分类"选项,实现精准查询和类别查询相结合,使用者可以一键查清同一类型的所有相关规范性文件。数据库的建成,将进一步提升规范性文件公开的及时性、规范性和系统性,以及规范性文件查询服务的权威性和便利性,优化我省法治服务软环境。

(四)构建备案审查工作指标体系和评价体系

当前,全省人大对备案审查工作重要性的认识是深刻的,在人大常委会工作要点、立法工作计划、监督工作计划、常委会工作报告中都有安排有体现,但缺少客观有效的指标体系来评价衡量备案审查工作的成效。省人大常委会法工委以问题为导向,深度梳理备案审查工作重要环节、关键节点,将评价项目细化分解为"有件必备""有备必审""有错必纠""制度与能力建设"等 4 项一级指标和近 30 项二级指标,构建了比较科学的备案审查工作指标体系和评价体系,较为完整地反映了备案审查工作的全貌。同时,注重发挥指标体系和评价体系的导向作用,每年根据年度重点工作动态调整指标的分值权重,推动年度重点工作落实。省人大常委会法工委已连续三年开展对设区的市开展综合评价工作,做到评价指标年初公开,评价过程公开透明,评价结果年底公布,有效降低了评价工作随意性,增强了评价结果说服力。有关综合评价的结果作为设区的市工作排名的依据,以及省委"党领导人大工作"、省政府"法治政府"等考核的赋分依据,推动设区的市形成了争先创优的良好氛围,全省备案审查工作得到了明显的整体提升。

五、思考与建议

(一)进一步明确地方监委、"两院"规范性文件制定权限

虽然我省人大常委会已经按照党中央、全国人大常委会文件精神要求,将地方监委、"两院"的规范性文件纳入备案范围,但是在立法法、监督法、监察法、"两院"组织法等相关法律修改以前,地方监委、"两院"能否制定规范性文件,以及地方人大常委会能否接受地方监委、"两院"规范性文件备案,能否对地方监委、"两院"规范性文件进行审查,能否对存在不适当问题的地方监委、"两院"规范性文件行使撤销权,都是一个悬而未决的法律问题,直接影响地方监委、"两院"备案审查工作的开展与深入,迫切需要法律规定明确。为此,建议全国人大常委会法工委积极回应地方关切,按照"重大改革于法有据"的要求,及时对立法法、监督法、监察法、"两院"组织法等相关法律进行修改,为地方人大常委会履职行权提供法律依据。

(二)进一步拓宽规范性文件范围

在全国人大常委会法工委指导下,地方人大对需要备案的规范性文件范围已经形成基本共识,即应当限于涉及公民权利义务的公文。政府方面也持相同观点,2018年《国务院办公厅关于加强行政规范性文件制定和监督管理工作的通知》规定,行政规范性文件是指由行政机关依照法定权限、程序制定并公开发布,涉及公民权利义务,具有普

遍约束力,在一定期限内反复适用的公文。我们在实际工作中发现,有些规范性文件虽然不直接涉及公民权利义务,但是文件内容事关重大,应当纳入备案范围。例如,地方人大常委会制定的议事规则、监督工作规则等,事关地方国家权力机关是否依照宪法法律规定运行,应当纳入备案范围。又如,我省政府有关行政执法大综合一体化改革的规范性文件,涉及上下级以及同级行政机关之间的职能、职权调整,属于重大改革事项,应当纳入备案范围。再如,一些旨在规范国家机关自身公权力行使的内部规范性文件,例如行政审批程序、行政执法程序、行政处罚裁量规则、查封扣押罚没财物管理规定等,也会间接地对公民权利义务产生重大影响,应当纳入备案范围。为此,建议全国人大常委会法工委及时总结地方工作中发现的问题,对需要备案的规范性文件范围进行新一轮的研究与界定,进一步强化备案审查监督职能。

（三）进一步明确审查标准

根据立法法第九十六条、监督法第三十条规定,对行政法规、地方性法规、自治条例和单行条例的备案审查,遵循合法性原则;对规章以下规范性文件的备案审查,遵循适当性原则。全国人大常委会委员长会议通过的《法规、司法解释备案审查工作办法》,在立法法、监督法有关规定基础上,对审查标准作了进一步扩充完善,明确不区分规范性文件的种类,统一实施合宪性、政治性、合法性、适当性等四项审查标准,对审查工作提出了更高的工作要求。为此,建议全国人大常委会及时修改立法法、监督法相关规定,在法律制度层面上实现审查标准的协调统一。另外,审查标准不够具体、清晰,始终是困扰地方人大备案审查工作的难题。我省出台的《规章、规范性文件备案审查指引(试行)》,在明晰审查标准上作了一些有益的研究和探索,但相对来讲层级较低,缺乏权威性。建议全国人大常委会法工委比照立法技术规范,对实践中常见的有争议的不合法情形进行总结提炼,研究出台具体的审查标准规范,为地方人大依法审查提供指导与遵循。

地方规范性文件备案审查纠错案件化办理研究

——以审查报告构造为切入点

嘉兴市人大常委会法工委课题组*

摘　要: 规范性文件备案审查是宪法法律赋予人大常委会的重要监督职权,当前在规范性文件备案审查纠错工作中还存在不够规范的问题①。要解决该问题,可以通过采取案件化办理流程,以审查报告构造为切入点,形成统一审查思维,进而有助于寻找工作规律,助力备案审查走向专业化、规范化、类型化,也为及时开展业务培训,积累总结经验,扩大规模效应提供鲜活样本。设计规范性文件备案审查纠错案件化办理机制,并不是为了机械审查,而是要确保人大正确、规范履职,提升监督质效,树立人大常委会监督权威。

关键词: 规范性文件　备案审查　纠错案件化办理　审查报告

---

* 课题组简介:何伟明,嘉兴市人大常委会副秘书长、法制委员会主任委员;徐平,嘉兴市人大常委会法工委副主任;崔倩如,法学硕士,杭州市拱墅区人民检察院员额检察官;颜乐,法学硕士,嘉兴市人大常委会法制工作委员会四级主任科员。

① 出于保持课题的严谨性、周延性,又因课题成员的工作和文献研究之所及,文章当前规范性文件备案审查的研究着重点是限缩的,即地方行政规范性文件,是除国务院的行政法规、决定、命令以及部门规章和地方政府规章外,由地市级以下行政机关或者经法律、法规授权的具有管理公共事务职能的组织(以下统称行政机关)依照法定权限、程序制定并公开发布,涉及公民、法人和其他组织权利义务,具有普遍约束力,在一定期限内反复适用的公文。当然因为备案审查研究也就有普遍性和规律性,更好的构想是,待实践理论较为成熟后,可以参照适用并逐步推广到全部规范性文件备案审查。

一、问题提出

备案审查是中国特色的宪法监督制度,有着极为严肃的政治意义和具体严格的法律规定①。当前规范性文件备案审查中,人大机关认为规范性文件存在不适当情形的,采用与制定机关沟通、征询意见,制定机关承诺通过修改、废止或者其他方式改正,将相关情况记录存档,并督促落实改正措施,必要时也可以起草要求纠正的公函,明确制定机关应当修改或者废止的内容和时限要求②。这种纠错方式虽具有灵活性,也具有适应性,纠错成本也较低,但完整的法律监督过程,应当包括知情、审查确认和实施具体监督行为的逻辑过程③。此种纠错方式还不够规范,未形成统一的审查思维和流程,未形成审查纠错标准,一定程度上制约了备案审查监督工作的深入发展④。尤其针对规范性文件纠错,即使采取发函纠错,制发的纠错文书函件也未由制定机关统一登记、统一编号、统一印发,未形成统一、全面、完整的审查报告记录办理事实和流程,纠错机制还处于零散、自发状态,不利于备案审查专业思维的养成,也不利于从制度上形成备案审查监督刚性。

---

① 刘永华:《备案审查数字化改革的理念方法与实践》,载《浙江人大信息》(调查研究)第 4 期,2022 年 5 月 24 日。

② 文章将以备案审查规范性相关法律规定的程序为基础,并以浙江地方法规、规章为血脉依托,设计纠错案件化办理机制,构造各阶段应当具备的法律文书样式。从范围而言,建议可以争取在浙江范围试点。

③ 李小东、周硕鑫:《重大监督事项案件化办理的理论与实践》,载《国家检察官学院学报》2022 年第 1 期。(引自参见向泽选:《法律监督:理念、机制与改革》,中国检察出版社 2011 年版,第 27 页。)

④ 根据规范性文件可能出现的抵触情形,浙江省人大法制委已经出台参考指引规则,使审查纠错有了参考指南,使得审查标准得到进一步深入研究。(任亦秋:《论规章及规范性文件备案审查标准——以浙江省〈规章、规范性文件备案审查指引(试行)〉为例》,载《地方立法研究》2021 年 3 月。)但是经在中国知网和国家图书馆"文津搜索"上检索文献专著,就所见文献之所及,涉及研究规范备案审查工作流程的不多,大都集中在备案审查功能定位研究、审查溯及力、范畴、具体机制构建以及可能涉及的抵触情形研究。(梁洪霞:《关于备案审查结果溯及力的几个基础问题》,载《法学论坛》2022 年 3 月;刘作翔:《构建分种类、多层级社会规范备案审查的具体机制》,载《法学论坛》2022 年 3 月。)

二、规范性文件备案审查纠错案件化办理的理论证成

监督事项案件化办理在公安、检察院系统办理案件时运用较为成熟[1]，以案件化办理的形式落实刑罚、行政处罚规定成为重要手段。其目的是为了保障人权，限制国家权力，防止国家暴力机器随意侵害公民个体。监督事项案件化办理是指采用标准化的立案条件、取证规则、事实认定标准、处理意见，确保各项活动依法展开。是指以办案的形式开展监督工作，包括形式上要流程化、程序化，内容上要证据规范化、论证充分性[2]。具体而言要有一般案件的实体要素（每个流程需要制定标准化的法律文书）、证据要素、程序流程要求，形成流程规制，始于线索受理，终于认定处理，活动全流程留痕，并可追溯可评价[3]。从理论层面而言，规范性文件备案审查监督事项能否实现案件化办理的正当性基础包括：该监督事项有无上位法授权规定；该监督事项是否具有必要性（监督事项案件化办理的成本）；该监督事项所涉程序和内容是否重大复杂等。

（一）规范性文件备案审查纠错职权属于法律授权事项。规范性文件备案审查是宪法法律赋予人大常委会的重要监督职权，是保证中央令行禁止，维护宪法法律权威，维护国家法制统一，维护人民群众合法权益的重要制度安排。人大机关对"一府一委两院"具有的

---

[1] 最高人民检察院在《十三五时期检察工作发展规划纲要》提出要"探索实行重大监督事项案件化，加大监督力度，提升监督实效"。2017年4月，广东检察机关开展试点，后北京、长沙和兰州也探索该机制，2018年全国检察长会议明确探索重大监督事项案件化办理模式，重大事项案件化办理机制已经较为成熟。（李小东、周硕鑫：《重大监督事项案件化办理的理论与实践》，载《国家检察官学院学报》2022年第1期。）甚至2018年7月16日湖南省检察院出台《重大监督事项案件化办理指导意见》，在重大监督事项案件化办理过程中将依照受理、立案、调查核实、实施监督、跟踪反馈等流程办理。

[2] 参考何德辉、程梦倚：《监督事项案件化办理应考量的因素》，载《人民检察》2021年第12期。

[3] 万毅、韩晓峰、龚培华：《如何深入探讨重大监督事项案件化办理》，载《人民检察》2017年第15期。

监督职权,依照《中华人民共和国立法法》第九十八条,《浙江省各级人民代表大会常务委员会规范性文件备案审查规定》第八条以及参照《法规、司法解释备案审查工作办法》第三十八条等规定,规范性文件备案审查监督职权属于法律授权事项,属于法定的、重大的监督事项。

(二)规范性文件备案审查纠错采用案件化办理具有必要性。从全国规范性文件备案审查工作来看,2021 年,共收到公民、组织提出的审查建议 6339 件,其中以书面寄送形式提出的 1274 件,通过在线受理审查建议平台提出的 5065 件①。从浙江省层面来看,2021 年浙江省人大常委会对规范性文件审查纠正 26 件②。嘉兴市 2021 年对规范性文件审查纠正 2 件。从线索体量来看,全国和地方已经形成一定规模,从纠错数量来看,浙江省设区市平均纠错量为 2 件左右,嘉兴地区每年纠错保持在 1—3 件,采用案件化办理的方式具有可能性。有人提出,备案审查纠错的案件数量较少,采取案件化办理程序严格、要求高、监督成本高、工作成本投入大,不宜采用案件化办理方式。这种观点不可取。既然备案审查纠错属于法定、重大的监督事项,那么这项工作就不是停留在表面、浅尝辄止、可做可不做的工作。备案审查监督纠错的规范性文件,一般属于社会关注度高,且该规范性文件可能因侵犯当事人的合法权益带有普遍性,从而需要审查纠错,为提升监督的精准性,解决备案审查监督工作弱化的实践难题,实行案件化办理具有必要性。

(三)规范性文件备案审查纠错程序复杂、内容重要。法律规定采用与制定机关沟通请自行修改或废止→(无法解决)久拖不决发出书面审查意见书→(无法解决)约谈、函询方式督促解决→(无法解决)人大常委会法工委提请人大主任会议提请撤销等依次递进的方式

---

① 《全国人民代表大会常务委员会法制工作委员会关于 2021 年备案审查工作情况的报告》,载 http://www.npc.gov.cn/npc/c30834/202112/2606f90a45b1406e9e57ff45b42ceb1c.shtml,2022 年 5 月 24 日访问。

② 浙江省人大常委会法工委:《2021 年浙江省规范性文件审查纠正案例汇编》。

进行规范性文件备案审查纠错,已经形成了一整套监督流程,该纠错程序最为全面,几乎包含了重大事项案件化办理程序的流程,具备了程序复杂的特点。以案件化办理形式开展监督工作,能通过程序化的流程和体系化的质量标准凸显监督的运行轨迹,提升监督的程序性和严谨性①。从监督的内容看,备案审查纠错具有严肃性和规范性,涉及内容重要,理应采取比普通执法、司法案件更严格的审查方式,应当拥有更充足的理论、实践和法律依据,应当在相应的每个节点形成全面、客观、公正、充分的法律文书以及法律文书样式标准。从立法角度来看,规范性文件备案审查纠错,直接涉及规范性文件修改、废除、清理,通过案件化办理途径进行规范可以确保规范性文件可视化管理,有助于形成统一的案号、文号,明晰规范性文件立、改、废的全生命周期,也有助于形成规范性文件的动态清理机制。

三、规范性文件备案审查纠错案件化办理的实践证成

具体实践中,依托现有人大履职平台,规范性文件备案审查监督已经形成了文件受理接收、形式审查、初步审查、综合审查、审查认定、监督纠错、跟踪反馈等一系列程序②,但当前备案审查工作和系统中依然存在审查质量不高,包括发现问题不精准,审查流于形式,缺少智能辅助审查功能和审查场景不够齐全等问题③。为深化规范性文件备案审查监督纠错规范化水平,在此基础上,运用案件化办理方式,在相应

---

① 李小东、周硕鑫:《重大监督事项案件化办理的理论与实践》,载《国家检察官学院学报》2022 年第 1 期。

② 浙江人大代表履职服务平台中,地方规范性文件备案审查职能有形式审查、初步审查、综合审查程序,其中每个程序中又含有 4—6 个子程序共计 16 个子程序,功能已经相对完备。

③ 刘永华:《备案审查数字化改革的理念方法与实践》,载《浙江人大信息》(调查研究)第 4 期,2022 年 5 月 24 日。内容中就提及:核心业务功能模块不健全。主要有:缺少基于审查建议展开的被动审查工作流程;缺少基于工作计划展开的专项审查工作流程;缺少反映制度和能力建设的功能模块;缺少反映备案审查重大工作动态进展的功能模块等场景内容。

节点上形成标准化的法律文书样式,尤其是构造全面、完整、统一的审查报告样式,增强文书调查核实和论证说理,提升人大监督质效,属于"临门一脚"和"最后一公里",具有实践可能性和可行性。

一是有利于梳理备案审查纠错的思维,对内以审查报告为载体,训练专业、规范、系统审查思维,对外可以审查报告为基础,根据审查情况,统一制发具有法律效力的纠错审查意见书,树立监督权威。**二是**将监督工作计入工作量,体现工作业绩,激发工作人员正确履职,改变备案审查监督零敲碎打的方式,更好聚焦主职主业,提升监督质效。**三是**形成纠错全过程记录制度,通过案件化办理,可以规范监督流程,严格监督标准,实现监督全程留痕,更好开展自我监督和上级案件评查监督,也便于档案管理,有利于进一步提高人大监督品质,提升人大履职的辨识度。**四是**数字化为增量开发备案审查场景提供了技术保障。数字化改革理念和案件化办理理念,其本质都是为了大力提升工作的规范化水平,备案审查数字化改革,并非盲人摸象,而是增量开发、完善信息平台功能设计,在既有经验上针对问题总结提升,明确内涵需求,紧盯备案审查监督全流程全生命周期,针对备案审查工作的卡点堵点问题相应完善功能系统,提升规范性文件备案审查纠错的质效。

四、规范性文件备案审查纠错审查报告样式构造

监督事项一般围绕是否监督(线索接收和受理)、如何监督(审查和认定)、如何实现监督效果(纠正方式选择)展开,形成立案→审查→决定的逻辑推进路径。其中是否监督相对比较简单,可以参照公安、检察院的立案决定书或者受理通知书进行构造相应流程节点的法律文书①,如何实现监督效果体现的法律文书是审查意见书,审查意见书是对外直接发生法律效力的文书,相较于审查报告,内容更为简明

---

① 注:比如说公安和检察院实践办案中有《受案登记表》《受理(不予受理)决定书》《立案(不予立案)决定书》等标准化的法律文书样式。

扼要,可以参照审查报告制作审查意见书。而审查报告法律文书因其涉及内容最为全面,涉及要素最为齐全,是体现如何监督的最重要部分,是体现如何监督最重要的载体,也是体现监督事项案件化办理的标志。审查报告样式构造是规范性文件备案审查纠错案件化办理最关键、最难的内容,因此有必要进行深入的探讨,并运用个案进行场景化的演示,促使该部分内容可视化、可感知。

(一)**效力保障**。构造规范性文件备案审查纠错审查报告,首要问题就是审查报告要素是否具有法律依据,从而解决效力保障问题。根据《浙江省各级人民代表大会常务委员会规范性文件备案审查规定》第十六条,《浙江省人大常委会规范性文件备案审查工作程序》第十八条、第二十四条的规定①,承办人在初审阶段和提出审查意见前,发现规范性文件具有应当纠错的情形,应当制作审查报告,因此就浙江地方层面而言,规范性文件备案审查纠错制作审查报告具有法律依据。审查报告是作出监督或者不支持监督决定的基础性文书,并供人大常委会主任会议、人大常委会会议讨论,报告建议由部门负责人审核,法制委员会主任审批使用,其应当包含与案件有关的全部内容。审查报告应当全面、客观、公正地叙述案件事实,依照法律、法规、政策提出明确的处理意见,审查报告是承办人汇报案件的主要材料来源,也是制作审查意见书的依据来源,虽然对外不发生法律效力,但审查报告是内部汇报,接受上级指导和案件评查的主要文书,具有法定效力。

(二)**主体结构**。参照最高人民检察院《人民检察院行政诉讼监督法律文书格式样本(2021年版)》,监督生效行政判决、裁定、调解书

---

① 《浙江省人大常委会规范性文件备案审查工作程序》第十八条:初审意见均认为有问题的处理:有关专门委员会和法制工作委员会提出的初审意见一致,认为被审查的规范性文件存在不适当情形的,备案审查处应当在十五日内研究提出规范性文件初步审查报告,报法制工作委员会。第二十四条:提出审查意见:制定机关未在规定期限内修改或者废止规范性文件,或者法制工作委员会、有关专门委员会认为制定机关提出的不同意修改或者废止的理由不成立的,备案审查处应当在十五日内研究提出审查报告,报请法制工作委员会按程序提请法制委员会研究。

用的审查终结报告样式,文书主要结构体例包含八个部分,具体而言第一部分为基本情况(线索来源)。第二部分为申请审查理由及其他当事人意见(如有)。第三部分为人大专门委员会(专工委)和第三方审查情况。第四部分为备案审查认定的事实和理由。第五部分为审查意见。第六部分为风险评估。第七部分为其他需要说明的问题。最后部分为落款和办理时间。

1. **基本情况**。基本情况主要体现规范性文件的来源和接收受理情况。有关单位或者个人向人大常委会书面提出规范性文件审查建议,当事人申请规范性文件备案审查监督的可以表述为:××××年××月××日,因认为××规范性文件限缩了公民权利或者增加了公民义务。向本人大常委会申请监督。本委于××××年××月××日决定受理。本规范性文件现已审查终结。依职权审查发现的线索问题表述为:××××年××月××日,因认为××规范性文件限缩了公民权利或者增加了公民义务。本人大常委会于××××年××月××日决定受理。经××市人大常委会××专门委员会、专家××初步审查,本委依法进行了审查。本规范性文件现已审查终结。各级人民代表大会及县级以上人民代表大会常务委员会、县级以上人民政府、县级以上人民法院和人民检察院认为规范性文件有违反上位法等不适当情形的①,亦可以向有审查权的人民代表大会常务委员会书面提出审查要求。该部分应当列明线索来源,并参照当事人申请规范性文件备案审查的内容体例列明情况。该部分内容应当简明扼要,表述客观中立,阐明规范性文件是否存在法定监督情形。

---

① 《浙江省各级人民代表大会常务委员会规范性文件备案审查规定》第八条:县级以上人民代表大会常务委员会经审查认为规范性文件有下列不适当情形之一的,有权予以撤销:(一)超越法定权限制或者剥夺公民、法人和其他组织合法权利,或者增加公民、法人和其他组织义务的;(二)超越法定权限制定规范性文件的;(三)违反法定程序制定规范性文件的;(四)同上位法相抵触的;(五)同本级或者上级人民代表大会及其常务委员会的决议、决定相抵触的;(六)有其他不适当的情形,应当予以撤销的。但是以上情形还不能囊括所有需要纠错的情形,还要参照《法规、司法解释备案审查工作办法》第三十八条、第三十九条列明的违反上位法情形,共 13 种情况,具体情形参见附件审查报告样式载明的情形。

2. 申请审查理由及其他当事人意见(如有)。该部分内容主要针对被动开展审查的情况,公民个人和有关机关申请对规范性文件审查的,书面提供的审查理由和依据应当载明。人大机关主动开展审查的则无需填写。如有公民个人申请审查监督,或者由上级人大常委会接收到公民个人申请审查监督,应当载明,并简要写明申请当事人备案审查请求和理由及其他当事人意见。其他当事人包括制定机关、审核机关和司法审判适用机关,未提出意见的应当写明无意见。意见应当提炼总结,并建议逐条列明,以方便归纳争点问题。各级人民代表大会及县级以上人民代表大会常务委员会、县级以上人民政府、县级以上人民法院和人民检察院向有审查权的人民代表大会常务委员会书面提出规范性文件审查要求的,应当参照当事人意见建议写明情况。人大机关开展专项审查,并依职权监督发现的案件,此部分可省略。

3. 人大专门委员会(专工委)①和第三方审查情况。依照《浙江省人大常委会规范性文件备案审查工作程序》第十二条的规定,相关人大专委和第三方专家等应当在两个月内完成初步审查,提出初审意见,填写《规范性文件初审意见反馈表》,反馈给备案审查处。备案审查处形式审查后,人大专委和第三方开展初步审查,相应审查情况应当在该部分列明。包括两部分,人大专委和第三方专家等审查情况,按照各自审查情况分别列明。(1)人大专委审查情况。写明人大专委对本规范性文件审查后反馈的意见。反馈的意见可以结合审查认定的事实,充分说明理由,依照法律、法规等相关规定,详细论述规范性文件是否具有违反上位法的情形,需要进行纠错的理由和依据。说理要有针对性,引用法律、法规和相关规定时应当准确、全面、具体。多个人大专委参与审查,应当按照不同委室逐项列明意见,涉及多个纠错点建议逐项列明。该部分应当将《规范性文件初审意见反馈表》客观、真实、全面摘录,承办人不得歪曲、遗漏填写各人大专委的审查意见。(2)第三方审查情况。写明第三方,如专家学者及开展沟通会、

---

① 以下简称"人大专委"。

论证会等各主体对规范性文件审查后反馈的意见。反馈的意见参照人大专委载明的内容全面、准确、具体、客观地列明。

4. 备案审查认定的事实和理由。本部分承办人应当载明开展调查研究等查明事实的情况,审查认定事实,为审查认定结论提供事实依据。如有作调查核实、委托鉴定、调查研究和听证等其他工作,在此部分一并写明。如有与人大各专委和第三方专家的不同意见应当列明并写明理由。该部分应当客观、真实、全面、逻辑清晰反映审查认定的事实,人大各专委、第三方专家意见和承办人审查认定的意见均不同时,应当写明分歧点、矛盾点和争论焦点,认定事实应当充分阐明理由,并对不同意见和不同事实充分回应,要求逐项列明证据依据。

5. 审查意见。审查意见是结合法律依据、事实依据作出的意见决定,是审查报告的核心,是最重要、最具价值的内容。审查意见应当写明承办人的观点,承办人观点应当围绕申请人的申请监督请求、理由,人大各专委和第三方审查情况,紧扣争议焦点以及发现的其他违法情形,对规范性文件进行重点审查并提出相应具体的审查意见。同时需要结合审查认定的事实,充分论证,充分说理,依照法律、法规等相关规定,详细论述规范性文件是否具有违反上位法等不适当的情形,列明需要进行纠错的理由和依据。说理要有针对性,引用法律、法规和相关规定时应当准确、全面、具体。另外,如果在审查中发现其他应当沟通的行为,可以一并写明并提出相应审查意见。写明审查意见后,对规范性文件是否存在监督的法定情形进行综合概述,并依据相关法律提出具体审查处理建议,如果在审查中发现其他违法、不当或者应当沟通的情形,可以一并提出审查处理建议。

6. 风险评估。风险评估即是要前瞻性和全局系统地考虑案件侵害公民、企业和其他组织的严重性,以及涉及的维稳、信访、社会舆情等风险,本部分应当载明并提示预警。同时要及时判断工作中存在的风险以及开展纠错工作情况、进展及存在的其他问题,该部分应当全面如实记录。

7. 其他需要说明的问题。除了前述内容,承办人认为还有其他应当提供的重要内容,在其他需要说明的问题中逐条列明。如其他关联规范性文件审查情况,如领导过问或干预情况、领导批示等其他重要情况,以及会议讨论情况等①。

五、场景构造

根据 2019 年《中华人民共和国政府信息公开条例》第二十七条规定,已经删除了之前 2007 年《中华人民共和国政府信息公开条例》第十三条"生产、生活、科研等特殊需要"的前置条件,即公民、法人或者其他组织还可以根据自身生产、生活、科研等特殊需要,向国务院部门、地方各级人民政府及县级以上地方人民政府部门申请获取相关政府信息的内容规定,××市制定的实施方案中依然按照生产、生活、科研等特殊、正当需要,进而甄别滥用诉权行为,对公民、法人或者其他组织的权利和义务规定明显不合理,与上位法《浙江省各级人民代表大会常务委员会规范性文件备案审查规定》第八条,《法规、司法解释备案审查工作办法》第三十八条规定相抵触。

文章将以××(有关单位或者个人)向××市人大常委会书面提出规范性文件审查建议②,就《××市关于开展滥诉甄别工作试点实施方案》(以下简称方案)中规定的"不能合理证明向行政机关申请信息公开系根据自身生产、生活、科研等特殊、正当需要,行政机关已经依据相关规定拒绝答复或者明确不准许其申请后,仍然起诉要求信息公开的"规定为滥诉行为违反上位法规定,限制公民诉讼权利提出审查意见,向××市人大常委会申请监督。该违反上位法的情况应当纠正,需撰写一份审查报告供领导决策③。

---

① 经文书内容构造,附件 1-1 系撰写审查报告样式的通用样式。
② 该场景为虚构场景,并未在实际生活中产生重要影响,但是便于可视化规范制作法律文书,构造这一场景。
③ 附件 1-2 将撰写具体审查报告演示具体内容。

六、结　　语

　　运用案件化办理的流程规范审查工作,具有重要意义。规范性文件备案审查工作中,监督事项情形纷繁复杂,只有通过科学分类,寻找工作规律和标准,不断形成规范逻辑体系,通过案件化办理构造审查纠错流程,在相应节点上构造标准化法律文书样式,便于积累业务经验,及时开展业务培训,有助于审查工作走向专业化、规范化、类型化,进而有效推进审查纠错监督事项案件化办理模式规范运行,提升监督质效,树立人大常委会监督权威。这一努力值得学术界和实务界共同关注和思考,科学设计审查报告,并不是为了剥夺备案审查工作人员的主观能动性,也不是为了空洞的研究讨论,而是为了努力探索一套科学的、共性的工作指南和思维模式,进而更好地开展备案审查监督纠错工作,维护法制统一和人民群众合法权益。

附:规范性文件纠错审查报告样式及制作说明

××市人大常委会
关于××规范性文件纠错的审查报告

一、基本情况(线索来源)

　　当事人申请规范性文件备案审查监督的表述为:××××年××月××日,因认为××规范性文件限缩了公民权利或者增加了公民义务。〔依照《浙江省各级人民代表大会常务委员会规范性文件备案审查规定》第八条,参照《法规、司法解释备案审查工作办法》第三十八条　对法规、司法解释进行审查研究,发现法规、司法解释违背法律规定,有下列情形之一的,应当提出意见:(一)违反立法法第八条,对只能制定法律的事项作出规定;(二)超越权限,违法设定公民、法人和其他组织的权利与义务,或者违法设定国家机关的权力与责任;(三)违法设定行政许可、行政处罚、行政强制,或者对法律设定的行政许可、行政处罚、行政强制违法作出调整和改变;(四)与法律规定明显不一致,或者与法律的立法目的、原则明显相违背,旨在抵消、改变或者规避法律规定;(五)违反授权决定,超出授权范围;(六)对依法不能变通的事项作出变通,或者变通规定违背法律的基本原则;(七)违背法定程序;(八)其他违背法律规定的情形。

　　第三十九条　对法规、司法解释进行审查研究,发现法规、司法解释存在明显不适当问题,有下列情形之一的,应当提出意见:(一)明显违背社会主义核心价值观和公序良俗;(二)对公民、法人或者其他组织的权利和义务的规定明显不合理,或者为实现立法目的所规定的手段与立法目的明显不匹配;(三)因现实情况发生重大变化而不宜继续施行;(四)变通明显无必要或者不可行,或者不适当地行使制定经济特区法规、自治条例、单行条例的权力;(五)其他明显不适当的情形。]向本人大常委会申请监督。本委于××××年××月××日决定受理。经××市人大常委会××专门委员会、专家××初步审查,本委依法进行综合审查,本规范性文件现已审查终结。

　　依职权发现的表述为:××××年××月××日,因认为××规范性文件限缩了公民权利或者增加了公民义务。[参照《法规、司法解释备案审查工作办法》第三十八条　对法规、司法解释进行审查研究,发现法规、司法解释违背法律规定,有下列情形之一的,应当提出意见:(一)违反立法法第八条,对只能制定法律的事项作出规定;(二)超越权限,违法设定公民、法人和其他组织的权利与义务,或者违法设定国家机关的权力与责任;(三)违法设定行政许可、行政处罚、行政强制,或者对法律设定的行政许可、行政处罚、行政强制违法作出调整和改变;(四)与法律规定明显不一致,或者与法律的立法目的、原则明显相违背,旨在抵消、改变或者规避法律规定;(五)违反授权决定,超出授权范围;(六)对依法不能变通的事项作出变通,或者变通规定违背法律的基本原则;(七)违背法定程序;(八)其他违背法律规定的情形。

第三十九条 对法规、司法解释进行审查研究,发现法规、司法解释存在明显不适当问题,有下列情形之一的,应当提出意见:(一)明显违背社会主义核心价值观和公序良俗;(二)对公民、法人或者其他组织的权利和义务的规定明显不合理,或者为实现立法目的所规定的手段与立法目的明显不匹配;(三)因现实情况发生重大变化而不宜继续施行;(四)变通明显无必要或者不可行,或者不适当地行使制定经济特区法规、自治条例、单行条例的权力;(五)其他明显不适当的情形。]××人大常委会于××××年××月××日决定受理。经××市人大常委会××专门委员会、专家××初步审查,本委依法进行综合审查,本规范性文件现已审查终结。

(各级人民代表大会及县级以上人民代表大会常务委员会、县级以上人民政府、县级以上人民法院和人民检察院认为规范性文件有本规定第八条所列情形之一的,向有审查权的人民代表大会常务委员会书面提出审查要求的,并依照当事人申请规范性文件备案审查的内容体例列明。)

二、申请审查理由及其他当事人意见

……(简要写明申请当事人备案审查请求和理由及其他当事人意见。其他当事人包括制定机关、审核机关和审判司法机关,未提出意见的应当写明。各级人民代表大会及县级以上人民代表大会常务委员会、县级以上人民政府、县级以上人民法院和人民检察院认为规范性文件有本规定第八条所列情形之一的,可以向有审查权的人民代表大会常务委员会书面提出审查要求并应当参照当事人申请备案审查监督体例写明。)(依职权监督案件,此部分可省略。)

三、人大专门委员会(专工委)和第三方审查情况

1. 人大专门委员会审查情况。××××年××月××日,××委对本规范性文件审查后反馈意见如下:(结合审查认定的事实,充分说明理由,依照法律、法规等相关规定,详细论述规范性文件是否具有参照

《法规、司法解释备案审查工作办法》等相关的情形,需要进行纠错的理由和依据。说理要有针对性,引用法律、法规和相关规定时应当准确、全面、具体。多个人大专门委员会参与审查,应当逐个列明,涉及多个纠错点建议逐项列明。)

2. 第三方专家审查情况。××××年××月××日,××专家对本规范性文件审查后反馈意见如下:(结合审查认定的事实,充分说明理由,依照法律、法规等相关规定,详细论述规范性文件是否具有参照《法规、司法解释备案审查工作办法》等相关的情形,需要进行纠错的理由和依据。说理要有针对性,引用法律、法规和相关规定时应当准确、全面、具体。多个专家参与审查,应当逐个列明,涉及多个纠错点建议逐项列明。)

四、备案审查认定的事实和理由

……(如有做调查核实、委托鉴定、专家咨询、调查研究和听证等其他工作,在此部分一并写明。如有与专家意见和人大专门委员会不同意见应当列明并写明理由。)

五、审查意见

承办人认为,……(围绕申请人的申请监督请求、理由,专工委审查情况以及专家审查情况,围绕争议焦点以及发现的其他违法情形,对规范性文件进行重点审查并提出相应审查意见。)

(结合审查认定的事实,充分说明理由,依照法律、法规等相关规定,详细论述规范性文件是否具有参照《法规、司法解释备案审查工作办法》《中华人民共和国各级人民代表大会常务委员会监督法》等应当纠错的法定情形,详细说明需要纠错的理由和依据。说理要有针对性,引用法律、法规和相关规定时应当准确、全面、具体。)

(如果在审查中发现其他应当沟通的行为,可以一并写明并提出相应审查意见)。

综上所述,××第××号规范性文件……(概括说明规范性文件是否存在法定监督的情形)。根据《中华人民共和国各级人民代表大会常务委员会监督法》第××条第××款,《浙江省人大常委会规范性文件备案审查工作程序》第××条第××款,参照《法规、司法解释备案审查工作办法》第××条第××款,《法规规章备案条例》第××条第××款,建议……
(提出审查处理建议)。

（如果在审查中发现其他应当沟通的行为,可以一并提出审查处理建议。）

六、风险评估

……（判断工作中存在风险以及需要沟通的问题;开展纠错工作情况、进展及存在的问题。）

七、其他需要说明的问题

……（写明其他需要说明的情况,如关联规范性文件审查情况,如过问或干预情况、领导批示等其他重要情况。）

承办人:××
20××年××月××日

附件:（为说明事实等情况,可以制作图表附后。）

审查报告制作说明

本文书根据《浙江省各级人民代表大会常务委员会规范性文件备案审查规定》第十六条,《浙江省人大常委会规范性文件备案审查工作程序》第二十四条,《法规、司法解释备案审查工作办法》第三十八条第××款,《法规规章备案条例》第十条第×款的规定制作。承办人对规范性文件备案审查纠错的法定情形进行审查,制作审查终结报告时使用。审查报告应当全面、客观、公正地叙述案件事实,依照法律、法规、政策提出明确的处理意见。审查终结报告是作出监督纠错或者不支持监督的法律文书的重要基础性文书,并供人大常委会主任会议、人大常委会会议讨论,报告建议由部门负责人审核,法制委员会主任审批使用,其应当包含与案件有关的全部内容。

德国联邦宪法法院对防疫立法的审查

——"联邦紧急制动案 I"评介

姚子骁*

摘　要: 德国联邦宪法法院裁决联邦议会于 2021 年 4 月 21 日通过的防控新冠疫情的法律符合基本法。作为新冠疫情暴发以来,联邦宪法法院首次对疫情期间接触限制、夜间外出限制等基本权利限制措施的全面审查,该裁决受到德国社会各界的广泛关注,并引发了对相关程序问题与实体法律问题的讨论。具体涉及的问题包括联邦宪法法院的裁判形式、自我执行的法律、以心理为媒介的强制、不确定性下的比例原则等。

关键词: 新冠疫情　裁决　自我执行的法律　强制　比例原则

引　言

新冠疫情暴发已逾两载,世界各国面对疫情的态度也从最初的恐

---

* 姚子骁,德国柏林洪堡大学法学院公法学博士研究生。感谢王世杰、程皓楠、徐辉、王钧民等学友在本文写作过程中给予的斧正。

惧、紧张逐渐转变为现在的冷静、理性。为应对疫情而采取的各类措施,也无法继续躲藏在"危机"的挡箭牌后而逃避法律的审查与控制。2021 年 11 月 19 日,德国联邦宪法法院公布了一项裁决,涉及对当年 4 月德国联邦议会通过的一件防疫法律。对这项裁决的分析不仅有助于更好地理解德国抗击新冠疫情的措施,更关键的是,它可以帮助我们思考一个核心的,或许对未来而言愈加重要的问题——面对巨大的不确定性,法律能做些什么?

一、审查对象

2021 年 4 月 21 日,因面对新型冠状病毒(SARS-CoV-2)引发的疫情缺乏作为而饱受质疑的德国联邦议会终于以 342 票同意、250 票反对、64 票弃权的结果通过了《在发生影响全国的传染病情况下保护居民的第四号法律》("Viertes Gesetz zum Schutz der Bevölkerung bei einer epidemischen Lage von nationaler Tragweite"[①])。该法律的第 1 条为原本只是应对"在幼儿园中暴发的麻疹或被细菌污染的村庄水塘"[②]而制定的《人类传染病预防和控制法》("Gesetz zur Verhütung und Bekämpfung von Infektionskrankheiten beim Menschen"[③],以下简称《传染病防治法》,"Infektionsschutzgesetz")新增了第 28b 条,28c 条,并修改了第 32 条、第 73 条第 1a 款和第 77 条,作为德国应对新冠疫情的主要法律基础(直至 2021 年 6 月 30 日到期)。该法律的颁布正值德国逐步解除此前所采取的各类防疫措施却突遭第三波疫情,感染人数快速反弹之际,可谓势成骑虎。因此德国社会各界普遍将上述修改包含的防疫措施概称为"联邦紧急制动"("Bundesnotbremse")。

修改后的《传染病防治法》第 28b 条的名称为"在特殊的传染情

---

① BGBl. I S. 802.

② Thorsten Kingreen, Der demokratische Rechtsstaat in der Corona-Pandemie, NJW 2021, S. 2767.

③ BGBl. I S. 1045.

况下防止新型冠状病毒传播的全国统一保护措施,对行政法规的授权",其具体内容如下:

(1)如果罗伯特·科赫研究所公布某个县或某个直属于州的城市每10万居民7日新增新型冠状病毒感染人数(7日感染率)连续3日超过100的临界值,则从次日起在该地适用以下措施:

1. 在公共空间或私人空间举行的私人会面,只允许一个家庭和一名来自其他家庭的人(属于其家庭的14岁以下的儿童不计入)参加;只有同一家庭的成员参加的、配偶或生活伴侣参加的、行使监护权或探视权而举行的会面,以及最多30人参加的葬礼活动不受影响。

2. 从22时至次日5时,禁止在住宅、旅舍及所属的"安宁地产"①外逗留;这不适用于以下目的的逗留:

a)防止对身体、生命或财产的危险,特别是医疗、兽医的紧急情况或其他不容推迟的治疗,

b)从事德国基本法第12条第1款意义上的职业,在没有特别限制的情况下,从事公务或议员工作,以及新闻、广播、电影及其他媒体的代表的报道。

c)行使监护权或探视权。

d)紧急照顾需要帮助的人或未成年人或陪伴临终者。

e)照顾动物。

f)出于类似重要的或不可避免的目的,或者

g)在22时至24时之间,独自在户外进行体育活动,但不得在体育设施中进行。

3. 禁止开放休闲设施,特别是游乐园、室内游乐场、浴场、水上乐园、酒店游泳池、温泉、康健中心、桑拿、日光浴、健身房室、舞厅、俱乐部、游戏厅、赌场、投注站、风化场所、商业娱乐活动、各种形式的城市、游客和自然导览、缆车、游览过程的河流和湖泊航运、旅游火车、巴士

---

① 《德国刑法典》第123条第1款规定的"Befriedetes Besitztum"是指那些由权利人以外部可识别的方式,通过连续的(但未必是不间断的)防御性障碍物确保其他人无法随意进入的土地或建筑物。

以及河流游船。

4. 禁止开放有客流的,以交易为目的的商店和市场;包括"直接销售"①、饮料市场、绿色食品店、室内的食品贸易、婴儿用品专门市场、药店、医疗用品店、卫生用品店、眼镜店、助听器店、加油站、报刊亭、书店、花店、宠物用品市场、饲料市场、园艺市场和批发贸易在内的生活用品交易满足以下条件的除外:

a)不得销售通常商品以外的其他品种商品,

b)商店总面积在 800 平方米内的,遵守每 20 平方米内只有一名顾客的限制,超过 800 平方米的商店面积,遵守每 40 平方米内只有一名顾客的限制,在此,考虑到具体的空间条件,顾客之间必须能够始终保持至少 1.5 米的间隔,以及

c)在封闭的房间里,每名顾客必须佩戴呼吸保护口罩(FFP2 或同等)或医用口罩(保护口鼻);

满足以下条件可偏离前半句,

a)允许在商店中自提预先订购的货物,在此,相应适用前半句中字母 a 至字母 c 的要求,并采取诸如交错时间窗口的措施,避免顾客的聚集;

b)如果遵守前半句中字母 a 和字母 c 的要求,同时出现在商店内的顾客数量不超过每 40 平方米一人,则允许按照事先预约的固定时间段为单个顾客开放商店;顾客要出示在接受服务前 24 小时之内由被认可的检测手段进行的新冠感染测试的阴性结果,并且店主要收集顾客的联系信息,至少包括姓名、确定的联系信息(电话号码、电子邮件地址或住址)和逗留时间;但从 7 日感染率连续 3 日超过 150 的临界值后的第三天起停止适用该例外。

5. 禁止开放剧场、歌剧院、音乐厅、舞台、音乐俱乐部、博物馆、展览馆、纪念馆和相关活动;这也适用于电影院,但汽车影院②除外;动物

---

① "Direktvermarktung"一般指农民直接出售农作物。

② "Autokinos"是指一种在类似停车场的户外设置的电影院,顾客在自己的车内观赏大荧幕上的电影。

园和植物园的室外区域可以开放,但必须遵守适当的保护计划和卫生计划,游客要出示在参观开始前 24 小时之内由被认可的检测手段进行的新冠感染测试的阴性结果,但不满 6 岁的儿童除外。

6. 体育运动只允许以无接触的个人运动形式单独、成对或与家庭成员一起进行;职业运动员和联邦、州的竞技运动员在比赛和训练框架内进行的单人、团体运动必须满足以下条件:

a)不允许有观众在场,

b)只有比赛、训练或媒体报道所必需的人员才被允许进入体育设施,以及

c)遵守适当的保护计划和卫生计划;

对于 14 岁以下的儿童,额外允许以不超过 5 人的团体形式进行无接触的户外运动;教练员必须向州法规定的主管机关出示在运动开始前 24 小时之内由被认可的检测手段进行的新冠感染测试的阴性结果。

7. 禁止开放《餐饮场所法》意义上的餐饮场所;同样适用于小吃摊这样现场售卖食品的场所;以下除外:

a)医疗机构、护理机构或照料机构的餐厅,

b)住宿场所提供的餐饮服务,仅服务于获准住宿的人,

c)为无家可归者提供的必要照顾,

d)为长途客车、货车司机提供的餐饮,他们以在公路上运输货物或商品为业,并持有雇主对此的证明,

e)对维持工作进行或机构的运转而言绝对必要的非公共的员工餐厅和食堂,特别是当个人用餐无法在独立空间进行时;

此外,食品和饮料的外卖以及打包销售不受禁止;打包购买的食品和饮料不得在购买地点或其附近食用;22 时至次日 5 时禁止打包销售;仍然允许食品和饮料的外卖。

8. 禁止从事和要求必须与顾客身体接触的服务;对此,为医疗、治疗、护理或宗教精神关怀目的而提供的服务,以及理发店和足疗店在符合以下条件的情况下可以被排除:

无论劳动保护法如何规定,只要服务的方式允许,则必须佩戴呼吸保护口罩(FFP2 或同等),在顾客接受理发和足疗服务前,必须出示在接受服务前 24 小时之内由被认可的检测手段进行的新冠感染测试的阴性结果。

9. 在本地或长途公共交通中,包括在以出租车、校车等机动车进行的有偿或商业运送乘客时,乘客在运输过程中和在属于相应交通工具的设施的停留期间必须佩戴呼吸保护口罩(FFP2 或同等);各运输工具的最大载客量只允许达到正常核定载客量的一半;佩戴医疗口罩(口鼻保护)的义务适用于与乘客接触的工作人员。

10. 禁止为旅游目的提供过夜住宿。

罗伯特·科赫研究所通过网站 https://www.rki.de/inzidenzen 公布所有县和直属于州的城市最近 14 日的 7 日感染率。根据州法确定的主管机关以合适的方式公布在县或直属于州的城市开始适用第 1 句规定的各项措施的日期。当根据第 2 句公布的信息明显符合第 1 句的前提条件时,应立即按照第 3 句公布日期。

(2)如果在第 1 款规定的措施生效后的连续 5 个工作日内,该县或直属于州的城市的 7 日感染率低于 100 的临界值,第 1 款规定的措施在次日停止适用。星期日和公共假日不会中断根据第 1 句规定的相关日期的计算。宣布停止措施的日期相应地适用第 1 款第 3 句和第 4 句。如果第 1 款第 1 句数字序号 4 第 2 半句的字母 b 的例外情况已经因为超过 150 的临界值而停止生效,则相应地适用第 1 至第 3 句,但相关的临界值为 150。

(3)—(5)①

(6)授权联邦政府颁布行政法规规定以下命令、禁令以及相应的具体化、缓和化和例外:

---

① 该法第 3 句主要规定新冠疫情期间的学校事项;第 4 句将集会和宗教活动排除出第 1 句规定的"会面"的范围;第 5 句允许以该法为基础采取进一步措施;第 8 句规定柏林和汉堡整体作为上述规定中的"直属于州的城市";第 9 句具体规定了被认可的新冠测试的标准及豁免佩戴口罩义务的人群。以上规定与本案没有直接关系,故限于篇幅限制,仅作概括说明。

1. 在 7 日感染率超过 100 的临界值的情况下,根据第 28 条第 1 款第 1 句、第 2 句以及第 28a 条第 1 款规定额外的命令和禁令,以阻止新型冠状病毒的传播。

2. 对第 1 款、第 3 款和第 7 款所称措施以及对本款数字序号 1 的命令和禁令的具体化、缓和化和例外。

联邦政府根据第 1 句颁布的行政法规必须获得联邦议会和联邦参议院的同意。

(7)对于办公室工作或类似活动,如果没有令人信服的工作原因,雇主应向雇员提供在家中办公的机会。雇员应接受这一提议,除非有令人信服的理由。各州根据第 54 条第 1 句确定执行第 1 句和第 2 句的主管机关。

(8)—(9)

(10)本规定仅适用于由德国联邦议会根据第 5 条第 1 款第 1 句确定的全国范围疫情状态的存续期间,但不得超过 2021 年 6 月 30 日。

(11)身体不受伤害(德国基本法第 2 条第 2 款第 1 句)、人身自由(德国基本法第 2 条第 2 款第 2 句)、集会自由(德国基本法第 8 条)、迁徙自由(德国基本法第 11 条第 1 款)和住所不受侵犯(德国基本法第 13 条第 1 款)这些基本权利受到限制,也可根据第 6 款通过行政法规进行限制。

《传染病防治法》第 28c 条的名称为"授权行政法规对接种疫苗者、做检测者以及同等人群作特殊规定",其具体内容如下:

授权联邦政府颁布行政法规对已接种新冠疫苗的人或能够出示新冠感染测试的阴性结果的人适用本法第 5 节的命令和禁令,或以本法第 5 节为基础颁布的命令和禁令作缓和化或例外调整。联邦政府根据第 1 句颁布的行政法规必须获得联邦议会和联邦参议院的同意。

依据该条款,德国联邦政府在征得德国联邦议会和联邦参议院的同意后,于 2021 年 5 月 8 日颁布了《防止新型冠状病毒传播措施的缓和与例外规定》（"Verordnung zur Regelung von Erleichterungen und Ausnahmen von Schutzmaßnahmen zur Verhinderung der Verbreitung von COVID-19"①，以下简称《新冠防护措施例外规定》，"COVID-19-Schutzmaßnahmen-Ausnahmen-Verordnung"）。根据该规定第 3 条第 1 款，对于《传染病防治法》第 28b 条的各项措施而言，接种疫苗者和康复者享有与新冠感染测试阴性结果者同样的例外地位，主要涉及数字序号 4、5、6、8 的规定。不仅如此，接种疫苗者和康复者也在私人聚会、户外逗留和运动方面享有例外，不受第 28b 条第 1 句数字序号 1、2、6 的规定的限制。

此外，修改后的《传染病防治法》第 73 条第 1a 款还将违反第 28b 条第 1 款诸项措施的行为认定为违反行政管理秩序的行为（Ordnungs-widrigkeit），结合该条第 2 款的规定，这些违法行为可被处以最高 2 万5 千欧元的罚款。

"联邦紧急制动"的生效立刻引发了德国社会各界的关注与讨论，大量的宪法诉愿涌向德国联邦宪法法院。但直到 2021 年 11 月19 日，在德国"全国范围疫情状态"②到期的 5 天前，德国联邦宪法法院第一审判庭才以裁决（Beschluss）的形式对七个宪法诉愿③（以下简称为"联邦紧急制动案 I"）作出裁判。该案的审查对象覆盖了《传染病防治法》第 28b 条第 1 款、第 2 款、第 7 款，第 28c 条以及相应规定在第 73 条第 1a 款中的行政处罚。

---

① BanZ AT 08.05.2021 V1.
② 德国联邦议会于 2020 年 3 月 25 日首次根据《传染病防治法》第 5 条第 1 款第 5 句宣布德国进入"全国范围疫情状态"（Epidemische Lage von nationaler Tragweite），其后分别于2020 年 11 月 18 日、2021 年 3 月 4 日、2021 年 6 月 11 日以及 2021 年 8 月 25 日四次延长全国范围疫情状态。因新选举出的德国联邦议会没有再次决定延长，全国范围疫情状态于 2021 年 11 月 25 日正式结束，同时《传染病防治法》第 28b 等条款的具体内容也于2021 年 11 月 24 日再次被修改。
③ 这七个宪法诉愿分别是：1 BvR 781/21，1 BvR 798/21，1 BvR 805/21，1 BvR 820/21，1 BvR 854/21，1 BvR 860/21 以及 1 BvR 889/21。

二、程序问题

"联邦紧急制动案 I"的审理程序是宪法诉愿。根据德国基本法第 93 条第 1 款第 4a 项和《德国联邦宪法法院法》第 13 条第 8a 款、第 3 章第 15 节,任何人可以主张其基本权利或德国基本法第 20 条第 4 款、第 33 条、第 38 条、第 101 条、第 103 条、第 104 条所包含的权利被公权力侵害而提起宪法诉愿。该案的程序方面并没有太多争议,但值得注意的是相关案件也曾提起过临时处分(einstweilige Anordnung)申请。同时,该案审理过程中的横生枝节以及裁判的形式也激起了广泛关注。

(一)相关案件的临时处分程序

事实上,"联邦紧急制动案 I"并非是德国联邦宪法法院第一次针对新冠疫情防治措施的合宪性发表意见。自 2020 年 3 月以来,新冠疫情不仅仅考验着德国的立法权与行政权,也同样挑战着司法系统保护基本权利的能力。各联邦州的行政法院系统就首当其冲。粗略统计,截至 2021 年 9 月,各州行政法院与高等行政法院就有超 1300 份判决涉及新冠疫情相关的公法问题。而各州宪法法院与联邦宪法法院也逐渐加入,仅联邦宪法法院就作出超过 100 份裁决①。从程序上看,绝大部分决定都是根据《德国联邦宪法法院法》第 32 条所规定的临时处分程序进行地粗略审查;从结果上看,诉愿人的申请基本上都被驳回。

"联邦紧急制动案I"所包含的相关诉愿也不例外。早在 2021 年 5 月 5 日,联邦宪法法院就对 1 BvR 781/21,1 BvR 805/21,1 BvR 820/21,1 BvR 854/21 以及 1 BvR 889/21 五个案件提出的临时处分申请作出裁决。② 该案中的诉愿人认为《传染病防治法》第 28b 条第 1 款第 1 句数字序号 2 所规定的夜间外出限制(nächtliche Ausgangsbeschränkungen)以及所

---

① Vgl. Klaus Ferdinand Gärditz: Grundrechtsschutz in der Pandemie, NJW 2021, S. 2761.
② BVerfG NJW 2021, S. 1808.

对应罚金明显干预了基本权利,并且不具有合宪性,要求联邦宪法法院发布临时处分,以暂时使该条款失效。根据《德国联邦宪法法院法》第 32 条第 2 款的规定,联邦宪法法院基于该案特别的紧迫性,没有给予诉讼双方陈述意见的机会,径直以裁决的形式驳回了诉愿人的申请。

根据《德国联邦宪法法院法》第 32 条第 1 款,所谓临时处分,是指"为避免严重损害、预防即将发生的暴力或基于其他重要原因对公共利益有迫切需要时,联邦宪法法院在诉讼中可以通过临时处分暂时地调整情势"。其功能是为主要审理程序(Hauptsachverfahren)确保事实状态和法律状态仍存在有效法律救济的空间;并在主要审理程序出结果前,过渡性地定分止争;同时在这段时间内发挥合法性作用(Legitimationswirkung),即确保宪法的一致性。[1] 临时处分程序原则上并不考虑那些论证被诉对象违反宪法的理由,因为这些问题应当留待主要审理程序解决。但如果宪法诉愿在主要审理程序一开始就不会被受理(unzulässig)或明显不成立(offensichtlich unbegründet)的话,则会以此为理由驳回临时处分申请。[2] 考虑到临时处分结果的深远影响,特别是在面对阻止法律生效或停止法律执行这类干涉立法机关形成自由的案件中,联邦宪法法院往往会尽可能地谦抑[3],采取特别严格的审查标准。[4] 在具体衡量后果时,联邦宪法法院通常使用所谓"双重假设"(Doppelhypothese)[5]的框架,即法律只有符合以下情况时才会被宣布停止执行:假设该法律继续生效,但在其后被查明违宪的情况所造成的不利在范围和严重性上明显超过假设该法律暂时停止执行,但在

---

[1] Vgl. Lechner/Zuck in:Kommentar BverfGG,8. Aufl.,2019,§ 32 Rn. 4-6.

[2] Vgl. BVerfGE 140,99[106] = NVwZ 2015,S. 1524 Rn. 11;BverfGE 143,65[87] = NJW 2016,S. 3583 Rn. 35;stRspr.

[3] Vgl. BVerfGE 140,99[106 f.] = NVwZ 2015,S. 1524 Rn. 12;BVerfG Beschl. v. 15. 4. 2021 - 2 BvR 547/21,BeckRS 2021,7968 Rn. 67.

[4] Vgl. Lechner/Zuck in:Kommentar BverfGG,8. Aufl.,2019,§ 32 Rn. 19.

[5] Vgl. K. Graßhof,in:Maunz/Schmidt - Bleibtreu/Klein/Bethge,BverfGG,61. Aufl.,2021,§ 32 Rn. 108ff.

其后被查明合宪的情况所造成的不利。① 可以看出,临时处分程序并不因其临时性而放宽审查标准,而是恰好相反。这也不难解释,为何绝大多数裁决都驳回了诉愿人暂停执行《传染病防治法》个别条款的申请。

在审理"联邦紧急制动案Ⅰ"相关的临时处分申请时,联邦宪法法院认为该宪法诉愿可以被受理,既不是明显不成立②但也非明显成立③,因此有必要将其所涉及的宪法问题交由主要审理程序审查。

在后果衡量框架内,联邦宪法法院首先承认了夜间外出限制极大地影响了日常的生活关系,涉及私人、家庭、社会生活的方方面面,给受影响的人带来了相当大的额外负担,且无法得到补偿。④ "就夜间外出限制生效期间而言,行使自由的可能性已经无可挽回地失去了。"⑤紧接着,联邦宪法法院从三个方面论证《传染病防治法》的规定是如何缓和这种限制:其一,《传染病防治法》规定了大量的例外情况,为人们自身的特殊情况保留了选择可能;⑥其二,夜间外出限制仅涵盖22时至次日5时,根据权威报告,在这个时间段内进行的活动在数量上不具有显著的重要性;⑦其三,相关限制措施与7日感染率相挂钩。如果7日感染率低于阈值,措施便不再生效,且夜间外出限制仅持续至2021年6月30日。⑧ 上述三个方面都减轻了夜间外出限制的严重程度。

反过来说,如果暂停执行夜间外出限制,但在嗣后的主要审理程序中被查明为合宪的话,又会造成何种后果呢?联邦宪法法院认为,这将导致对立法机关防控疫情的"整体计划"(Gesamtkonzeption)而言至关

---

① Vgl. Hillgruber/Goos, Verfassungsprozessrecht 5. Aufl. ,2020, § 11 Rn. 1044.
② Vgl. BVerfG NJW 2021,1808,Rn. 22-27.
③ Vgl. BVerfG NJW 2021,1808,Rn. 29-41.
④ Vgl. BVerfG NJW 2021,1808,Rn. 44.
⑤ BVerfG NJW 2021,1808,Rn. 47.
⑥ Vgl. BVerfG NJW 2021,1808,Rn. 45.
⑦ Vgl. BVerfG NJW 2021,S. 1808,Rn. 48.
⑧ Vgl. BVerfG NJW 2021,S. 1808,Rn. 49.

重要的工具被排除。① 在此，夜间外出限制措施与一般性的接触控制（allgemeine Kontaktregelung）相联系，在涉及夜间私人聚会的情况下，通过前者可以确保后者得到更好的遵守。② 而且，取消限制措施可能导致更多人被感染，产生现有疫苗无法有效预防的病毒变种。③

最后，联邦宪法法院认为继续执行夜间外出限制的不利后果没有明显超过暂停执行夜间外出限制的不利。它总结道：

"诚然，在外出限制期间不能行使的自由是无法弥补的，而且传染防治措施所增加的身体和心理负担也只能花费大量的努力来抵消。然而，如果在作出主要决定前，全国范围内的外出限制不能作为一种工具来确保和控制目前急需的接触限制，这就将伴随着无法详细预测的巨大传染风险。至少根据诉讼现有的事实基础，如果减少传染数量的措施在整体上不够有效，那么就会使预期通过接种疫苗所获得的成效陷入危险。为了履行国家对人的生命和健康承担的保护义务，可能有必要采取进一步的措施来控制传染的发生，而这又会与进一步大规模限制基本权利相关。"④

尽管临时处分程序和主要审理程序在程序功能、审查框架等处有着不同侧重，但毫无疑问，联邦宪法法院的思路是一脉相承的。临时处分程序中的论证与判断在一定程度上是对主要审理程序的"预演"，隐晦地传达出联邦宪法法院对相关宪法问题的立场与价值权衡。

（二）裁决还是判决？

根据《德国联邦宪法法院法》第 25 条第 1 款、第 2 款的规定，在没有其他规定和双方当事人明确表示放弃的情况下，联邦宪法法院应当以言辞审理为基础进行裁判。以言辞审理为基础的裁判为判决（Urteil），未经言辞审理的裁判为裁决（Beschluss）。乍看上去，对于联邦宪法法院，经言辞审理而作判决为一般原则，不经言辞审理而作裁

---

① Vgl. BVerfG NJW 2021, S. 1808, Rn. 52.

② Vgl. BVerfG NJW 2021, S. 1808, Rn. 52.

③ Vgl. BVerfG NJW 2021, S. 1808, Rn. 54.

④ BVerfG NJW 2021, S. 1808, Rn. 55.

决为例外。然而在现实中,仅有1%的程序是经言辞审理而作出判决的。① 对于宪法诉愿而言,当审判庭认为言辞审理无助于诉愿的进行时,可以根据《德国联邦宪法法院法》第94条第5款第2句以及《德国联邦宪法法院议事规则》第24条第1款决定不举行言辞审理。这也导致区分裁决与判决这两种决定形式没有意义。通常认为,这种区分纯粹是形式性的,②在法效力上没有任何不同。③ 这就意味着《德国联邦宪法法院法》对此的明文规定是多余的。

另一方面,言辞审理与书面审理虽然各有优劣,但是在公开性方面,言辞审理显然有书面审理所不具备的优势。对于伴随着巨大争议的宪法诉讼,例如取缔政党、堕胎以及联邦与州之间的纠纷,大多数都会进行言辞审理。④ 对于这些问题,民众尚未达成共识,处理不当则容易造成相关群体的极端化,甚至撕裂社会,削弱共同体的同一性。而通过公开的言辞审理,对立的双方可以获得一个在理性程序控制下的正面交锋的机会,直接表达自己主张的同时直接听取对方的主张,尽最大可能地弥合双方的矛盾,再次确认同一性。公开的言辞审理宪法争议本身就是共同体整合的进程,而书面审理则没有这一功能,毕竟作为普通公民,没有谁会去阅读动辄百页以上的司法文书。作为新冠疫情暴发以来,联邦宪法法院首次对疫情期间基本权利限制措施的全面审查,"联邦紧急制动案 I"无疑具有特别重要的意义。然而与早几个月的"气候判决"⑤一样,联邦宪法法院放弃了言辞审理,避免在法庭上公开辩论这一近期而言最重要的案件。⑥ 这既是对司法公信力的

---

① Vgl. Klein, in:Maunz/Schmidt-Bleibtreu/Klein/Bethge, BverfGG, 61. Aufl., 2021, § 25 Rn. 1.

② Vgl. Klein, in:Maunz/Schmidt-Bleibtreu/Klein/Bethge, BverfGG, 61. Aufl., 2021, § 25 Rn. 10.

③ Vgl. Lechner/Zuck in:Kommentar BverfGG,8. Aufl.,2019, § 25 Rn. 14.

④ Vgl. Klein, in:Maunz/Schmidt-Bleibtreu/Klein/Bethge, BverfGG, 61. Aufl., 2021, § 25 Rn. 3.

⑤ BVerfG NJW 2021,S. 1723.

⑥ Vgl. Christoph Degenhart,Entscheidung unter Unsicherheit-die Pandemiebeschlüsse des Bver-fG,NJW 2022,S. 123.

削弱,也无助于打消公民对防疫措施的不信任,特别是考虑到在案件审理过程中,审判庭的成员代表还曾受邀参加过联邦政府举行的晚宴。

　　2021 年 6 月 30 日,联邦宪法法院的一个代表团在院长和副院长的带领下,前往柏林与联邦政府的成员进行会晤,并应联邦总理的邀请,与联邦政府举行了主题为"面对不确定性的决定(Entscheidung unter Unsicherheit①)"的对话晚宴。这一活动引起了审理程序尚在进行中的案件当事人对法官公正性的怀疑。"德国选择党"(Afd)的议员为此专门提起申请,要求参与晚宴的法官回避。联邦宪法法院第二审判庭的法官于 2021 年 7 月 20 日作出裁决,认为回避申请明显不可受理(unzulässig)。② 在裁决书中,法院认为联邦宪法法院和联邦政府之间的会面本身是德国基本法所固有的,作为最高宪法机关相互尊重、照顾和合作义务的体现,完全不适合论证对联邦宪法法院法官公正性的怀疑。③ 但显然这份裁决并没有打消社会各界的不信任,因为"诉愿人一定会产生这样的印象:法院作为宪法机关中的一员,向自己的'对手'开放了不愿开放给自己的会谈场所"。④

　　作为"德国基本法的守护者",德国联邦宪法法院一直以来都凭借着自身的专业素养和政治中立深孚众望,其影响力也超越了德国基本法的适用范围,在全球法学界中享有极高的声誉。但须知,这种信赖与声誉不是当然的,而是在长时间的实践中通过一次又一次出色的裁判建立起来的,也同样需要在当下与未来的审判中不断维系,不断巩固。这不仅需要法官们极高超的法律智慧,同样也需要审理程序上的公开与谨慎,避免瓜李之嫌。

---

① "Unsicherheit"在德语中有两重含义,一为"不确定性",二为"不安全性",都契合于语境,或许本来就有双关的意涵。
② BVerfG NJW 2021,S. 2797.
③ BVerfG NJW 2021,S. 2797.
④ Christoph Degenhart, Entscheidung unter Unsicherheit-die Pandemiebeschlüsse des BverfG, NJW 2022,S. 123,Rn. 6.

三、相关各方的主张

裁决书中简要地介绍了七个案件中诉愿人的主张。德国联邦宪法法院还将宪法诉愿转交给德国联邦议会、联邦参议院、联邦总理府、联邦内政与家园部、联邦司法和消费者保护部、联邦卫生部以及所有州政府,以征求他们的意见。其中,联邦政府、联邦议会和巴伐利亚州政府的意见也在裁决书中得到体现。此外,联邦宪法法院还曾根据《德国联邦宪法法院法》第 27a 条向德国医学会(Bundesärztekammer)等近二十家专业第三方征询有关传染路径、接触限制是否有助于遏制病毒传播以及 7 日感染率作为指标的科学性等专业问题。

(一)诉愿人的主张

诉愿人认为被诉的规定是违宪的,特别是不符合比例原则。[①]

根据诉愿对象,诉愿人的主张可以被分为三个部分:其一为所有的宪法诉愿都针对的夜间外出限制(《传染病防治法》第 28b 条第 1 款第 1 句数字序号 2)及其罚金;其二为 1 BvR 798/21 和 1 BvR 860/21 两个诉愿针对的接触限制(《传染病防治法》第 28b 条第 1 款第 1 句数字序号 1)及其罚金;其三为 1 BvR 798/21 诉愿针对的限制娱乐文化设施、商业、运动、餐饮业等(《传染病防治法》第 28b 条第 1 款第 1 句数字序号 3 至 10)及其罚金,以及对接种疫苗者、做检测者以及同等人群的特殊规定(《传染病防治法》第 28c 条)。

1. 针对夜间外出限制的主张

诉愿人或基于其工作到夜间的职业特性[②],或基于自身的健康情况[③]和生活习惯[④],使得夜间外出限制对其日常生活安排造成了巨大

---

① BVerfG, Beschluss des Ersten Senats vom 19. November 2021, -1 BvR 781/21-, Rn. 16.

② 1 BvR 860/21、1 BvR 805/21 以及 1 BvR 781/21 案中的诉愿人为联邦议会和州议会的议员;1 BvR 889/21 案中的诉愿人为出租车司机;1 BvR 854/21 案中的诉愿人为律师,经常工作到晚上 10 点之后。

③ 1 BvR 820/21 案中的诉愿人患有精神疾病,只能在晚上散步,以缓解来自旁人的威胁感。

④ 1 BvR 798/21 案中的诉愿人有在凌晨 4 点锻炼身体的习惯。

的负担。总地来说,诉愿人认为夜间外出限制干预了其根据德国基本法第 2 条第 2 款第 2 句(人身自由)、第 104 条(剥夺自由)、第 2 条第 1 款并第 1 条第 1 款(一般行为自由,人的尊严)和第 6 条第 1 款(婚姻与家庭受特别保护)所享有的基本权利。①

诉愿人认为,对人身自由的限制以国家的强制为前提。这种强制不一定通过物理的方式实现,通过对罚款或警察及秩序机关(Ordnungsbehörde)采取行动可能性的恐惧也可以实现。② 而德国基本法第 2 条第 2 款第 2 句和第 104 条要求对人身自由的干预只能"以法律/正式的法律为基础"(nur auf Grund eines Gesetzes/eines förmlichen Gesetzes)。不同于其他使用同样表述的基本权利,德国基本法第 104 条对此规定了特别的程序要求——行政执行保留(Verwaltungsvollzugvorbehalt)。③ 申言之,"这种通过程序实现的基本权利保护使行政权负有义务在实施所有限制时遵守预先规定于法律中的形式,在剥夺自由时甚至事先请求法官的决定。德国基本法第 104 条预设了在决定剥夺自由时的功能性权力分立。"④"在立法权和行政权的关系中,虽然首先是由议会的立法者调整对基本权利而言重要的问题并抽象地衡量不同的法益,但执行机关也在个案中进行衡量。"⑤但是《传染病防治法》第 28b 条直接规定了干预,省略了行政程序在个案中的衡量与德国基本法第 104 条第 2 款第 1 句规定的法官保留(Richtervorbehalt),⑥存在滥用形式(Formenmissbrauch)的问题。⑦

夜间外出限制也非常明显地干预了婚姻与家庭。诉愿人认为在夜间外出限制生效期间,看望配偶、探访亲友变得非常困难,单亲父母

---

① BVerfG, Beschluss des Ersten Senats vom 19. November 2021, -1 BvR 781/21-, Rn. 24.
② Vgl. BVerfG, Beschluss des Ersten Senats vom 19. November 2021, -1 BvR 781/21-, Rn. 25.
③ Vgl. BVerfG, Beschluss des Ersten Senats vom 19. November 2021, -1 BvR 781/21-, Rn. 26.
④ BVerfG, Beschluss des Ersten Senats vom 19. November 2021, -1 BvR 781/21-, Rn. 26.
⑤ BVerfG, Beschluss des Ersten Senats vom 19. November 2021, -1 BvR 781/21-, Rn. 27.
⑥ Vgl. BVerfG, Beschluss des Ersten Senats vom 19. November 2021, -1 BvR 781/21-, Rn. 26.
⑦ BVerfG, Beschluss des Ersten Senats vom 19. November 2021, -1 BvR 781/21-, Rn. 27.

也被迫改变目前的育儿模式。①

诉愿人还提出,夜间外出限制不符合比例原则。在适宜性(Eignung)②方面,阻止人们在夜间外出,迫使人们停留在"狭窄的,充满气溶胶的公寓"中,不仅无助于控制病毒的传播,甚至会起到反作用。③ 在必要性方面,夜间外出限制无差别地干预城市与乡村等不同地域、感染者与未感染者等不同人群,未加以区分,并非是最温和的手段。④ 同时,诉愿人认为对工作生活进行更有效的监管也是一种更温和的手段,严格执行居家工作义务可以极大地减少通勤和工作场所中的感染风险。⑤ 此外,诉愿人认为以 7 日感染率作为防控措施生效与失效的基础,本身就缺乏科学性。一方面检测数量不足和报告的延迟导致数字波动已经表明了该指标的不可靠,而且随着疫苗接种率的提高,该指标无法反映出全体人口的感染率,因而不适宜成为衡量标准。⑥ 在相称性(Angemessenheit)⑦方面,夜间外出限制作为一种间接措施,无法直接解决潜在的危险接触,且在实践中几乎无法得到贯彻,预计效果不佳;但却对遵守规则的个人的私生活产生了极严重的干预,损益不符合比例原则。⑧

2. 针对接触限制的主张

诉愿人认为接触限制干预了婚姻与家庭、一般行为自由以及人的尊严的基本权利。在基本权利保护范围方面,诉愿人主张德国基本法第 6 条第 1 款保障个人自由地决定婚姻与家庭共同生活的方式与形式,其中包括同居或分居。相互探望、共同活动是婚姻生活的一部分。

---

① Vgl. BVerfG, Beschluss des Ersten Senats vom 19. November 2021, -1 BvR 781/21-, Rn. 17,24,28,32,42.

② 也被称为合目的性。

③ Vgl. BVerfG, Beschluss des Ersten Senats vom 19. November 2021, -1 BvR 781/21-, Rn. 29.

④ Vgl. BVerfG, Beschluss des Ersten Senats vom 19. November 2021, -1 BvR 781/21-, Rn. 30.

⑤ Vgl. BVerfG, Beschluss des Ersten Senats vom 19. November 2021, -1 BvR 781/21-, Rn. 37.

⑥ Vgl. BVerfG, Beschluss des Ersten Senats vom 19. November 2021, -1 BvR 781/21-, Rn. 31,48.

⑦ 也被称为"狭义比例原则"。

⑧ Vgl. BVerfG, Beschluss des Ersten Senats vom 19. November 2021, -1 BvR 781/21-, Rn. 38.

而家庭的概念除了生活共同体、教育共同体还包括交往共同体,即与不属于同一家庭的人建立家庭人际关系。所有与家庭有关的行为都受该条款保护。[①] 而现实地维护对个体自我认同有着重要意义的人际关系则落入一般人格权的保护范围内。一般行为自由则保护了个人自我决定其日常生活与在公共空间的逗留。[②] 而接触限制的规定则干预了上述基本权利。

而上述干预是违反德国基本法的。因为缺乏对于室内私人聚会和室外私人聚会的区分,没有考虑到绝大多数感染都发生在室内。而且还存在局部接触追踪等更温和但同样有效的手段。7 日感染率在此同样不是可靠的指标。此外,在立法过程中没有考虑到与这些措施有关的身体和心理附带损害。[③]

3. 其他主张

1 BvR 798/21 案的诉愿人还额外提出对《传染病防治法》第 28b 条规定的其他措施的诉愿。对娱乐文化设施、商业设施、餐饮及住宿设施的禁止几乎完全取消了他在一个自由社会中发展社会文化方面的可能性;对体育活动的限制使得他的身体健康受到了负面影响;在接受身体接触服务时必须佩戴口罩的义务干预了他的身体完整性;居家办公的要求也干预了他的职业自由。《传染病防治法》第 28c 条区分接种疫苗者、做检测者以及同等人群的规定干预了他的身体完整性并且属于不平等对待。[④]

除此之外,个别诉愿人还提出被诉规定是对集会自由[⑤]、艺术自由[⑥]的干预,并且提出鉴于基本权利保护的要求,法律规定应当随着时间和情态的变化而不断动态调整,所规定的 6 月 30 日到期的时间限

---

① Vgl. BVerfG, Beschluss des Ersten Senats vom 19. November 2021, -1 BvR 781/21-, Rn. 19.

② Vgl. BVerfG, Beschluss des Ersten Senats vom 19. November 2021, -1 BvR 781/21-, Rn. 20.

③ Vgl. BVerfG, Beschluss des Ersten Senats vom 19. November 2021, -1 BvR 781/21-, Rn. 23.

④ Vgl. BVerfG, Beschluss des Ersten Senats vom 19. November 2021, -1 BvR 781/21-, Rn. 49, 50.

⑤ Vgl. BVerfG, Beschluss des Ersten Senats vom 19. November 2021, -1 BvR 781/21-, Rn. 46.

⑥ Vgl. BVerfG, Beschluss des Ersten Senats vom 19. November 2021, -1 BvR 781/21-, Rn. 35.

制显然太长了。① 值得注意的还有 1 BvR 860/21 案中诉愿人提出《传染病防治法》第 28b 条在形式方面不符合宪法。根据德国基本法第 104a 条第 4 款，当联邦法律规定各州有义务向第三人给付具有财产价值的事物或同等服务的义务时，该法律须经联邦参议院同意。而《传染病防治法》第 28b 条第 3 款规定了各州向学校的线下课程提供检测以及根据《传染病防治法》第 56 条在关闭学校的情况下提供赔偿，这属于"具有财产价值的事物或同等服务的义务"，但该条款未经参议院的同意，在形式上是违宪的。②

（二）联邦政府、联邦议会和巴伐利亚州政府的意见

发表意见的三个国家机关都认为诉愿是不可受理的，至少部分是不可受理的，而且全部诉愿都不可证成。

1. 不可受理

首先被质疑的是诉愿人的诉愿权（Beschwerdebefugnis）和权利保护必要性（Rechtsschutzbedüfnis）。前者是指"一个人是否有正当权利提起对抗特定公权力行为的宪法诉愿"，③后者是指"对澄清争议问题的值得保护的利益"。④ 但从具体的司法实践来看，二者密不可分：当诉愿人的基本权利遭受国家作为或者不作为"切身，现时且直接"（selbst，gegenwärtig und unmittelbar）的影响时，就存在诉愿权。⑤ 而"切身，现时且直接"正是德国联邦宪法法院对于权利保护必要性的判决标准。⑥ 而"联邦紧急制动案 I"所包含的诉愿中，部分诉愿人在提出诉愿时，所居住地的 7 日感染率没有超过阈值，因而没有受到影响。从 2021 年 6 月 6 日起，整个德国没有一个地区的 7 日感染率超过阈值，没有人受到切身、现时且直接的影响，并且该条款已经于 2021 年

---

① Vgl. BVerfG，Beschluss des Ersten Senats vom 19. November 2021，-1 BvR 781/21-，Rn. 39.

② Vgl. BVerfG，Beschluss des Ersten Senats vom 19. November 2021，-1 BvR 781/21-，Rn. 22.

③ Rödiger Zuck，Das Recht der Verfassungsbeschwerde，5. Auflage，2017，Rn. 661.

④ Schlaich/Korioth， Das Bundesverfassungsgericht：Stellung， Verfahren， Entscheidungen，12. Auflage. ，2021，Rn. 256.

⑤ Rödiger Zuck，Das Recht der Verfassungsbeschwerde，5. Auflage，2017，Rn. 662.

⑥ Vgl. Rödiger Zuck，Das Recht der Verfassungsbeschwerde，5. Auflage，2017，Rn. 715.

6 月 30 日到期失效,因而缺乏可受理性。①

其次根据《德国联邦宪法法院法》第 23 条第 1 款第 2 句和第 92 条,诉愿人应当在诉愿理由中详细说明被侵害的基本权利,而在 1 BvR 798/21 和 1 BvR 854/21 的诉愿理由中,仅以明显违反德国基本法或笼统地提及取消了发展社会文化方面的可能性,并不足以证明被诉条款是侵犯其基本权利。②

2. 不可证成

根据诉愿人所提出的诸项理由,三个国家机关有针对性地予以了回应。

其一,对于夜间外出限制是否落入人身自由权的保护范围之内,三个国家机关都持否定意见。联邦政府将德国基本法第 2 条第 2 款第 2 句并第 104 条所保障的人身自由限缩在保障身体行动自由免受国家的逮捕、拘禁和同类措施的直接强制。对行动自由的限制必须接近剥夺自由,即限制在一个特定的空间内,配备有防止离开该空间的措施,例如直接的强制或威胁,又如封闭的建筑或使用药物这类有形措施。而以心理为媒介的强制效果如果能充分体现在身体上或者心理强制达到相当于身体强制的程度,也可以被认定为强制,但仅仅是处以罚款则不够。③ 联邦议会也认为"仅仅是被控制的可能或处以罚款的制裁威胁没有产生相当于直接身体强制的心理强制效果"。④

其二,关于该条款是否违反权力分立的问题,行使行政权的联邦政府和行使立法权的联邦议会都认为该条款不属于德国基本法第 19 条所禁止的针对个案的法律,这些措施属于抽象—普遍(abstrakt-generelle)的规则,适用于全体公民;行政依然保留有具体—个别

---

① Vgl. BVerfG, Beschluss des Ersten Senats vom 19. November 2021,-1 BvR 781/21-, Rn. 53,66,75.

② Vgl. BVerfG, Beschluss des Ersten Senats vom 19. November 2021,-1 BvR 781/21-, Rn. 53,67.

③ Vgl. BVerfG, Beschluss des Ersten Senats vom 19. November 2021,-1 BvR 781/21-,Rn. 55.

④ BVerfG,Beschluss des Ersten Senats vom 19. November 2021,-1 BvR 781/21-,Rn. 68.

(konkret-individuell)的规制。① 而"以法律为基础"的措辞涵盖了议会法律对基本权利的直接干预,因此,议会的法律可以直接限制自由。②

其三,对于《传染病防治法》第28b条是否需要经联邦参议院的同意,联邦议会认为不需要,③但没有详细说明理由。联邦政府则认为该条款规定的检测义务只是线下课程的条件,而非各州的给付义务,各州完全可以实施线上课程。此外,第28b条第3款没有适用过,也没有改变第56条的本质内容,因此不必经联邦参议院的同意。④

其四,对于各项措施是否符合比例原则,三个机关都进行了详细的论述。所有措施的目的是保护全体公民的生命与健康,履行德国基本法第2条第2款第1句规定的国家保护义务。另一个次级目标是保障医疗卫生系统的运转能力,不仅为感染新冠的患者,也为所有需要医疗的人提供尽可能好的医疗服务。⑤ 对于适宜性,联邦议会认为不能孤立地评估各项措施,而是要将其置于一个保护计划(Schutz-konzept)中作整体判断。夜间外出限制和接触限制以及其他保护措施相结合,有助于实现正当目的。⑥ 联邦政府和巴伐利亚州政府也认为夜间外出限制有助于确保和促进遵守普遍的接触限制,因为其限制了夜间的人员活动,间接地限制了傍晚举行的公共和私人场所的高风险聚会,特别是考虑到公民在夜间遵守保持间距、佩戴口罩等一般规则时不如白天可靠。⑦ 在适宜性方面的问题还包括7日感染率是否合适作为基础指标。7日感染率可以预测重症监护室的负担和死亡率,并且可以反映疫苗接种进度和传染值(R值),当时还不存在更适合的指标。之所以选择100作为阈值,则是因为该数值相对于50而言,为各

① Vgl. BVerfG, Beschluss des Ersten Senats vom 19. November 2021, -1 BvR 781/21-, Rn. 57.
② Vgl. BVerfG, Beschluss des Ersten Senats vom 19. November 2021, -1 BvR 781/21-, Rn. 68.
③ Vgl. BVerfG, Beschluss des Ersten Senats vom 19. November 2021, -1 BvR 781/21-, Rn. 69.
④ Vgl. BVerfG, Beschluss des Ersten Senats vom 19. November 2021, -1 BvR 781/21-, Rn. 56.
⑤ Vgl. BVerfG, Beschluss des Ersten Senats vom 19. November 2021, -1 BvR 781/21-, Rn. 58,71.
⑥ Vgl. BVerfG, Beschluss des Ersten Senats vom 19. November 2021, -1 BvR 781/21-, Rn. 71.
⑦ Vgl. BVerfG, Beschluss des Ersten Senats vom 19. November 2021, -1 BvR 781/21-, Rn. 58,77.

州采取措施提供缓冲时间,而且 7 日感染率超过 100 时,医疗系统有过载之虞。① 对此,巴伐利亚州政府特别补充,在感染数字相对可控时,公共卫生部门可以成功地追踪所有的感染链,从而遏制个别的爆发;但感染数字越高,增长速度越快,就越有必要尽快有效控制感染。② 对于必要性,联邦政府和联邦议会都强调在面对疫情的复杂、变化和现实与科学层面的不确定性,立法机关享有广泛的评估和形成的特权。诉愿人提出的所谓更温和的措施并不明显,而且对于工作场所的传染,也已经采取家庭办公义务的措施。③ 最后对于相称性的衡量,联邦政府依然强调立法机关享有评估的特权,"由于数量众多的个体受到被诉措施的影响,因此不能简单地以诉愿人的个人利益作为标准与整个公共利益进行权衡。"④夜间外出限制的好处压倒了其所带来的不利,并且这些不利也通过将措施的生效时间限制在休息和睡眠时间以及随着阈值动态调整生效的日期、地域的方式缓解。事实上,该措施仅仅生效三个星期后,全德国的 7 日感染率就开始下降,生效七个星期后,就没有任何人再受到影响了。⑤

其五,立法机关考虑到对基本权利的动态保护,建立起一个监管机制,授权行政法规对接种疫苗者、做检测者以及同等人群规定限制的例外和缓和,以防止过度负担。⑥

四、可受理性

德国联邦宪法法院认为,这些宪法诉愿部分是可受理的。结合诉愿人的主张和联邦政府等国家机关的意见,法院主要从三个方面论证

① Vgl. BVerfG, Beschluss des Ersten Senats vom 19. November 2021, -1 BvR 781/21-, Rn. 59.
② Vgl. BVerfG, Beschluss des Ersten Senats vom 19. November 2021, -1 BvR 781/21-, Rn. 78.
③ Vgl. BVerfG, Beschluss des Ersten Senats vom 19. November 2021, -1 BvR 781/21-, Rn. 60, 72, 79.
④ BVerfG, Beschluss des Ersten Senats vom 19. November 2021, -1 BvR 781/21-, Rn. 61.
⑤ Vgl. BVerfG, Beschluss des Ersten Senats vom 19. November 2021, -1 BvR 781/21-, Rn. 62.
⑥ Vgl. BVerfG, Beschluss des Ersten Senats vom 19. November 2021, -1 BvR 781/21-, Rn. 63, 73.

这一结论:诉愿权、权利保护必要性以及穷尽法律救济与补充性。①

(一)诉愿权

在成立诉愿权的三个要件中,诉愿人的基本权利很明显受到了夜间外出限制和接触限制规定"切身"且"直接"的干预,②值得分析的要件是这种干预是否是"现时"的。联邦宪法法院认为,提起宪法诉愿的时间点对该问题具有决定性的意义。③ 虽然部分诉愿人在提起宪法诉愿时,当地的 7 日感染率尚未突破 100 的阈值,但在这一时间节点上,不断变化的感染情况使其预料到在法律生效后不久这些措施就得以适用,这足以满足"现时"的要求。④

另一方面,部分诉愿人没有按照《德国联邦宪法法院法》第 23 条第 1 款第 2 句和第 92 条的规定,说明被诉条款可能侵害其基本权利或相当于基本权利的权利。⑤《德国联邦宪法法院法》相关条款对宪法诉愿理由的要求包括:指明受到侵害的基本权利,结合自身情况,证实并具体阐明侵权事件。⑥ 如果联邦宪法法院已经为某些问题明确了宪法标准,就必须根据这些标准说明被诉措施在多大程度上侵犯了基本权利。⑦ 在"联邦紧急制动案 I"中,一些诉愿人仅仅提出夜间出行限制对其行为自由的侵犯是"明显的",而没有按照已发展出的宪法标准⑧详细说明。诉愿人的主张也未能证实其集会自由、艺术自由、身体完整性、发展社会文化方面的可能性等基本权利受到侵害。⑨

(二)权利保护必要性

对于联邦政府等国家机关提出的该条款自 2021 年 6 月 30 日已

---

① Vgl. BVerfG,Beschluss des Ersten Senats vom 19. November 2021,-1 BvR 781/21-,Rn. 83.

② Vgl. BVerfG,Beschluss des Ersten Senats vom 19. November 2021,-1 BvR 781/21-,Rn. 85.

③ BVerfG,Beschluss des Ersten Senats vom 19. November 2021,-1 BvR 781/21-,Rn. 86.

④ Vgl. BVerfG,Beschluss des Ersten Senats vom 19. November 2021,-1 BvR 781/21-,Rn. 86.

⑤ Vgl. BVerfG,Beschluss des Ersten Senats vom 19. November 2021,-1 BvR 781/21-,Rn. 88.

⑥ Vgl. BVerfGE 81,208(214);99,84(87);stRspr.

⑦ Vgl. BVerfGE 149,86(108 f. Rn. 61);151,67(84 f. Rn. 49).

⑧ Vgl. BVerfGE 134,242(323 ff. Rn. 251 ff.).

⑨ Vgl. BVerfG,Beschluss des Ersten Senats vom 19. November 2021,-1 BvR 781/21-,Rn. 92-96.

到期失效,因此不再存在权利保护必要性的理由,联邦宪法法院认为并不成立。[①] 因为在具有根本重要性的宪法问题尚未得到澄清,并且被诉行为对基本权利的侵害似乎特别严重,担心又重复出现的可能性或者已经被废除或变得不相关的措施继续影响着诉愿人的情况下,权利保护必要性仍然会存在。[②] 在本案中,新冠疫情所带来的危险尚未完全消失,未来也有可能采取以被诉条款为指引的措施,所以尽管相关条款已到期失效,但仍然存在值得保护的权利。[③]

(三)穷尽法律救济与补充性

根据《德国联邦宪法法院法》第 90 条第 2 款的规定,只有在已经穷尽其他法律救济后才可以提起宪法诉愿,但联邦宪法法院认为,本案的诉愿人不必先向专门法院提起诉讼。[④]

被诉法律影响了几乎所有在德国生活的人的大部分社会生活,同时它所采取的"自我执行的法律"(selbstvollziehendes Gesetze)这一规范技术也是诉愿的核心问题。也就是说,该法律的生效与失效直接与各自的事实条件(本案中为 7 日感染率)挂钩,而不需要进一步的执行行为。这种直接命令干预基本权利的自我执行的法律是否以违宪的方式缩减了对相关人的法律保护,或违反了德国基本法第 20 条第 2 款规定的权力分立原则,是纯粹的宪法问题,与应由专门法院解释的法律术语无关。[⑤] 因此,相关诉愿不违反穷尽法律救济与补充性的要求。

五、接触限制的可证成性

尽管德国联邦宪法法院肯定了部分宪法诉愿的可受理性,但在可证成性方面则无一例外地全部否认。对基本权利限制的合宪性审查

---

① Vgl. BVerfG, Beschluss des Ersten Senats vom 19. November 2021,-1 BvR 781/21-,Rn. 97.
② Vgl. BVerfGE 81,138(140).
③ Vgl. BVerfG, Beschluss des Ersten Senats vom 19. November 2021,-1 BvR 781/21-,Rn. 99.
④ Vgl. BVerfG, Beschluss des Ersten Senats vom 19. November 2021,-1 BvR 781/21-,Rn. 102.
⑤ Vgl. BVerfG, Beschluss des Ersten Senats vom 19. November 2021,-1 BvR 781/21-,Rn. 103.

遵循"基本权利的保护范围、对基本权利的干预和基本权利干预的正当化"的三阶层审查框架。① 在此,联邦宪法法院认为接触限制及其罚金一方面干预了家庭基本权利与婚姻形成自由(德国基本法第 6 条第 1 款)和人格自由发展权,表现为一般人格权(德国基本法第 2 条第 1 款并第 1 条第 1 款)和一般行为自由权(德国基本法第 2 条第 1 款),②可以说支持了相关诉愿在这一问题上的主张。但法院认为,这种干预在形式上和实质上都可以得到宪法规定的正当化。③

(一)基本权利保护范围和对基本权利的干预

德国基本法所特别保护的家庭是指儿童及其父母实际的生活与教育关系,而与是否结婚无关。④ 这种保护还会进一步延伸到成年家庭成员、近亲属乃至于几代人之间的家庭关系。⑤ 同时,家庭基本权利还保障个人自由决定建立类似家庭的共同生活的形式与方式。⑥ 相应地,配偶双方也可以自由地决定其共同生活的形态。⑦ 因此,自由地选择与亲属、配偶见面的方式与频率,以及维系类似家庭关系的权利得到婚姻与家庭基本权利的保护。⑧

接触限制构成对上述基本权利干预。通过禁止对公共和私人场所的会面限制了自由决定婚姻及类似家庭的共同生活形态的可能性:生活在不同家庭的孩子无法一起拜访他们的父母、生活在不同家庭的配偶无法一起与第三人会面,超过三个人的会面一般要通过远程通讯等方式实现。⑨

除了婚姻与家庭外,人格自由发展权也受到干预,具体表现为对

---

① 参见张翔、田伟:《基本权利案件的审查框架(一):概论》,《燕大法学教室》2021 年第 3 期,第 11 页。

② Vgl. BVerfG,Beschluss des Ersten Senats vom 19. November 2021,-1 BvR 781/21-,Rn. 106.

③ Vgl. BVerfG,Beschluss des Ersten Senats vom 19. November 2021,-1 BvR 781/21-,Rn. 105.

④ Vgl. BVerfGE 108,82(112);151,101(124,Rn. 56).

⑤ Vgl. BVerfGE 136,382(388 ff. Rn. 22 ff.);151,101(124,Rn. 56).

⑥ Vgl. BVerfGE 151,101(124,Rn. 56).

⑦ Vgl. BVerfGE 103,89(101);105,313(345);107,27(53).

⑧ Vgl. BVerfG,Beschluss des Ersten Senats vom 19. November 2021,-1 BvR 781/21-,Rn. 108.

⑨ Vgl. BVerfG,Beschluss des Ersten Senats vom 19. November 2021,-1 BvR 781/21-,Rn. 109.

一般人格权和一般行为自由权的限制。① 首先,德国社会目前存在着各种形态的,不能归属于传统家庭形象的伴侣和私人关系,也受到人格自由发展权的保护,而接触限制实际上干预了维系这种关系的自由。② 其次,人格自由发展权保护人的各种形式的活动,无论该活动对人格发展的重要性如何,③这其中也当然包括与他人见面,由此,一般行为自由权受到干预。④ 最后,一般人格权作为一种兜底性的基本权利,它保障的是那些没有得到特定基本权利保护,但对个体人格而言,发挥着不逊于特定基本权利的建构意义的发展要素。⑤ 在接触限制的情况下,个体被迫陷入孤独,认识其他人的可能性也被降低。对此,如果个体的所有会面都被阻止,那么就会落入一般人格权的保护范围。⑥ 特别是那些单身或独居的人,在接触限制生效期间可能根本无法见到其他人,因为需要对方愿意和他们会面,这使得建立社会关系的可能性大大降低。⑦ 此外,与接触限制相关的罚金也侵犯了一般行为自由。⑧

对上述基本权利的干预需要得到宪法规定的正当化。这里需要考虑的是德国基本法对婚姻与家庭的保护虽然是无(宪法)保留的,但依然有可能受到宪法的直接限制。⑨ 所以,对上述基本权利的干预必须在形式上和实质上获得宪法的正当化。

(二)干预的形式合宪性

对于接触限制及其罚金条款的形式合宪性,主要的争议有两点:其一,联邦议会是否拥有该领域的立法权;其二,该法律是否需要经由联邦参议院同意。

---

① Vgl. BVerfG, Beschluss des Ersten Senats vom 19. November 2021, -1 BvR 781/21-, Rn. 110.
② Vgl. BVerfG, Beschluss des Ersten Senats vom 19. November 2021, -1 BvR 781/21-, Rn. 111.
③ Vgl. BVerfGE 91, 335(338).
④ Vgl. BVerfG, Beschluss des Ersten Senats vom 19. November 2021, -1 BvR 781/21-, Rn. 112.
⑤ Vgl. BVerfGE 141, 186(201 f. Rn. 32).
⑥ Vgl. BVerfG, Beschluss des Ersten Senats vom 19. November 2021, -1 BvR 781/21-, Rn. 113.
⑦ Vgl. BVerfG, Beschluss des Ersten Senats vom 19. November 2021, -1 BvR 781/21-, Rn. 114.
⑧ Vgl. BVerfGE 153, 182(307 Rn. 333).
⑨ Vgl. Brosius-Gersdorf, in: Dreier, GG, Band 1, 3. Aufl. 2013, Art. 6 Rn. 97, 140.

根据德国基本法第 74 条第 1 款第 19 项,"防治具有公共危险性或对人和动物有传染性的疾病的措施"属于联邦与州的竞合立法(konkurrierende Gesetzgebung)的事项。在具体涵摄之前,联邦宪法法院先不厌其烦地回顾了审查权限的方法与标准:

对权限名称的解释要注意其文本含义以尽可能地确保权力纵向划分的清晰,减少目的性解释、比例原则以及补充性原则的考量。① 同时必须考虑到根据德国基本法的权限规定体系,联邦的权限范围确定了各州的权限范围,②排除"双重管辖",即同一个对象分配给不同立法者时是不同的权限名称。③

确定某一规定属于某种权限规范是基于该规定的直接规范客体(unmittelbarer Regelungsgegenstand)、规范目的、规范的作用和对象以及宪法传统。④ 其中,客观的规范客体是主要的审查对象。⑤ 对此,决定性的标准是规定的事实内容,而非立法机关选择的名称。要结合具体的事实背景审查规定是否涉及某一领域,避免抽象而笼统的审查。⑥ 规范的目的一般是立法机关的客观意图,而规范的作用则根据其法效果进行确定。⑦

依据这些方法与标准,联邦宪法法院详细解释了德国基本法第 74 条第 1 款第 19 项中"疾病""人类传染病"以及"措施"的含义⑧,并将本案中的新冠涵摄为"人类传染病",⑨而接触限制的规范客体是人与人的接触,规范目的是遏制新冠的进一步蔓延,也产生了控制传染

---

① Vgl. BVerfG, Beschluss des Ersten Senats vom 19. November 2021, -1 BvR 781/21-, Rn. 119.

② Vgl. BVerfGE 135, 155(196 Rn. 103); BVerfG, Beschluss des Zweiten Senats vom 25. März 2021 - 2 BvF 1/20 u. a. -, Rn. 82.

③ Vgl. BVerfGE 106, 62(114); BVerfG, Beschluss des Zweiten Senats vom 25. März 2021 - 2 BvF 1/20 u. a. -, Rn. 81.

④ BVerfGE 121, 30(47).

⑤ Vgl. BVerfGE 121, 317(348); 142, 268(283 Rn. 55).

⑥ Vgl. BVerfG, Beschluss des Ersten Senats vom 19. November 2021, -1 BvR 781/21-, Rn. 121.

⑦ Vgl. BVerfG, Beschluss des Ersten Senats vom 19. November 2021, -1 BvR 781/21-, Rn. 122.

⑧ Vgl. BVerfG, Beschluss des Ersten Senats vom 19. November 2021, -1 BvR 781/2-, Rn. 124.

⑨ Vgl. BVerfG, Beschluss des Ersten Senats vom 19. November 2021, -1 BvR 781/2-, Rn. 126.

的法律效果,属于"措施"。① 除此之外,接触限制也不属于一般的危险防御法(allgemeines Gefahrenabwehrrecht),因此也不属于德国基本法第 70 条第 1 款规定的州的剩余权限。②

而相应的罚金规定则属于德国基本法第 74 条第 1 款第 1 项规定的刑法方面的事项。③ 总而言之,接触限制及其罚金属于竞合立法权的事项,联邦议会具有立法权。

至于该法律是否需要经联邦参议院的同意,联邦宪法法院认为无论是接触限制还是夜间出行限制本身都不需要经由联邦参议院同意。但如果法律只包含一个需要同意的条款,那么整部法律是否需要经由联邦参议院同意的问题,即所谓"一体性理论"(Einheitsthese),目前仍悬而未决。具体到本案所涉及的问题,联邦宪法法院并没有在该裁决中给出答案,而是在同时发布的另一个裁决④中作了详细讨论。简而言之,只有在法律的客观目的是通过国家给付向第三方提供个人利益的情况下,才存在由联邦法律规定的,州向第三方提供现金给付、具有货币价值的非现金给付或类似给付的义务。⑤ 而本案涉及的法律条款的客观目的是遏制新冠疫情的进一步蔓延,不存在联邦要求各州承担向第三方给付的义务,故无须经联邦参议院同意。

综上所述,接触限制及其罚金条款在形式上符合宪法。

(三)干预的实质合宪性

对接触限制及其罚金条款的实质合宪性审查是本案的核心问题之一。最关键的问题是,联邦议会以"自我执行的法律"限制基本权利,是否损害了相对人受宪法保障的法律救济,是否无视基本法的权力分立原则和个别基本权利对立法者行为形式选择的限制,是否违反

---

① Vgl. BVerfG, Beschluss des Ersten Senats vom 19. November 2021, -1 BvR 781/2-, Rn. 127-130.

② Vgl. BVerfG, Beschluss des Ersten Senats vom 19. November 2021, -1 BvR 781/2-, Rn. 131.

③ Vgl. BVerfG, Beschluss des Ersten Senats vom 19. November 2021, -1 BvR 781/2-, Rn. 132.

④ BVerfG, Beschluss des Ersten Senats vom 19. November 2021 - 1 BvR 971/21 u. a. -, Rn. 88 ff.

⑤ BVerfG, NJW 2022, 167.

基本法第 19 条第 1 款第 1 句规定的一般性要求,是否满足明确性的要求。另一个关键问题则是该限制是否符合比例原则。

1. 对"自我执行的法律"的审查

（1）法律救济

"自我执行的法律放弃了通过行政机关的执行行为来实现各项措施的命令"。① 也就是说,纯粹由立法机关制定法律,直接干预基本权利,不仅没有行政机关的执行,也没有行政法院的救济,但是可以由联邦宪法法院对该法律的合宪性进行审查。② 德国基本法第 19 条第 4 款第 1 句规定的任何人的权利受到公权力侵犯时有权获得有效的、尽可能无漏洞的法律救济中的"公权力"包括行政权,但不包括议会的立法权,③当立法者选择"自我执行的法律"时,原则上那些适用于干预行为的审查就不再适用了。④ 因此,"自我执行的法律"并不影响基本法第 19 条第 4 款第 1 句保障的有效法律救济。

（2）权力分立原则

权力分立原则是德国基本法一项基础的组织原则和功能原则,⑤此外,权力分立原则的目标是政治权力的分配以及三权彼此相互的控制与约束,其结果是国家权力的克制。权力分立原则的另一个目的是确保国家的决定是由在组织、功能和程序方面具有最佳条件,最可能作出正确决定的机关作出的。必须保持三权之间的权重分配,使任何权力都不会在德国基本法未规定的情况下具有优越地位。也不得剥夺某个权力履行其宪法任务所必需的权限;⑥而且他们的决策权的核心领域是不可侵犯的。⑦

---

① BVerfG,Beschluss des Ersten Senats vom 19. November 2021,-1 BvR 781/2-,Rn. 136.

② Vgl. BVerfG,Beschluss des Ersten Senats vom 19. November 2021,-1 BvR 781/2-,Rn. 136-137.

③ Vgl. BVerfGE 24,33(49); 24,367(401); 75,108(165); 122,248(270 f.); stRspr.

④ Vgl. BVerfG,Beschluss des Ersten Senats vom 19. November 2021,-1 BvR 781/2-,Rn. 137.

⑤ Vgl. BVerfGE 147,50(126 Rn. 196); BVerfG, Beschluss des Zweiten Senats vom 20. Juli 2021 - 2 BvE 4/20 u. a. -,Rn. 22; stRspr.

⑥ Vgl. BVerfG,Beschluss des Ersten Senats vom 19. November 2021,-1 BvR 781/2-,Rn. 140.

⑦ Vgl. BVerfGE 95,1(15); 139,321(362 Rn. 125).

联邦宪法法院进一步展开分析本案涉及的立法权与行政权。制定规范（Normsetzung）在宪法上首先归属于议会。而行政权（Exekutive）主要负责统治（Regierung）与行政管理（Verwaltung），但并不排除议会对行政活动施加涉及个别情况的影响。① 只要行政权的核心领域不受影响，有利于议会的转移个别权重是符合权力分立原则的。② 但这种转移要受到权力分立的目的—国家机关相互制约以及由此实现的法治国家基本权利保护功能的限制。③ "基于简单涵摄而执行规范的决定在功能上是典型保留给行政的，它拥有对完成这一任务所必需的管理机器和专业知识。如果议会接管此类行政活动，在个案中就必须有充足的客观理由。④ 如果法律是所谓的个人法律（Einzelpersonengesetz），即从一开始就只针对一个或多个特定的个人，并限制他们基本权利的法律，那么对论证的要求就会更高。立法机关只有在对个别事实的监管需求极为迫切的情况下才有权制定规范。⑤ 至于是否存在这样的正当理由，立法机关有判断和评估的空间。⑥"⑦

具体到本案涉及的自我执行的法律，联邦宪法法院认为其符合权力分立原则，没有干预到行政权的核心领域，并且具有充分的客观理由。⑧ 该自我执行的法律是抽象—普遍的规定，不需要行政执行就可以对个案发挥作用。但是，行政机关仍然继续负责解释事实与涵摄事实，包括例外规定与实施规定（Durchführungsvorgabe）。此外，他们还必须监督限制措施的遵守情况，并在必要时实施处罚，将违规行为作为行政违法行为予以制裁。因此，行政权作为具体—个别的规范适用（Normanwendung）的主体地位没有受到影响。⑨

---

① Vgl. BVerfG,Beschluss des Ersten Senats vom 19. November 2021,-1 BvR 781/2-,Rn. 141.
② Vgl. BVerfGE 95,1(15 f.); 139,321(363 Rn. 126).
③ Vgl. BVerfG,Beschluss des Ersten Senats vom 19. November 2021,-1 BvR 781/2-,Rn. 142.
④ Vgl. BVerfGE 95,1(17); 134,33(88 Rn. 128); 139,321(363 Rn. 127).
⑤ BVerfGE 139,321(363 Rn. 127).
⑥ Vgl. BVerfGE 95,1(17); BVerfGE 43,291(347).
⑦ Vgl. BVerfG,Beschluss des Ersten Senats vom 19. November 2021,-1 BvR 781/2-,Rn. 142.
⑧ Vgl. BVerfG,Beschluss des Ersten Senats vom 19. November 2021,-1 BvR 781/2-,Rn. 143.
⑨ Vgl. BVerfG,Beschluss des Ersten Senats vom 19. November 2021,-1 BvR 781/2-,Rn. 144.

同时,以自我执行的法律建构对基本权利的限制在本案中也有充分的理由。联邦立法机关不仅有权判断和评估疫情状况,也有权判断和评估采取何种规范形式。在规范生效时,联邦议会认为出现了更危险的变异病毒,而且疫情不是区域性的。① 保护生命与健康、维持医疗系统运作的立法目的无法通过各州的行政法规有效实现,存在的保护漏洞需要全国统一的规定。② 该法律并非所谓的个人法律,而是适用于广泛的人群和事实的抽象—普遍的规定。③

（3）个别基本权利对行为形式的限制

德国联邦宪法法院承认以自我执行的法律的形式限制基本权利确实会影响相对人的权利保护。因为以法律作为诉讼对象通常确实比以行政行为作为诉讼对象更限制司法审查的可能性;④相比于行政程序,即使是在法律通过之前,相关各方发表意见的权利充其量也只能在非常有限的范围内发挥作用;⑤最后,法律一般很少考虑个案的特殊性,而行政执行则可以考虑个案的特殊性。⑥ 然而,联邦宪法法院依旧认为基本权利保护并不当然地排斥自我执行的法律,只要不是所谓的个人法律;⑦而且通过确认诉讼(Feststellungsklage),行政法院等专门法院可以宣布由于某项法律规范无效或不适用,因此与相对人之间不存在法律关系,这也适用于自我执行的法律。⑧

（4）一般性

原则上,只要法律构成要件的措辞抽象到无法预见有多少以及有哪些案件会适用该法律,就满足一般性的要求。⑨ 本案涉及的法律在

---

① Vgl. BTDrucks 19/28444,S. 8.
② Vgl. BTDrucks 19/28444,S. 1,8 f.
③ Vgl. BVerfG,Beschluss des Ersten Senats vom 19. November 2021,-1 BvR 781/2-,Rn. 146.
④ Vgl. BVerfGE 139,321(364 Rn. 130).
⑤ Vgl. BVerfGE 139,321(364 f. Rn. 130).
⑥ Vgl. BVerfG,Beschluss des Ersten Senats vom 19. November 2021,-1 BvR 781/2-,Rn. 147.
⑦ Vgl. BVerfGE 139,321(364 f. Rn. 130).
⑧ Vgl. BVerfG,Beschluss des Ersten Senats vom 19. November 2021,-1 BvR 781/2-,Rn. 149.
⑨ Vgl. BVerfGE 121,30(49); 139,321(365 Rn. 132).

人群和事实方面有着广泛的适用范围,因此符合一般性。^①

（5）明确性

联邦宪法法院认为虽然《传染病防治法》第 73a 条第 1a 项数字序号 11b 以空白规范（Blankettnorm）的形式规定了行政违法的构成要件,但第 28b 条第 1 款第 1 句数字序号 1 的接触限制填补了空白,是符合基本法第 103 条第 2 款规定的明确性要求的。^②

2. 比例原则

比例原则的审查遵循"正当目的""适宜性""必要性""相称性"的框架。德国联邦宪法法院认为接触限制及其罚金规则对婚姻与家庭基本权利和自由发展人格权的限制是符合比例原则的。^③

（1）正当目的

只有当立法机关制定的法律是追求合乎宪法的目的时,法律对基本权利的干涉才是合宪的,而联邦宪法法院对此进行的审查并不局限于立法机关明确表达出的目的,^④还包括立法机关在法律中预设的危险是否有足够坚实的基础。^⑤ 也就是说,联邦宪法法院的审查对象既有立法机关对危险状态的评估结论,也有评估依据的可靠性。^⑥ 审查的强度并不是一成不变的,根据争议事实的特性、所涉及法益的重要性以及立法机关形成足够确定的判断的可能性,宪法法院的审查可以从纯粹证据审查到合理性审查（Vertretbarkeitskontrolle）再到强化的内容审查（intensivierte inhaltliche Kontrolle）。^⑦ 如果由于科学认知尚不明确导致立法机关形成足够确定判断的可能性受到限制,那么只要立法机关能够实事求是（Sachgerecht）并且合理地评估它所拥有的信息

---

① 　Vgl. BVerfG, Beschluss des Ersten Senats vom 19. November 2021, -1 BvR 781/2-, Rn. 151.

② 　Vgl. BVerfG, Beschluss des Ersten Senats vom 19. November 2021, -1 BvR 781/2-, Rn. 152.

③ 　Vgl. BVerfG, Beschluss des Ersten Senats vom 19. November 2021, -1 BvR 781/2-, Rn. 166.

④ 　Vgl. BVerfGE 151, 101（136 Rn. 89）.

⑤ 　Vgl. BVerfGE 121, 317（350）; 153, 182（272 f. Rn. 236 ff.）.

⑥ 　Vgl. BVerfG, Beschluss des Ersten Senats vom 19. November 2021, -1 BvR 781/2-, Rn. 170.

⑦ 　Vgl. BVerfGE 153, 182（272 Rn. 237）.

和认知就是充分的。① 这种评估空间来源于德国基本法赋予立法机关的责任,要求其在不确定的情况下对高优先级利益和最高优先级利益之间的冲突作出决定。②

法律草案的理由(Begründung)将"保护生命与健康和医疗系统的运转能力作为压倒性的共同利益,以此确保尽可能好的疾病防治"。③ 其中医疗系统的运转能力目标被理解为保护生命与健康的中间目标。一个正常运作的医疗卫生系统不仅要保护新冠感染者的生命健康,还要保护其他需要救治的患者的生命健康。④ 联邦宪法法院支持了法律草案理由的立场,认为这些立法目的是宪法上正当的目的,也会产生国家保护义务。

那么法律通过时是否存在足以支撑立法机关得出"存在威胁生命与健康的情况,医疗系统的运转能力有过载危险"的结论的可靠依据呢?联邦宪法法院在此适用了合理性审查的强度,因为防疫措施的科学认知基础是不断获得、整理和修正的。《传染病防治法》第4条第1款要求罗伯特·科赫研究所发布和评估德国感染率数据以及世界各地现有研究,不断地更新关于此种疾病的研究成果。在此基础上,立法机关已经从制度上确保了评估防疫立法所需的信息。⑤ 在法律通过的2021年4月22日,罗伯特·科赫研究所将德国民众的健康所面临的总体风险评估为非常高。因为感染数量持续增长,出现了传染性明显更强且会导致更严重症状的病毒变种,住院和需要重症监护的病人数量也在增加。⑥ 此外,立法机关也在专家听证会上听取了德国重症监护和急救医学跨学科协会(DIVI)等机构关于德国医疗资源

---

① Vgl. BVerfGE 153,182(272 f. Rn. 238).

② Vgl. BVerfG,Beschluss des Ersten Senats vom 19. November 2021,-1 BvR 781/2-,Rn. 171.

③ Vgl. BTDrucks 19/28444,S. 1 und 8.

④ Vgl. BVerfG,Beschluss des Ersten Senats vom 19. November 2021,-1 BvR 781/2-,Rn. 175.

⑤ Vgl. BVerfG,Beschluss des Ersten Senats vom 19. November 2021,-1 BvR 781/2-,Rn. 178.

⑥ Vgl. BVerfG,Beschluss des Ersten Senats vom 19. November 2021,-1 BvR 781/2-,Rn. 178-180.

紧张,特别是重症监护能力不断下降的意见。① 这些立法过程中的专家意见都是公开且广泛讨论的,虽然专家意见对疫情未来的发展和应对措施的评估有细节上的出入,但立法机关的评估是有可靠的事实依据的。②

（2）适宜性

法律规定有实现立法目的的可能性就满足宪法上的适宜性。③ 对于适宜性而言,在涉及必要的预测和手段的选择时,立法机关同样有评估空间。④ 评估空间的范围取决于个案情况,考量的因素包括争议事实的特性、立法机关形成足够确定的判断的可能性以及所涉及法益的重要性,⑤其中法益的重要性还可以进一步划分为被干预的基本权利⑥以及干预的程度。⑦ 和对正当目的的审查相同,如果事实上的不确定性导致立法机关只可能在有限的范围内形成足够确定的判断,那么联邦宪法法院的审查就仅限于立法机关对适宜性的预测是否合理。⑧ 适宜性并不强求存在毋庸置疑的经验证据证明措施的有效性,⑨即使立法机关的预测被嗣后发生的事实证明是错误的,也并不会影响该措施最初的适宜性。⑩ 联邦宪法法院对适用性的审查着眼于立法机关是否有权从其角度假设该措施有助于既定目标的实现,其预测是否是实事求是且合理的。⑪ 当然,随着法律规定的生效时间越长,立法机关获得了更多的科学认识,就越不能依赖最初的不确定预测。⑫

---

① Vgl. BVerfG,Beschluss des Ersten Senats vom 19. November 2021,-1 BvR 781/2-,Rn. 181.
② Vgl. BVerfG,Beschluss des Ersten Senats vom 19. November 2021,-1 BvR 781/2-,Rn. 182.
③ Vgl. BVerfGE 152,68(130 f. Rn. 166);155,238(279 Rn. 102);156,63(116 Rn. 192);stRspr.
④ Vgl. BVerfGE 109,279(336);152,68(131 Rn. 166);156,63(116 Rn. 192).
⑤ Vgl. BVerfGE 109,279(336).
⑥ Vgl. BVerfGE 152,68(131 Rn. 166).
⑦ Vgl. BVerfGE 156,63(116 f. Rn. 192).
⑧ Vgl. BVerfGE 153,182(272 f. Rn. 238).
⑨ Vgl. BVerfGE 156,63(140 Rn. 264).
⑩ Vgl. BVerfGE 113,167(234).
⑪ Vgl. BVerfG,Beschluss des Ersten Senats vom 19. November 2021,-1 BvR 781/2-,Rn. 186.
⑫ Vgl. BVerfG,Beschluss des Ersten Senats vom 19. November 2021,-1 BvR 781/2-,Rn. 190.

但对于本案而言,由于相关条款生效期间只有 2 个月左右,法院认为对适宜性的审查不应该适用更严格的标准。①

联邦宪法法院不厌其烦地援引大量第三方专家意见证明,尽管其时对于新冠病毒传播的点、途径和时间的了解仍然有限,但病毒通过飞沫与气溶胶直接或间接地在人与人之间传播是清晰的,因此限制人际接触是降低感染率的有效手段。② 而且,病毒的直接传播在室内和室外都会发生,与传染性颗粒的接触发生在公共还是私人场所并不重要,因此,立法者可以合理地假设,对公共或私人场所人员聚集的任何限制都会对遏制病毒传播做出重大贡献,适宜保护生命和健康,③也当然能够防止医疗系统的过载。④

另一个焦点问题是选择 7 日感染率这一指标以及 100 这一阈值是否是适宜性的。联邦宪法法院认为立法者在选择指标与阈值方面有评估空间,问题的核心是这种选择是否基于可靠的依据。立法机关如此选择的理由是 7 日感染率是最早可以反应感染数量增多的指标,并可以预测未来短时间内医疗系统的负担和死亡人数,同时该指标也是可以被所有人轻松理解的指标。⑤ 对于 100 的阈值,立法机关认为根据卫生部门的经验,7 日感染率超过 100 时便无法再有效追踪密切接触者。⑥ 而联邦宪法法院则依据专业第三方的意见认为,7 日感染率可以作为一个灵敏的早期预警信号,表明医疗系统即将承受的压力,以便及时采取措施。它能比住院人数或死亡人数等指标提前 7 到 10 天发出预警。⑦ 同时考虑到病毒的新变种以及当时较低的疫苗

---

① Vgl. BVerfG, Beschluss des Ersten Senats vom 19. November 2021, -1 BvR 781/2-, Rn. 189,191.

② Vgl. BVerfG, Beschluss des Ersten Senats vom 19. November 2021, -1 BvR 781/2-, Rn. 193-195.

③ Vgl. BVerfG, Beschluss des Ersten Senats vom 19. November 2021, -1 BvR 781/2-, Rn. 196.

④ Vgl. BVerfG, Beschluss des Ersten Senats vom 19. November 2021, -1 BvR 781/2-, Rn. 197.

⑤ Vgl. BTDrucks 19/28444, S. 9.

⑥ Vgl. BTDrucks 19/28444, S. 9 f.

⑦ Vgl. BVerfG, Beschluss des Ersten Senats vom 19. November 2021, -1 BvR 781/2-, Rn. 199.

接种率,100 的阈值也有其合理性。①

（3）必要性

对必要性的审查同样需要先考虑立法机关的评估空间。对基本权利的干预不得超过保护共同利益所必要的。② 也就是不存在对实现共同利益目标同等有效的,但对基本权利主体负担更小且不剧增第三人和公众负担的手段。③ 其中,替代手段的同等有效性必须在各个层面得到清晰的确认。④ 通常,立法机关的评估空间涉及其选择的措施的效果,以及与其他负担较轻的措施的比较。由于受影响的基本权利和干预的强度,评估空间可能会缩小。⑤ 反之,要监管的事项越复杂,评估空间就越大。⑥ 同样基于事实的不确定性,联邦宪法法院的审查就仅限于立法评估的合理性。⑦

联邦宪法法院认为,由于疫情的危险和难以预测的动态,使得事实情况非常复杂,留给立法机关的评估空间就很大。⑧ 之后联邦宪法法院具体审查了可能的其他措施:首先在 2021 年 4 月完全接种疫苗的人只占人口总数的 6.9%,而且由于疫苗的生产、供应以及两次接种之间的间隔,使得不可能在短期内实现对大部分公民,特别是脆弱人群的保护,因此疫苗接种无法提供同等有效的保护。⑨ 其次,由于病毒的传播既发生在公共和私人场所的会面上,也发生在室内和室外,因此仅对公共场所或者室内会面的限制也不会有同等有效的保护。⑩ 针对诉愿人提出的其他可能性,如佩戴口罩、保持距离、房间通风等措

---

① Vgl. BVerfG,Beschluss des Ersten Senats vom 19. November 2021,-1 BvR 781/2-,Rn. 200.

② Vgl. BVerfGE 100,226(241); 110,1(28).

③ Vgl. BVerfGE 148,40(57 Rn. 47); stRspr.

④ Vgl. BVerfGE 81,70(91).

⑤ Vgl. BVerfGE 152,68(119 Rn. 134).

⑥ Vgl. BVerfGE 122,1(34); 150,1(89 Rn. 173).

⑦ Vgl. BVerfGE 153,182(272 f. Rn. 238).

⑧ Vgl. BVerfG,Beschluss des Ersten Senats vom 19. November 2021,-1 BvR 781/2-,Rn. 205.

⑨ Vgl. BVerfG,Beschluss des Ersten Senats vom 19. November 2021,-1 BvR 781/2-,Rn. 206.

⑩ Vgl. BVerfG,Beschluss des Ersten Senats vom 19. November 2021,-1 BvR 781/2-,Rn. 207-208.

施,法院认为并没有证据证明这些措施能够有效消除感染风险。① 同时,法院也尊重立法机关对此的评估:在私人聚会上,这些规则被完全遵守的可能性很小。② 至于增强对工作生活的监管,则是将负担转嫁给第三人,在宪法上并非是一种更温和的手段。③ 最后,如果将接触限制的生效与失效与尺度更小的地域单位的 7 日感染率挂钩,确实会减轻对基本权利的干预,但因为对病毒传播的确切情况、地点和场合没有足够可靠的认知,不能肯定这种更温和的措施有助于对抗全国范围的疫情。④ 因此,法院认为接触限制符合必要性。

(4)相称性

相称性,即狭义的比例原则要求措施所追求的目标、预期实现的目标与干预的严重程度合比例。⑤ 立法机关的任务是在干预基本权利的范围、程度和该规定对实现正当目标的重要性之间进行衡量。⑥ 为了满足禁止过度(Übermaßverbot)的要求,个体对其自由受到的减损越敏感,公共利益就必须越重要。⑦ 反之,如果完全自由地行使基本权利带来的不利与危险越大,立法活动就应该越紧迫。⑧ 与其他审查相同,原则上立法机关对此也享有评估余地,联邦宪法法院对此的审查仅限于评估的合理性。⑨

首先,法院详细分析了天平的一端——受影响的基本权利,承认接触限制及其罚金规则明显干预了所涉及的基本权利。⑩ 在婚姻与家庭基本权利方面,接触限制将个人接触限制在一个家庭的人与另一个不属于该家庭的人的范围内,阻止了人们自由地选择会面方式。同时

---

① Vgl. BVerfG, Beschluss des Ersten Senats vom 19. November 2021, -1 BvR 781/2-, Rn. 210.

② Vgl. BTDrucks 19/28444, S. 12.

③ Vgl. BVerfG, Beschluss des Ersten Senats vom 19. November 2021, -1 BvR 781/2-, Rn. 212.

④ Vgl. BVerfG, Beschluss des Ersten Senats vom 19. November 2021, -1 BvR 781/2-, Rn. 213.

⑤ Vgl. BVerfGE 115, 119(178 Rn. 128); stRspr.

⑥ Vgl. BVerfGE 156, 11(48 Rn. 95).

⑦ Vgl. BVerfGE 36, 47(59); 40, 196(227); stRspr.

⑧ Vgl. BVerfGE 7, 377(404 f.).

⑨ Vgl. BVerfG, Beschluss des Ersten Senats vom 19. November 2021, -1 BvR 781/2-, Rn. 217.

⑩ Vgl. BVerfG, Beschluss des Ersten Senats vom 19. November 2021, -1 BvR 781/2-, Rn. 219.

也排除了具有特别密切家庭关系的人之间的接触,如父母与 14 岁以上的子女。此外,成年子女或者兄弟姐妹等生活在不同家庭的近亲属之间的个人接触也受到限制。① 在自由发展人格权方面,独自生活的人培养人际关系的可能性被限制,加之公共生活及工作场所的其他限制,使得相关群体的社会接触只能在非常有限的范围内进行,有陷入孤独的风险。② 以上对基本权利的限制还因立法机关所选择的自我执行的法律这一规范技术而加强,因为一旦符合措施的生效要件,所有人都会受到影响,个人采取任何措施都无法避免基本权利干预,且这种干预造成的损失既无法复原,也无法补偿。③ 此外,不能孤立地从联邦立法的视角以及单个措施的视角审查基本权利受到干预的程度。因为与此同时,几乎所有的州都制定了基于州法的疫情防控措施,这也加剧了干预基本权利的严重性。④ 而且接触限制作为整体计划的一部分,对生活方式造成的影响也因同时采取其他防疫措施而加剧了。⑤

但裁决笔锋一转,认为法律本身也规定了对干预的和缓化。规定中包含大量的例外情况考虑到了婚姻与家庭基本权利的特殊地位。干预的强度也受到时效的限制以及对疫情动态和区域性防控的监管方法的限制。⑥ 这些都降低了干预基本权利的严重性。

其次,天平的另一端——公共利益被联邦宪法法院认定为具有"压倒性的重要地位"(überrangende Bedeutung)。⑦ 联邦宪法法院在此回顾了德国在 2021 年 4 月所面临的严峻的防疫态势以及接触限制措施对于疫情防控的重要意义,⑧并认为生命和健康的法益本身已经

---

① Vgl. BVerfG, Beschluss des Ersten Senats vom 19. November 2021, -1 BvR 781/2-, Rn. 220.

② Vgl. BVerfG, Beschluss des Ersten Senats vom 19. November 2021, -1 BvR 781/2-, Rn. 221.

③ Vgl. BVerfG, Beschluss des Ersten Senats vom 19. November 2021, -1 BvR 781/2-, Rn. 222.

④ Vgl. BVerfG, Beschluss des Ersten Senats vom 19. November 2021, -1 BvR 781/2-, Rn. 223.

⑤ Vgl. BVerfG, Beschluss des Ersten Senats vom 19. November 2021, -1 BvR 781/2-, Rn. 224.

⑥ Vgl. BVerfG, Beschluss des Ersten Senats vom 19. November 2021, -1 BvR 781/2-, Rn. 226.

⑦ Vgl. BVerfG, Beschluss des Ersten Senats vom 19. November 2021, -1 BvR 781/2-, Rn. 227.

⑧ Vgl. BVerfG, Beschluss des Ersten Senats vom 19. November 2021, -1 BvR 781/2-, Rn. 228-230.

是压倒性的重要的法益。① 立法机关有提供国家保护的义务,且鉴于当时的情况,假定立法机关是必须以特别紧急的方式采取行动来保护他们。②

最后,法院开始对两个法益进行权衡。立法者并没有完全牺牲某项基本权利,而是在限制某项基本权利的同时还提供了保障措施,以限制干预基本权利的程度。③ 这些保障措施包括法律时效上的限制——2021 年 6 月 30 日失效;适用地域范围的限制——采用动态监管的方式;特定人群的例外——已接种疫苗的人和已康复的人。此外,相比于传统上用于防治传染病的隔离及检疫等措施,接触限制也允许人们在更大范围内活动。④ 总结起来,联邦宪法法院认为立法机关在严重损害基本权利与特别重要的公共利益之间找到了宪法上的平衡。

到此,德国联邦宪法法院一板一眼地完成了对接触限制及其罚金规则的合宪性审查,并得出结论,《传染病防治法》第 28b 条第 1 款第 1 句数字序号 1 和第 73 条第 1a 款数字序号 11b 的规定符合宪法。

六、夜间外出限制的可证成性

德国联邦宪法法院对于夜间外出限制及其罚金规则的审查在结构上与结论上都与其对接触限制及其罚金规则的审查完全一致,在许多具体问题的论证上也如出一辙。因此,本文将不再拘泥于裁决的框架,着重介绍有争议的法律问题。

(一)夜间外出限制与人身自由

联邦宪法法院认为,德国基本法第 2 条第 2 款第 2 句并第 104 条

---

① Vgl. BVerfGE 126,112(140); stRspr.

② Vgl. BVerfG,Beschluss des Ersten Senats vom 19. November 2021,-1 BvR 781/2-,Rn. 231.

③ Vgl. BVerfG,Beschluss des Ersten Senats vom 19. November 2021,-1 BvR 781/2-,Rn. 232.

④ Vgl. BVerfG, Beschluss des Ersten Senats vom 19. November 2021,-1 BvR 781/2-, Rn. 233-235.

第 1 款保护在生效的一般法秩序框架内真实的,身体的移动自由免受国家的干预。① 该项基本权利从一开始就不是保障一种不受限制地到处移动的权利。② 移动自由在客观上以事实上和法律上的使用可能性为前提。主观上,与之相关的自然意志就足够了。③ 从人身自由被表述为"不可侵犯"(unverletzlich)以及规定在德国基本法第 2 条第 2 款第 2 句并第 104 条第 1 款的限制和第 2 至 4 款的程序保障来看,它是一项高优先级的基本权利,④只有出于重要原因才能被干预。⑤

对此存在的一个争议问题是夜间外出限制并非直接的身体强制,是否依然构成对人身自由的干预? 联邦宪法法院认为,人身自由的保护范围限于生效的一般法秩序框架内真实的,身体的移动自由,因此只有当公权力违反相对人意志阻止其前往、驻留或离开那些事实上和法律上可进入(zugänglich)的地点或空间时,才存在干预。⑥ 最典型的情况就是国家的逮捕、拘留和类似的直接强制措施。⑦ 然而对人身自由干预并不仅仅存在于直接的、身体上的有效强制,联邦宪法法院还审查过那些命令执行直接强制的国家行为,比如判处有期徒刑,⑧或是待审拘留令(Untersuchungshaftbefehl)。⑨ 此外,如果法律构成在个案中干预移动自由的法定依据,即使其本身并没有直接提到这种自由,也应受到联邦宪法法院依据人身自由权的审查。由此可以得出结论,人身自由权的保护范围并不局限于以直接的、作用于身体的强制为形态的干预。⑩ 如果国家措施以可相比于直接强制的方式影响相对人行使移动自由的意志,就满足"违反相对人

---

① Vgl. BVerfGE 149,293(318 Rn. 65); 156,63(127 Rn. 222).
② Vgl. BVerfGE 94,166(198); 156,63(127 Rn. 222); stRspr.
③ Vgl. BVerfGE 149,293(318 Rn. 66).
④ Vgl. BVerfGE 156,63(127 Rn. 221).
⑤ Vgl. BVerfGE 149,293(318 Rn. 65).
⑥ Vgl. BVerfGE 149,293(319 Rn. 67); 156,63(127 Rn. 222).
⑦ Vgl. BVerfGE 149,293(318 Rn. 65).
⑧ Vgl. BVerfGE 14,174(186).
⑨ Vgl. BVerfGE 53,152(158).
⑩ Vgl. BVerfG,Beschluss des Ersten Senats vom 19. November 2021,-1 BvR 781/2-,Rn. 244.

意志"的要件。同时,威胁使用强制或者为公权力使用这种强制提供法律基础也足以"取消相对人进入地点或空间的事实上和法律上的可能性"。因此,移动自由可能被完全以心理为媒介的强制所干预。[1] 这种以心理为媒介的强制需要在类型和程度上与直接作用于身体的强制具有相当的效果。[2] 未经许可不得离开某地或某地区的国家命令足以构成干预。[3]

联邦宪法法院认为,即使罚金规则不可与有期徒刑相比,但夜间外出限制还是产生了一种心理为媒介的强制力,迫使人们遵守这些限制,不行使移动自由的权利,这相当于作用于身体的强制。[4] 这些限制可以被国家高权执行。虽然没有明确的执行规范,但在危险防御法的范围内,采取临时扣留(Ingewahrsamnahme)是有法律上的可能性的。[5] 更重要的,被禁止的行为与移动自由有清晰的关联。夜间外出限制原则上禁止在住宅或旅舍之外停留7个小时,同时还规定了易于执行的监管措施,产生的以心理为媒介的强制达到了干预的强度。[6] 因此,夜间外出限制是对人身自由的干预,但是这种干预没有达到德国基本法第104条第2款规定的剥夺自由的程度,也不是软禁在家。[7]

(二)"通过法律"与"以法律为基础"

相比于接触限制,自我执行的法律的实质合宪性的论证在夜间外出限制面临着更大的障碍。对基本权利的限制,德国基本法第2条第2款第3句的原文表述为"以法律为基础",第104条第1款第1句的原文表述为"以正式法律为基础"(auf Grund eines förmlichen Gesetzes),这明显与自我执行的法律直接"通过法律"(durch Gesetz)限制基本权利

---

① Vgl. BVerfG, Beschluss des Ersten Senats vom 19. November 2021, -1 BvR 781/2-, Rn. 246.

② Vgl. Bay. VerfGH, Entscheidung vom 9. Februar 2021 - Vf. 6-VII-20 -, Rn. 63.

③ Vgl. BVerfGE 156, 63(159 Rn. 322).

④ Vgl. BVerfG, Beschluss des Ersten Senats vom 19. November 2021, -1 BvR 781/2-, Rn. 247.

⑤ Vgl. BVerfG, Beschluss des Ersten Senats vom 19. November 2021, -1 BvR 781/2-, Rn. 248.

⑥ Vgl. BVerfG, Beschluss des Ersten Senats vom 19. November 2021, -1 BvR 781/2-, Rn. 249.

⑦ Vgl. BVerfG, Beschluss des Ersten Senats vom 19. November 2021, -1 BvR 781/2-, Rn. 250.

不一致。联邦宪法法院承认这种措辞倾向于表明,对基本权利限制至少应当从权限的角度去理解,但依然坚持,这些规定并不排斥通过法律自身干预移动自由的可能性。①

措辞不是"通过法律",可能意味着立法机关不能直接通过法律干预这种自由权利。但联邦宪法法院认为这种理解并不是强制性的。② 德国基本法第 10 条第 2 款第 1 句也有同样的"只能以法律为基础"(nur auf Grund eines Gesetzes)的措辞,但联邦宪法法院之前的司法判决也承认法律对书信秘密、邮件秘密和电信秘密的直接干预。③ 考察规范生成史,只允许"以法律为基础"干预的限制规定是否能推导出行政保留的问题没有明确答案。④ 不存在将不同的限制规定系统性理解为宪法文本的内容和效果在相同措辞时必须相同,不同时必须不同。⑤ 议会委员会(Parlamentarischer Rat)的起草委员会认为"以法律为基础"的措辞更可取,是因为有了这个短语后,限制只能由法律来规定,排除法律授权行政机关。⑥ 通过"以法律为基础"的措辞,法律的直接干预和通过行政的间接干预都是可能的,但并非反过来排除立法权的直接规范。⑦

但是,联邦宪法法院承认基本法的规定组合形成了一个规范方案(Normprogramm),这个方案清晰地表明行政执行限制自由的措施,以及在这种情况下必须遵守的立法和司法的规定。德国基本法第 104 条第 1 款第 1 句规定了限制自由的法律程序以及对此形式和实质要求。如果干预的强度达到了剥夺自由的程度,⑧则必须由法官保

---

① Vgl. BVerfG, Beschluss des Ersten Senats vom 19. November 2021, -1 BvR 781/2-, Rn. 268.

② Vgl. BVerfG, Beschluss des Ersten Senats vom 19. November 2021, -1 BvR 781/2-, Rn. 269.

③ Vgl. BVerfGE 125, 260(313).

④ Vgl. Bumke, Der Grundrechtsvorbehalt, 1998, S. 199.

⑤ Vgl. Hermes, Grundrechtsbeschränkungen auf Grund von Gesetzesvorbehalten. in: Merten/Papier, HGRe, Bd. III, 2009, § 63 Rn. 3.

⑥ Deutscher Bundestag und Bundesarchiv <Hrsg. >, Der Parlamentarische Rat 1948-1949, Vol. 7 - Entwürfe zum Grundgesetz, 1995, p. 211 f.

⑦ Vgl. BVerfG, Beschluss des Ersten Senats vom 19. November 2021, -1 BvR 781/2-, Rn. 270.

⑧ Vgl. BVerfGE 149, 293(319 Rn. 67).

留,而立法机关必须对此提供程序保障,以公正地对待不同的剥夺自由的情况,并确保相对人在被剥夺自由之前获得与司法程序紧密相联的法治国家的所有保护。① 只有在行政机关执行限制自由的情况下,这样的程序才得以启动,基本权利才能得到全面保障。②

上述规范方案正是针对限制移动自由而制定的,当国家权力直接的、作用于身体的限制个人时,这些程序和实质保障就是必要的。然而,由于法律本身永远不可能具有身体强制的效果,通过法律直接干预移动自由并不会威胁到限制的目的——确保法律保护。因此,目的论的理由反对将德国基本法对限制人身自由的规定解释为行政保留。③

(三)夜间外出限制与整体保护计划

德国联邦宪法法院审查夜间外出限制是否符合比例原则时,突出强调了夜间外出限制是整体保护计划的一部分,④是服务于接触限制等其他防疫措施的。⑤ 联邦宪法法院反复提及立法机关的假设:夜间外出限制是为了保障接触限制措施能够得到遵守。⑥ 通过夜间外出限制,私人无法逗留在公共场所,傍晚和夜间的聚会可能会提前结束。⑦ 如果没有夜间外出限制,则无法有效监管接触限制等措施在夜间的执行情况。⑧ 联邦宪法法院也没有讳言,科学上并没有明确的证据证明夜间外出限制对防疫是有贡献的,⑨因此这种措施的适宜性和必要性都是难以证明的。然而裁决还是支持了立法机关的评估,将夜间外出限制作为整体保护计划的一部分进行审查,通过论证夜间外出限制对接触限制是适宜且必要的,得出了该措施本身对于防治新冠疫

---

① Vgl. BVerfGE 149,293(323 f. Rn. 76 ff. ,332 ff. Rn. 93 ff.).

② Vgl. BVerfG,Beschluss des Ersten Senats vom 19. November 2021,-1 BvR 781/2-,Rn. 271.

③ Vgl. BVerfG,Beschluss des Ersten Senats vom 19. November 2021,-1 BvR 781/2-,Rn. 272.

④ Vgl. BVerfG,Beschluss des Ersten Senats vom 19. November 2021,-1 BvR 781/2-,Rn. 274.

⑤ Vgl. BVerfG,Beschluss des Ersten Senats vom 19. November 2021,-1 BvR 781/2-,Rn. 275.

⑥ Vgl. BTDrucks 19/28444,S. 12.

⑦ Vgl. BVerfG,Beschluss des Ersten Senats vom 19. November 2021,-1 BvR 781/2-,Rn. 277.

⑧ Vgl. BVerfG,Beschluss des Ersten Senats vom 19. November 2021,-1 BvR 781/2-,Rn. 285.

⑨ Vgl. BVerfG,Beschluss des Ersten Senats vom 19. November 2021,-1 BvR 781/2-,Rn. 279.

情是适宜且必要的。①

　　在审查夜间外出措施的相称性时,联邦宪法法院也延续着整体保护计划的思路。"夜间外出限制的相称性只能在整体一揽子措施(Maßnahmenbühndel)的背景下进行判断。在单独考虑时可能是相称的或合理的干预,但是在整体考虑时就可能产生严重的不利,这超过了法治国家可接受的干预强度。"②夜间外出限制与接触限制乃至州法中的各种防疫措施对基本权利的干预存在着"累加的"(additiv)作用。③ 然而吊诡的是,这种累加的干预没有对后续法益衡量过程产生实际的影响,联邦宪法法院重复了接触限制的衡量过程,径直认为夜间外出限制取得了符合宪法的利益平衡。④

七、结论与影响

　　德国联邦宪法法院最后作出裁决:1 BvR 781/21 案中对《传染病防治法》第 28b 条第 1 款第 1 句数字序号 3 至 10,第 7 款和第 28c 条的宪法诉愿不予受理。驳回其他宪法诉愿。

　　德国社会各界格外关注此裁决,期待卡尔斯鲁厄能够为国家在疫情危机中的措施划出清晰的界限。然而或许并非所有人都对这个裁决感到满意。在联邦宪法法院看来,他已经在裁决中提供了非常详细的论证,制定了标准,以便在某一领域实现宪法的具体化,并为未来出现的问题提供指引。⑤ 这或许是该裁决最后一段突兀地提及"只有在极端危险的情况下,才能考虑采取全面的外出限制"⑥的缘由。与其

---

① Vgl. BVerfG, Beschluss des Ersten Senats vom 19. November 2021, -1 BvR 781/2-, Rn. 258-288.

② Vgl. BVerfG, Beschluss des Ersten Senats vom 19. November 2021, -1 BvR 781/2-, Rn. 290.

③ Vgl. BVerfG, Beschluss des Ersten Senats vom 19. November 2021, -1 BvR 781/2-, Rn. 295.

④ Vgl. BVerfG, Beschluss des Ersten Senats vom 19. November 2021, -1 BvR 781/2-, Rn. 303.

⑤ 参见德国联邦宪法法院新任院长 2021 年 11 月 12 日接受 ZDF 采访: https://www. zdf. de/nachrichten/politik/corona-massnahmen-stephan-harbarth-bundesverfassungsgericht-polen-100. html.

⑥ BVerfG, Beschluss des Ersten Senats vom 19. November 2021, -1 BvR 781/2-, Rn. 305.

说这是裁决的内容,倒不如说这是联邦宪法法院预先提出的警告,为立法、行政机关在未来应对危机所划下的底线。但正如德国著名宪法学者克里斯托夫·德根哈特(Christoph Degenhart)将本裁决与早先的气候裁决相结合而得出的结论所言:"考虑到气候裁决①中对未来危险情况世界末日般的描述,自由的保障可能会被证明是脆弱的。"②

① BVerfG, NJW 2021, 1723.

② Christoph Degenhart, Entscheidung unter Unsicherheit – die Pandemiebeschlüsse des BverfG, NJW 2022, S. 128.

备案审查案例分析的一次比较法研讨尝试[*]

——2021年备案审查比较研究国际研讨会会议综述

朱家玮[**]

摘　要：一项具有本国特色的宪法制度，尤其是案例分析视角的研究，如何从比较法研究中获得借镜和给养，浙大和耶鲁联袂主办的"2021年备案审查比较研究国际研讨会"进行了有益的尝试。会议以"同命不同价案"为主题案例，聚焦"平等权审查基准""审查决定效力"作为实体原理主题和制度原理主题展开研讨，由此呈现出备审案析研究的"三重结构视角"——比较案例、实体内容、机制原理，这正好可溯源到备案审查一般研究的"三重主题视角"——比

* 本综述在作者初稿基础上，由郑磊老师确定标题、调整提纲，尤其是郑老师对关于备审案析"三重结构视角"和备审研究"三重主题视角"的引论部分以及余论部分，进行了大幅度增补的主笔式修改，对本文具有第二作者式的贡献，在此鸣谢。写作过程多次请教浙江大学光华法学院宪法学与行政法学硕士生王翔师兄，多有获益，在此一并鸣谢。

** 朱家玮，女，浙江大学光华法学院宪法学与行政法学硕士研究生，本科为英语专业、辅修德语。

较研究、领域备审部门备审研究、体制机制研究。两个半天的会议分别按照两项三重原理设置单元和发言,中美学者之间进行了内容饱满、气氛热烈的研讨,为通过比较研究推进宪法监督研究、完善宪法监督制度、讲好中国宪法监督故事积累了经验。

关键词:备案审查　案例分析　比较法　平等权　审查基准

引论:备案审查比较法研讨会的"三重结构视角"和"三重主题视角"

在当前中国依宪治国的理论和实践中,无论你是否同意,都无法绕过一些重要的命题:加强备案审查工作,是完善宪法监督制度的基础和重要着力点;备案审查,为全面贯彻实施宪法提供支点,承载着中国特色的违宪审查。关注中国宪法,无法绕过备案审查。2020 年 8 月,《规范性文件备案审查案例选编》出版,备案审查案例的披露,开始破冰并正在实现常态化。这里程碑式地丰富了中国宪法学的研究素材,以及为外国学者观察中国宪法实践、梳理中国宪法学理论丰富了研究线索。于是,从案例分析的角度切入,成为备案审查研究一个不可绕过的新角度。

然而,就一项具有本国特色的宪法制度,尤其是案例分析视角的研究,如何展开比较学术研究、国际学术交流,如何从比较法研究中去获得借镜和给养,涉及备案审查研究的一类重要研究素材和研究视角。

有鉴于此,自 2021 年 4 月份开始,浙江大学公法和比较法研究所和耶鲁大学法学院蔡中曾中国中心围绕着备案审查这个主题,分别委托郑磊教授和魏常昊博士,商议如何展开一些基础性的、建设性的、实践性的学术交流与学术合作。于是,在 2021 年 12 月 11 日,"2021 年备案审查比较研究国际研讨会"成功于线上举办。本次会议由浙江大学公法与比较法研究所、耶鲁大学法学院蔡中曾中国中心、浙江大学光华法学院主办,由浙江省法制研究所、浙江立法研究院暨浙江大学立法研究院、中国法学会法治研究基地浙江大学公法研究中心合办。来自浙江大学、耶鲁大学、北京大学、清华大学、人民大学、中央党校、中国社科院、中国政法大学、武汉大学、南开大学、上海交大等高校科研机构的专家学者以及备案审查实务工作者累计二百余人参加了会议。

会议从《全国人民代表大会常务委员会法制工作委员会关于2020 年备案审查工作情况的报告》中首次出现的"合宪性、涉宪性"案件中,选择了"人身损害赔偿案件死亡赔偿金司法解释备案审查案"为主题案例,聚焦该案,分别以"平等权审查基准""审查决定效力"作为实体原理主题和制度原理主题。在此基础上,按照**备案审查案例分析研究的"三重结构视角"**——比较案例、实体内容、机制原理来设置单元议题和发言主题。①

由于时差所限,为时一天的会议,由上午的国际板块和下午的国内板块构成。上午的会议,由哈佛大学 Mark Tushnet 教授、哥伦比亚大学 Jamal Greene 教授以及四川大学李成副教授、中国社科院大学柳建龙副教授、北京航空航天大学王锴教授分别作主题报告,与会学者围绕相关议题展开讨论。下午的会议,在备审案析三重结构视角的基础上,进一步拓展至备案审查研究新视角尝试的考虑,按照"备审案析原理及其比较法原理""领域备案审查和部门备案审查"以及"备案审查机制与制度相关原理"的"三重主题视角"依次设置了**三个主题阶段**的发言和讨论。备案审查一般研究的"三重主题视角"给备案审查案例分析研究和教学提供了"三重结构视角",两项"三重视角"之间,关联密切,如下图所示。

笔者尝试统合前述两项相互关联的三重视角,将本次研讨会的讨论内容按照内容原理、机制原理、案例分析比较法原理、领域备审和部门备审四个方面,综述如下:

---

① 郑磊:《备案审查:为全面贯彻实施宪法提供支点》,《光明日报》2021 年 12 月 25 日,第 7 版;郑磊:《关于备案审查比较研究的三个关键词——在"2021 年备案审查比较研究国际研讨会"开幕式上的会议说明》,来源:https://mp.weixin.qq.com/s/3pGizGWVHksFznLaMY8mGg,访问时间:2021 年 12 月 11 日。本综述第一部分在增补修改中,充分参考了这两个文献。

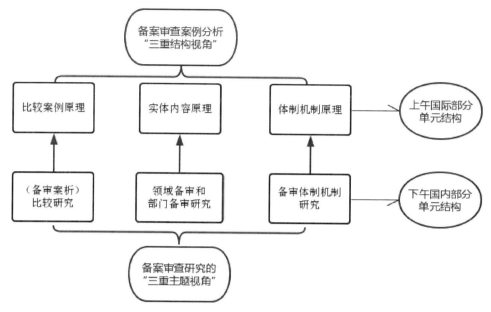

图　备案审查一般研究和案例分析研究的两项三重视角关系结构图

一、备案审查实体内容原理探究：以主题案例的 平等权审查基准比较研讨为例

胡锦光教授指出，以平等权为事案主题切入备案审查原理探究，对于推进我国备案审查发展意义重大。中国语境下，讨论基于身份的差别对待具有典型现实意义，较之于同为平等权案例的"网约车司机要求本地户籍"案，城乡居民死亡赔偿金案例影响范围更广，具有示范作用。此外，在共同富裕的时代背景下，平等权保护有助于开展以机会平等为基础的初次分配，促进实现共同富裕。围绕单元议题，中美学者分别进行主题报告并作会谈交流。

（一）死亡赔偿金计算标准比较探究

以主题案例为切入点，探讨首先聚焦在死亡赔偿金性质及其计算标准问题上。与会学者经由对本案中赔偿标准的设计逻辑、立法目的与技术，以及赔偿金自身性质等问题进行的探讨，牵引后续针对本案在审查维度下细分出的诸如平等权审查方法、平等权审查基准,以及备案审查基准的一般原理等主题的研究讨论。

首先,与会学者对本案死亡赔偿金的计算标准展开探讨。其中,四川大学李成副教授曾全程代理参与何某甲、谌某诉重庆铺金运输公司等道路交通事故人身损害赔偿案的一审、二审、再审,并在 2005 年向全国人大常委会提出了相关审查建议。李老师指出,道路交通死亡赔偿金采取客观抽象标准进行定型化计算,其设计逻辑分别是:一、死亡赔偿金是财产性补偿;二、客观预测死亡者未来收入。大连海事大学杨晓楠教授进一步指出,美国等普通法国家的人身损害赔偿按类型有不同规定,并且设置上下限。相较之下,中国的死亡赔偿金制度遵循统一原则,是出于维护法治统一的目的对法官的裁量权进行限制。

对此,中国社科院大学柳建龙副教授提出质疑。柳老师认为,统一民事人身损害赔偿标准的合宪性有待考究。单纯为了计算便利采取统一计算标准,可能存在过度涵盖或涵盖不足的问题。此外,统一计算标准无法避免出现将人性、尊严客体化现象。因此柳老师建议效仿日本,在统一定额赔偿的基础上,设置一种动态计算机制并对其进行定期调整。上海金融与法律研究院傅蔚冈研究员赞同此种观点,他认为统一的死亡赔偿金计算标准与其说是“平等”,毋宁说是一种“平均”。此种统一标准抹煞人与人之间的差别,偏离了其最基本的填平损失的功能。因此,应当因人而异,考虑对死亡赔偿金设置底线和最高限额。[①]

(二)平等权审查基准比较探究

前述就死亡赔偿金性质及其计算标准问题的热烈讨论,引发了与会学者对审查维度下平等权审查基准的比较探究。作为一项重要的基本权利,无论是在英美法系,还是在大陆法系,平等权保护一直备受学界、实务界以及社会公众的关注,经过长期的历史演变,已发展出饱满丰富的比较法素材。平等权审查主题项下包含审查方式、审查基准多个子主题,中、美两国学者各自就此分享了自己的见解。

[①] 参见傅蔚冈:《“同命不同价”中的法与理——关于死亡赔偿金制度的反思》,载《法学》2006 年第 9 期。

　　围绕本案焦点,哈佛大学 Mark Tushnet 教授介绍了两种主要的平等权审查方式,比例原则(proportionality)和类别原则(categorical)。美国实践更接近后者。Tushnet 教授指出,比例原则考虑问题更全面,但具有模糊性;类别原则更简单,执行起来具有更强的直观性,例如以户籍作为死亡赔偿金的计算标准。确定平等权的审查基准还需考虑审理机关的资源与能力。北京大学张翔教授介绍道,在审查平等权案件时,德国最早采取恣意公式,后因其过于宽泛而引入比例原则。与美国多元标准不同,比例原则是一元标准。采取何种标准对中国合宪性审查制度的建构有重要意义。虽然户籍标准作为一种客观标准很可能被认定为违宪,但其他标准可能被认为符合宪法,公众朴素情感中认同的同命同价很难在法律制度上落实。中国政法大学陈征教授就平等权审查的多元标准持相同意见。陈老师认为,平等权标准确立具有复杂性,单凭民族、户籍作为标准过于武断,应当寻找相对更合理的路径。①

(三)审查基准一般原理探究

　　如同理论机制的发展逻辑一般,议题也由平等权审查基准为发端,推进至深化凝练备案审查基准的一般原理。审查基准是备案审查实体内容的主体,备案审查实践中已经概括出合法性、合宪性、政治性以及适当性标准等四项审查基准。② 以审查基准为主题,与会学者分别从基准内容、审查阶段等角度进行讨论。

　　除了对已有的四类标准提出见解,也有学者从审查阶段角度进行新的构建尝试。中国社会科学院法学研究所朱学磊副研究员就立法过程中的审查发表了看法。朱老师认为,除从事后视角对立法行为进行评价,还可尝试在立法阶段,也即事前和事中的审查阶段进行审

---

① 参见陈征:《我国宪法中的平等权》,载《中共中央党校学报》2010 年第 5 期。
② 参见全国人大常委会法制工作委员会法规备案审查室:《规范性文件备案审查理论与实务》,中国民主法制出版社 2020 年版,第 107—130 页。
　"审查基准"与"审查标准"均为中文中的常用术语,英文中对此多以 standard,test,doctrine 甚至 principle 指称。中文语境下的两种术语内涵有别,具体表现在裁量余地上:审查标准更趋于刚性,审查基准则多有动态衡量的意味,在此对其作简要区分,详见郑磊:《备案审查程序三大板块初探》,载《中国法律评论》2020 年第 1 期。

查,以此提高立法质量。① 立法过程中审查标准分为功能性标准和规范性标准两层次,前者包括论证立法的必要性、可行性以及代表性,后者包括形式合宪性和实质合宪性。功能性标准更注重对立法的整体观察,形式合宪性需要考虑如何合理划分全国人大和全国人大常委会的职权以及全国人大常委会和国务院的职权,实质合宪性需要考虑其与功能性审查标准的衔接问题。

二、备案审查制度机制原理探究

遵循议题设置先原理、后机制的讨论方向,在与会学者就主题案例及其引申议题进行充分讨论后,焦点落至备案审查制度机制原理探究,讨论主要围绕备案审查研究意见的性质与效力问题展开。审查研究意见及其效力,一直是备案审查制度建设和机制原理研究的结构性重点,②也是此次会议中心议题之一。

有学者认为,备案审查具有柔性。全国人大常委会对"两高"的司法解释进行合宪性审查是为了体现立法权对司法权的制约与监督。为避免审查机关与被审查机关间的冲突,给司法解释留下继续有效的过渡期,全国人大常委会一般都采取"建议修改""适时修改"的字眼。西南政法大学梁洪霞副教授就备案审查结果溯及力问题讨论的必要性提出疑问,由制定机关自行修改的结果是否要纳入溯及力问题范畴,依据"社会情况发展变化"进行修改的结果是否存在溯及力问题。中国政法大学王蔚副教授认为,讨论审查决定的效力问题需以对国家机关之间的权力关系配置问题的讨论为前提。③ 北京航空航天大学王锴教授认为,备案审查结果是否存在溯及力的问题,目前并未在立法中明确规定,需要结合当事人利益、社会利益以及法秩序的安定性等

---

① 参见朱学磊:《立法前合宪性审查的制度建构——以英联邦国家为考察对象》,载《河北法学》2019 年第 11 期。
② 郑磊:《备案审查程序三大板块初探》,载《中国法律评论》2020 年第 1 期。
③ 参见王蔚:《客观法秩序与主观利益之协调——我国合宪性审查机制之完善》,载《中国法律评论》2018 年第 1 期。

因素区别确定。上海社科院姚魏副研究员同样对备审结果的溯及力存疑。姚研究员指出,需要建立一个二元双轨制的备案审查制度,以实现备案审查决定溯及力对个案的救济功能。因为由公民提出审查建议的监督模式仅提到维护法治统一,并未涉及公民权利的保护,而后者也受溯及力制度影响。

学者们对此提出不同观点。中央党校政法部李勇教授指出,虽然与美、德强力型违宪审查制度不同,但目前中国的备案审查是一种看似弱势、实则强势的制度。在目前中国体制下,基本不存在违反建议的可能性,审查建议必然会得到实施,这是基于中国语境下的一个比较有效的模式。当务之急并不在于效力问题,而在于建立、形成一系列有效的指导性案例。此外,李老师还创见性地提出加强对备案审查建议的说理的要求,以此加强人们对宪法的信仰,是健全备案审查制度的关键性一环。中南大学法学院蒋清华副教授认为,备案审查研究意见具有非终局性的法律效力,而不是事实效力。同时,应当增强制度自信和文化自信,建立、健全事前、事后纠正机制。

与会学者还以各国合宪性审查制度的比较研究为基础进行讨论。武汉大学达璐博士后研究员从东欧违宪审查制度发展出发,他认为从比较法视角来看,虽然"同命不同价"案例较少,但因不平等而导致法律或者规范性文件违宪的情况比较常见。达璐老师指出,对备案审查决定的讨论可分为效力问题与实效问题。就前者而言,如果认为"同命不同价"相关涉案司法解释自始无效,不仅违背立法法规定的"法律及其他规范性文件不溯及既往"的一般原则,而且会破坏规范性文件的安定性,同时从根本上否定最高法的司法解释,尽管该解释仍然保留一定合理性。就后者而言,在目前发展趋势下,审查决定能够发挥一定实效。[①] 但就各国发展现状而言,审查决定的实施仍普遍存在一定困难。哥伦比亚大学 Jamal Greene 教授指明审查决定实施存在困难的原因以及这种困难的根源,并概括介绍了世界各国采取的主要应

[①] 参见达璐:《合宪性审查决定的效力与实效》,载《四川师范大学学报(社会科学版)》2021 年第 5 期。

对此类挑战的策略。

与会学者还从关于法律的无效宣告与撤销权的行使角度进行剖析。江西财经大学陈运生教授认为,区分法律无效与撤销具有重要性。无效强调一种规范的事实,撤销强调一种权力的行使行为。在理论层面上,合宪性审查权必然包括撤销权;实践中却通常采用自行修改或法律清理这类自我内部消化方式进行处理。此种方式一方面会模糊无效和撤销的权力边界;另一方面会消减撤销权的重要性。①

也有学者从司法实践经验观察的角度探究备案审查结果效力。浙江大学宪法学与行政法学博士研究生赵计义指出,经数据分析发现,由于规范性文件的挤压、备案审查结果只具有柔性约束力、备案审查结果与实践需求的不相符,备案审查结果在实践中的应用较少。赵博士生认为,备案审查结果存在目的在于替代刚性的撤销决定,减轻制定机关的压力。然而此种对制定机关的柔性约束力也会传导至法院,使法院难以援引。而为维护社会秩序稳定,全国人大常委会法工委有意不规定溯及力,这使法院获得较大的裁量权。此外,全国人大常委会法工委对法院的个案解释与上位法相符与否并不关切,从而为法院在个案中背离备案审查结果留下空间。

还有学者对备案审查结果的溯及力持否定看法。东南大学杨登峰教授认为,备案审查结果不应当具有溯及力。因为除了司法解释的合宪性问题外,还要将备案审查所涉及到的法秩序的稳定性,以及人民信赖利益的维护问题一并考虑进行综合判断。

三、备案审查案例分析原理和教学探究

以上午环节设置的“备案审查案例分析三重结构视角”为基础,下午会议的议题设置深化拓展主题新视野,依旧延续“比较、实体、机制”

---

① 参见陈运生:《违宪法律的效力》,载《法学研究》2007 年第 5 期。

关键词,引入备案审查案例分析及教学新元素。各国违宪审查制度的蓬勃发展,为其开展制度教学提供生动的案例素材,也为国内初步发展的备审案析课程发展提供比较法借镜。

华东政法大学陈越峰教授认为,进行备案审查案例教学时,教学法固然重要,但其重心还在于将教学法、案例分析框架与中国实定法、备案审查制度机制相结合。再将法教义学、法学方法和价值判断三要素分析贯穿教学内容,最终使教学和研究回到法教义学层面。南开大学屠振宇教授指出,美国与中国的违宪审查制度差异仍然较大,具体表现在美国违宪审查以司法为中心,中国合宪性审查以立法为中心。因此,备案审查案例研习课程应该围绕中国的合宪性审查制度特色进行构建。

备案审查制度持续发展,既依靠于中国特色社会主义法治实践,也需要境外比较法养分补给。根据议题设置,与会学者们分别从美、德、欧洲等比较法视角分享相关案例分析实践经验。

上海交通大学林彦教授在介绍美国案例分析步骤时指出,美国案例分析框架包含事实(facts),核心争点(issue),法院结论以及说理过程(holding and reasoning)四个要素,其背后存在一个系统的学界和实务界互动合作的体系。并且,美式案例教学与研究的背后有非常成熟和发达的出版社系统以及法律检索技术平台作为支撑。

清华大学屠凯副教授对欧洲人权法院案例特点进行介绍,一是其篇幅较短;二是欧洲人权法院会通过相关编制研究报告、年度重要案例的报告为案例使用降低信息熵;三是欧洲人权法院开设大量线上课程,提供充足教学资源。屠老师还认为,开展案例分析教学有助于合规工作开展,以及启发备案审查的审查基准设置。

中国政法大学谢立斌教授以德国实践分析框架为基础发表观点,认为应当从程序法与实体法两个角度探讨备案审查。结合域外经验,合宪性审查以基本权利审查为主。就平等权审查问题,分析框架可分为确认问题与判断区分对待是否具有正当性两步。对于自由权的审查,传统上分为三个步骤:首先判断是否在基本权利保护范围内,其次判断是否造成干预,最后判断干预能否得到正当化。

大连海事大学杨晓楠教授同样以案例着手,在香港基本法视角下探究平等权审查。杨老师指出,香港基本法下的审查框架与德国相仿,以比例原则为基础,分为四步进行审查,分别是合法目的、限制与比例合理联系、合理必要性原则以及狭义比例原则。[①]

四、领域备审和部门备审的初次议程探究

沿备案审查实体内容原理议题分化,结合案例分析原理新视野,将议题平行设置为领域备审与部门备审两块议题,与会学者围绕此对备案审查类型化相关议题进行初次探究。

(一)领域备案审查原理探究

北京大学阎天讲师以劳动领域的备案审查为主题,逐一对四种审查标准在劳动领域的发展前景进行评述。鉴于劳动法制度与宪法上的现有解释方案适配性较高,在此领域进行合宪性审查的前景较为一般。政治性标准与劳动法立法的时代色彩明显、常有冲突的特点较为匹配,并且符合全国人大常委会法工委期待,因此前景较好。劳动领域内的合法性审查则是一方"富矿",地方抵触中央、司法和行政抵触立法的现象比较多见。适当性审查前景不够清晰,一方面缺乏客观性标准;另一方面其与政治性审查的关系较为模糊。在劳动领域内进行的适当性审查,可以考虑运用比例原则。

苏州大学程雪阳教授围绕土地领域的备案审查问题发表看法。程老师以《中华人民共和国土地管理法实施条例》为例,介绍农村集体经营性建设用地相关条款和下级政府的实施方案中的合宪性、合法性疑义。土地管理领域法律法规更新较快,有较多需要与备案审查结合研究的问题。

浙江大学胡敏洁教授针对社保领域备案审查相关问题进行梳理。

---

① 参见杨晓楠:《对孔允明案判决的解读——兼议香港终审法院的司法态度》,载《中国法律评论》2016 年第 3 期。

社保领域具有规范性文件多、地方立法空间大、立法变迁频繁的特点,若要尝试构建切合中国社会权、中国社会保障体系的审查基准,可以考虑中度审查基准。此外可以尝试提炼出备案审查的法律原理,并将其贯穿适用到整个社保领域中。

(二)部门法备案审查原理探究

与会学者结合部门法相关原理,主要以行政法与行政诉讼法为基础进行探讨。浙江大学金承东副教授探究了行政规范性文件备案审查的出路与前景。金老师指出,目前对行政规范性文件有多重审查监督机制,包括制定程序中的合法性审查、制定后的备案审查、向法制部门单独申请审查、行政复议中申请审查、行政诉讼中申请审查。为改善审查效果,需要协调多重监督机制,例如在行政规章无事后救济时,需要设置备案审查;在能够提起复议、诉讼附带审查时,以及可以向法制部门单独申请审查时,重新审视设置备案审查的必要性。同时,行政规范性文件要统筹考虑适用何种合法性审查机制。

浙江大学查云飞讲师结合德国鉴定师案例分析框架,在寻求本土一并审查鉴定框架的基础上,希望构建其与备案审查鉴定框架的联结,或推广适用到备案审查中。备案审查的上位概念为规范审查,其归属于广义的立法机关的审查,此外还有行政机关的审查和司法机关的审查,司法机关审查在国内行政诉讼中较突出,因此可以先看行政诉讼中的规范审查的发展程度。查老师还介绍了规范性文件一并审查的鉴定框架,包括审查请求能否受理与请求能否成立。可以借鉴一并审查框架,构建一个本土的规范审查框架。由于具有一定实践基础,还可尝试在行政法规、地方性法规和规章备案审查的合法性审查中直接适用一并审查框架。

五、余论:讲好中国宪法监督故事

2022 年,适逢现行宪法颁布施行四十周年。作为 1982 年宪法上的一项重要制度,备案审查在新时代被全面激活,备案审查工作深入推进、持续完善、扎实开展,同时也为中国宪法监督制度的观察和研究,提供了丰富且持续的素材和平台。

正如合宪性审查、备案审查植根于以人民代表大会制度为基础的中国宪法结构中,各国违宪审查丰富的比较法素材也植根于不同国家的法政结构中。虽难找出完全对应的结构比较项,但在功能比较意义上,可为借镜与给养的素材仍是汗牛充栋。哪些违宪审查比较法资料具有功能比较法意义上的对应性,不仅是备案审查比较研究的前提,更是其核心。这尤其典型地体现在备案审查案例分析的比较研究中。

如是比较法研究和国际研讨交流,是"加强备案审查理论研究,推动构建以备案审查为基础的中国特色宪法监督理论体系,推动备案审查学科建设"的重要途径和组成部分,也是以学术方式讲述中国宪法监督故事的重要尝试。恰如 2020 年备审年报在来年工作安排中所强调的:"开展备案审查案例分析研究,加大备案审查工作宣传力度,讲好宪法监督故事。"[1]

---

[1] 沈春耀:《全国人民代表大会常务委员会法制工作委员会关于 2020 年备案审查工作情况的报告》(2021 年 1 月 20 日在第十三届全国人民代表大会常务委员会第二十五次会议上),载《中华人民共和国全国人民代表大会常务委员会公报》2021 年第 2 期。

宪法解释的制度、方法和实践：
中德宪法解释国际会议综述

张帅宇[*]

2021年12月4日，中德宪法解释国际会议在北京成功举行。本次会议由德国国际合作机构中德法律合作项目主办，宪法学界的专家学者和全国人大常委会法工委的部分同志参与了本次研讨会。本次会议在线上和线下共同举行。会议分四个单元就宪法解释的理论与实践问题进行讨论。

中德法律项目主任汉马克博士在开幕式中致欢迎词。中国法学会宪法学研究会名誉会长、中国人民大学法学院教授韩大元作主旨发言。韩大元教授以环境权的代际保护为切入点，就我国宪法解释的规范性和形式性问题进行报告。全国人大常委会法工委法规备案审查室主任梁鹰就我国宪法解释实践作主旨发言。梁鹰主任在党的十九大报告的背景下就我国备案审查实践深入介绍了我国宪法解释的现状、成就以及问题。

第一单元：宪法解释制度

北京大学法学院教授张翔认为，我国宪法学进入"合宪性审查时

---

* 张帅宇，北京航空航天大学法学院博士研究生。

代"，应该对我国宪法的合宪性审查制度的基础和前瞻进行梳理。在制度前史上，表现为从"宪法监督"迈向"合宪性审查"。"宪法监督"是我国宪法最重要的议题之一，但宪法监督专门机构的缺失一直是我国宪法监督制度的不足。直到党的十八大之后，推进"合宪性审查"和设立"宪法和法律委员会"的政治决断和制度安排才得以最终落实。在学术前史上，宪法至上所要求的最高法律效力是合宪性审查的规范基础。但在改革过程中，"良性违宪"问题始终困扰着宪法的"效力"与"实效""当为"和"存在"。只有转向规范宪法并将其作为轴心地位，才能够在宪法与现实改革中找到平衡。因此，规范宪法的目标应走向以宪法解释为中心的宪法教义学，具体应通过法律的合宪性解释进行。在制度设问上，我国合宪性审查存在前端与后端之分。前端指的是全国人大及其常委会对法律草案的审议的合宪性审查，后端指的是全国人大常委会在备案审查工作中进行的合宪性审查。这也反映了我国当下所建构的是一种"非司法"的合宪性审查体制。在学术作答上，立法中的宪法教义学是制度深入发展的关键所在。我国未来的宪法教义学必须高度关注立法，一方面为立法者提供真正有效的宪法法理；另一方面以高度专业的规范论证对法律草案的合宪性作出评价。同时，基本权利教义学应当向国家机构教义学的研究转变，并与此同时加强宪法程序法的研究。

中国人民大学教授王旭认为我国宪法学的"宪法解释程序机制"尚未构建，应将研究重点指向宪法解释程序机制的规范、实践以及完善。首先，我国宪法文本及相关法律已经确立了宪法解释程序机制的混合宪制模式。它的特征在于，全国人大常委会既是宪法解释机关，也是法律解释机关；既是宪法解释机关，也是宪法监督机关。同时，全国人大常委会肩负着具体解释宪法的功能，也具有抽象解释宪法的功能。全国人大的宪法解释目标既有形成性面向，也有防御性面向。但是我国宪法解释在实践中仍然存在弊端。设立宪法解释程序机制的逻辑应该立足于"目标决定机构、机构分化功能、功能设计程序"的方法。在具体的制度设计上，首先，应当完善宪法解释议决机构。通过宪法和法律委员会分别对澄清宪法规范含义的目标和监督宪法实施的目标进行解释。其次，应当完善宪法解释管辖权。宪法解释与一般重大事项决定活动应当不同，具体可通过宪法条款含义不明确、宪法具体化过程中的重大争议、社会发展对宪法提出的属性确认、紧急状态等需要维护宪法秩序等标准来确认管辖权。然后，完善宪法解释启动方式，可通过主动启动、被动启动、建议启动等方式进行。最后，应当完善审议、通过和公布程序。

浙江大学光华法学院副教授郑磊认为应该对"宪法解释与合宪性审查的关系"进行厘清，具体可通过法解释的二元结构的勾勒为进路。"废止收容教育制度"是典型的宪法实践，对其废止已经成为共识，但又一次以"不见宪法"的方式落幕，这也导致蕴涵其中的宪法解释在此错失良机。归根到底，宪法解释与合宪性审查之间的关系需要二元法解释结构厘清。二元法律解释结构包括具体的法解释和抽象的法解释。前者指的是附随于个案法适用活动中的法解释，后者指的是外在于法适用活动的一类法解释活动与权限。二元解释制度在我国存在相应的宪法依据。具体解释的宪法依据存在于我国宪法文本中对审判权和检察权的授权条款。抽象解释需要专门的职权授权，授权条款常常直接出现"解释"字样，全国人大常委会是宪法唯一赋权抽象解释职权的国家机关。可见，二元宪法解释结构是梳理宪法解释和合宪性审查的重点，也是理解中国宪法解释制度的难点和关键。我国宪法第六十二条第（二）项、第六十七条第（一）项将"监督宪法的实施"赋权复合赋予全国人大及其常委会，将"解释宪法"职权专门赋予全国人大常委会。在具体的抽象—具体宪法解释、合宪性审查的依据上，"解释宪法"的职权条款属于外在宪法适用活动，独立于宪法案件的抽象解释。"监督宪法的实施"这项职权条款，是具有法适用性质的宪法适用活动的规范依据。合宪性审查权的享有主体包括全国人大及其常委会。独立于合宪性审查活动的抽象宪法的解释权，则由全国人大常委会享有。宪法解释权可以体现为具体宪法解释和抽象宪法解释。

上海交通大学法学院教授林彦认为，我国宪法解释目前面临的问题在德国宪法法院改革过程中能够找到投影。一方面,在宪法诉愿的受理上,德国的宪法法院经历了重要的制度变迁和调整,宪法法院的两个审判庭分工明确且具有差异性。受理案件数量较大的是审理私人宪法诉愿的审判庭,另一个审判庭的案件受理数量相对较少。在后期,德国联邦法院对宪法诉愿的受理数量不均情况进行了调整和平衡。一方面,宪法诉愿的裁判也遇到公平性的问题。另一方面,不同案件被分配到不同法官手里,很可能出现"同案不同判"的问题,也有可能出现法官的审理效率不同的问题。这其实反映了德国宪法法院在规范和实施之间不可避免的张力。德国联邦法院的案件等级办公室享有实体性的和全面性的立案筛选权,这样的问题在我国全国人大及其常委会在实施宪法解释时也面临着跟德国一样的问题考量。

第二单元:宪法解释方法

四川大学法学院副教授邹奕认为应考察"原旨主义"在中国宪法解释中的基本价值。原旨主义是原生于美国的主流宪法解释方法,它试图通过考察制宪史和修宪史来探求宪法的原意,即宪法规范在最初形成时的含义。宪法解释中的原旨主义应当秉持"温和原旨主义"的立场,即将宪法原旨视为宪法解释中较重的权衡因素,但并不上升为唯一的地位。温和原旨主义是宪法文本的必要补充,并不会取代宪法文本。尽管原旨主义与"活的宪法论"存在紧张关系,但原旨主义应当以务实为导向。原旨主义并不会使宪法解释过分僵化和封闭,一方面是因为一部分宪法条文的原意具有较高的抽象性,另一方面是因为通过修宪来完善宪法规范并非全然不能实现。因此,原旨主义在中国宪法语境下具有三方面的价值:保证宪法解释的确定性、保证宪法解释的稳定性、保证宪法解释的正当性。首先,在语义分歧中保证释宪的确定性。原旨主义的运用可以应对文本主义的失灵。例如,宪法第八十九条第(一)项所规定的行政法规,若在无具体法律充当直接依据或明确授权时,国务院是否能够直接根据宪法制定行政法规? 宪法上言论自由行使和四项基本原则之间的关系应当如何处理？原旨主义不仅有助于确定国家权力的运行规则，也有利于厘清基本权利的行使界限。其次，在时间流变中保证释宪的稳定性。宪法文本的稳定性主要取决于宪法修改的频率，两者呈负相关。判断宪法解释之稳定性的标准在于：针对同一宪法规范，先前和后来的宪法解释是否基本一致，或者说至少可以相互融通。综观各种宪法解释方法，原旨主义试图将宪法规范的含义锁定在特定的制宪、修宪时刻，因而能够增强宪法解释的稳定性。原旨主义有助于在一般语义的时间流变中锚定宪法规范的含义，从而在一定程度上维持宪法秩序的安定性。原旨主义的运用是否会使得宪法解释"因循守旧"有余而"与时俱进"不足？原旨主义表明，前人的制宪、修宪意图束缚后人的释宪实践不仅是原旨主义的要求，也是成文宪法典的逻辑。与宪法文本一样，宪法原意同样有助于对改革进行必要的限制，从而使其更加民主和审慎。最后，在价值冲突中保证释宪的正当性。宪法解释的正当性涉及释宪者与制宪者、修宪者的关系。宪法解释的正当性取决于释宪者在多大程度上遵循特定国家机关制宪和修宪的意旨。这些意旨的表现形式无非有二：其一为显性的宪法文本；其二为隐性的宪法原意。由此观之，原旨主义的运用有助于使中国的宪法解释贯彻人民主权原则，从而保证其自身的正当性。

厦门大学法学院副教授王云清认为，应当关注到宪法解释中的新原旨主义转向。宪法解释中的原旨主义解释方法主张宪法解释应该尊重宪法原意，但在宪法原意识别标准上出现了制宪者原初适用意图与原始公共含义分野。旧原旨主义解释方法是在回应沃伦法院和伯格法院的司法裁判过程中产生的，其目的在于批判司法能动。但是旧原旨主义解释方法容易导致不确定性批评、死手难题、时代错位等批判。新原旨主义提出宪法解释的标准是原初公共含义，即宪法制定初期公众对宪法文本的合理解释，并区分了宪法解释与宪法阐释以确定原旨主义解释方法和非原旨主义解释方法的边界。新原旨主义承认自身的理论限度，并以坦率的心态承认法官在宪法阐释活动中扮演着积极的角色,体现了解释理论的包容性。旧原旨主义到新原旨主义经历了从"原初意图到原初意义""从主观意义到客观意义""从实际的理解到假设的理解""解释标准和一般原则""接受宽泛的概括性水平""从原初预期的适用到原初客观的原则""解释与诠释的区分""规范原旨主义和语义原旨主义的区分"等重点转换。新原旨主义试图以坦诚的心态承认宪法原意的不足,并希望在较高的概括水平下实现宪法原意。这种立场使得原旨主义超越了解释学中的基础主义立场,即主张自己才是唯一正确的宪法解释方法,从而给予了这一理论更加包容的底色。旧原旨主义向新原旨主义的转向,将导致原旨主义与"活的宪法"之间的分界线越来越模糊,也表明未来宪法解释理论的发展方向。但是,新原旨主义未能处理宪法解释与语义学事实的关系,未能回应概括水平对具体化宪法解释的挑战,也未能正确处理历史解释方法对于宪法解释的意义。因此新原旨主义尚未终结当前宪法解释理论中的纷争。

上海交通大学法学院教授范进学认为,第一,美国宪法解释将原旨主义等同立宪者的意图是否准确。由于美国宪法的原旨主义包括立法者的意图和宪法文本意图,将原旨主义局限于立宪者原意可能会导致学术的误解。第二,目前所提到的具体性宪法解释、抽象性宪法解释等不同的解释形态在我国宪法解释实践中是否存在还有争议。第三,旧原旨主义与新原旨主义的概念起源还需要进一步深入考证。

厦门大学法学院副教授陈鹏认为,第一,宪法中的某些文本即使没有效力,依然可以成为解释的素材,有没有效力和是否能够成为解释素材是两个问题。第二,原旨主义不仅应该将上位法约束下位法的法秩序要求作为解释的依据,而且也应当将宪法文本自身相关的其他条文作为解释的基础。第三,原旨主义的解释不能够脱离立法机关和作为释宪者的法院之间的关系。第四,宪法解释不应当在实质解释方法中走得过远,形式解释方法依然有它的适用空间。基本权利的保护范围、法律保留的理解和解释都应该回归到形式解释方法。

第三单元:宪法解释实践

　　首都师范大学政法学院教授杜强强认为,宪法第五十一条的"概括权利条款"可通过另一种建构方案进行解释。我国宪法第五十一条规定:中华人民共和国公民在行使自由和权利的时候,不得损害国家的、社会的、集体的利益和其他公民的合法的自由和权利。我国宪法学理论将该条款建构为一个概括限制条款。这种理论建构不仅不能对宪法确立的诸多区别化限制条件予以合理说明,它也难以解释人格尊严条款的宪法地位。宪法第五十一条未必只有一种建构方案,它仍存在他种理论建构的可能性。宪法第五十一条并不是为了对基本权利予以限制,而是为了对宪法所未列举的一般行为自由提供规范依据和保障。也就是说,当个人的某种行为无法为各单项基本权利条款所涵盖时,其可以诉诸于宪法第五十一条的概括权利条款获得救济。宪法第五十一条建构为概括权利条款后,我国宪法第二章因此而成为一个无漏洞的规范体系。在宪法未列举权利保护的宪法依据问题上,现有的处理模式无法为一般行为自由确立适当的宪法文本依据。有学者将人权条款视为未列举权利的规范依据,虽然简便易行,但它并非没有宪法理论上的难题。有学者没有直接诉诸人权条款,而是提出宪法第三十七条的人身自由条款。但上述的方案依然无法化解未列举权利在我国宪法上的障碍。宪法第五十一条可以充当概括权利条款的依据在于人权条款和人身自由条款的所短之处,正是宪法第五十一条的所长之处。宪法第五十一条所述的"中华人民共和国公民在行使自由和权利的时候",这里的"自由和权利"未必仅限于宪法第三十三条至第五十条所列举的各项自由和权利,它也可以意指宪法所未明文列举的一般行为自由,并没有超出"自由和权利"的文义射程。同时,宪法第三十三条至第五十条明显是对单项基本权利的列举,而宪法第五十一条位于所有的单项基本权利之后。也就是说,宪法第五十一条作为概括权利条款符合宪法第二章的体系构造,即先列举后概括。因此我国宪法上的基本权利由三个部分构成,一是宪法第二章所明文列举的单项基本权利;二是通过人权条款并结合宪法文本的其他规定而纳入的未列举权利;三是经由宪法第五十一条的"自由与权利"条款而纳入的一般行为自由。宪法第五十一条对一般行为规范方式有以下基本特点。其一,一般行为自由的规范领域甚为宽泛,而宪法对它的限制也非常笼统。从理论上说,基本权利的保护范围越宽,对其的限制可能性也就越大。一般行为自由属于兜底性的基本权利,宪法对它的限制也呈现出笼统和宽泛的特点。其二,法律保留原则的适用问题。一般行为自由所涵盖的领域过于宽泛,因此宪法对它的保护程度也就不高,似难有法律保留原则的适用。对一般行为自由的限制无需法律保留原则,惟其依然需要符合比例原则的要求。概括限制条款说存在理论上的缺陷。首先,宪法第五十一条并非适用于对所有自由权的限制。我国宪法第二章的部分条款在列举自由和权利的同时也规定了对它们的限制。对于已有宪法保留基本权利,原则上应当排除宪法第五十一条的适用。其次,宪法第五十一条也不适用于加重法律保留的情形。最后,宪法第五十一条建构为概括限制条款也不能解释宪法第三十八条对人格尊严的高度保护。因此,现行宪法并未采取纯粹的概括限制模式,将宪法第五十一条建构为概括权利条款,既符合区别化的限制模式,也更使这种限制模式呈现出层级化和体系化的特点。

北京航空航天大学法学院教授王锴认为,宪法解释方法应从宪法与其他法的本质区别入手。首先,宪法难于修改催生了原意解释。宪法在修改上要难于法律。这是成文宪法的属性以及宪法最高地位的体现。原意解释体现在宪法的延续性。宪法作为国家的总章程,是人民建国的契约,是维系国家凝聚力的纽带。原意解释注重的是过去而不是现在。对应到大陆法系的经典法律解释方法,它反映的是历史解释在文本、体系和目的上的表现。其次,宪法的纲领性导致了具体化解释。宪法中规则较少,而原则和政策较多,我国宪法规则主要集中在国家机构部分,而宪法总纲和公民基本权利则以政策和原则为主。

宪法解释不是适用中的解释，而是通过立法对宪法的目标性规范进行具体化，正是在此意义上，立法是首要的宪法解释。具体化解释虽然使立法机关在宪法解释中居于主导地位，但是立法并非最终的宪法解释。排除立法机关的不正确的宪法解释的任务就落在合宪性审查机关上。最后，宪法的最高性决定了基于宪法的法律解释。宪法在效力上高于其他法。构建以宪法为核心的法律体系使得法秩序的宪法化成为不可避免的现象，这其中最主要的表现就是基于宪法的法律解释。

中国政法大学中德法学院教授谢立斌认为德国解释方法与比较解释在运用上具有可行性，通过中德意见自由和言论自由条款进行比较可以说明比较解释方法的运用。宪法学是对宪法典条款进行解释、系统化的学说。德国基本法在第 5 条第 1 款第 1 句的前半句规定，人人有权以语言、文字及图画自由表达及传播其意见。这是一条意见自由范围的规定。对于德国基本法第 5 条第 1 款、第 2 款涉及的诸多概念，如意见、语言、文字、图画以及一般性法律，德国宪法对其进行了文义解释。然而，文义解释本身并不能够澄清这两款规定所涉及的很多相关问题，文义解释只构成了解答这些问题的必要而不充分的条件。历史解释方法也运用于意见自由条款的解释，例如通过考察制宪者在"语言、文字和图画"之后省略"或者其他方式"的原因，即为了行文简练流畅，说明并不是不保护其他方式的意见表达。与历史解释方法相比，德国学者更为经常地采用系统解释方法，例如考察德国基本法第 1 条关于人的尊严的规定，得出保护人的表达需求是意见自由目的之一的结论。就意见自由的限制而言，有关论证基本上都是采取系统解释方法。与德国的宪法解释体制不同，中国必须通过有说服力、成熟的宪法学学理解释，才能够为未来的权威解释打下基础。比较解释方法能够为我国宪法解释体制的建构带来启发和思考。比较宪法有助于发现问题，公法学者可以就具体的宪法解释问题有的放矢地解释相关宪法条款。比较宪法可以对外国宪法解释所下的结论进行借鉴。外国宪法解释对相同问题所下的结论具有一定的参考价值。比较宪法可以对外国宪法解释所提出理由进行借鉴。各国宪法中存在的共同点能够使得宪法解释中的部分理由能够被借鉴。

西南财经大学法学院教授刘国认为,应构建全国人大宪法和法律委员会解释宪法程序机制。宪法和法律委员会承担宪法解释的职责,其解释宪法的程序机制在吸收域外有益经验的基础上,必须与我国政治和法律文化相适应。完整的宪法解释程序机制包括宪法解释范围和事由、提起主体和提起方式及途径、受理与审核、审议与表决通过。在释宪范围上,宪法和法律委员会宪法解释的范围由全国人大常委会解释范围决定。宪法和法律委员会的宪法解释应是抽象解释,其解释结论具有一般效力。根据我国国情,解释范围包括:(1)法律、行政法规、监察法规、地方性法规、自治条例、单行条例、行政规章、地方政府规章、国家机关联合发布的规范性文件等是否与宪法相抵触的事项;(2)各国家机关行使职权是否符合宪法规定的事项;(3)中央国家机关相互之间、中央国家机关与地方国家机关之间、地方国家机关之间行使宪法规定的职权时,发生权限争议的事项。在释宪事由上,只有当发生了特定情况导致解释事由出现时,释宪者才会启动对其解释范围内的事项进行解释的行为。释宪事由包括:(1)宪法的规定需要进一步明确具体含义时;(2)宪法实施中出现新的情况,需要明确适用宪法依据时;(3)有关国家机关认为上述释宪范围(1)与宪法相抵触,提出合宪性审查的申请时;(4)国家机关行使宪法规定的职权发生宪法疑义时;(5)国家机关之间行使职权发生权限争议时。在提起主体上,抽象宪法解释的提起主体包括:全国人大常委会,全国人大各专门委员会,国务院,中央军事委员会,最高人民法院,最高人民检察院和各省、自治区、直辖市的人大常委会和人民政府,一个代表团或五分之一以上的全国人大代表。各有权提起宪法解释的主体并非针对所有的宪法解释事由都能够提出解释申请,应对不同宪法解释事由的提起主体进行限制,各主体分别针对不同事由提起解释。在审议程序上,审议程序决定着宪法解释的内容和最终结果,并可具体划分为抽象宪法解释的审议程序和有相对方的抽象宪法解释程序。在表决与通过上,应实行秘密评议和秘密投票表决。其次,规定解释案通过和不同的处理规定。最后,公布解释案的名称和内容。在公布程序上,应确定公布的内容、时间、媒体以及送达。

第四单元：德国宪法解释的原理与实践

格特鲁德·吕贝-沃尔夫教授(Gertrude Lübbe-Wolff)认为,德国的宪法诉愿制度承载了重要的宪法解释功能。在德国宪法诉愿的类型上,如果最高联邦机关及其特定机构认为其机关权利受到其他宪法机关的侵犯,那么它们可以通过机关诉讼程序向联邦宪法法院起诉。联邦和州也能在联邦和州的诉讼中,提请联邦宪法法院解决双方的宪法权利和义务争议。此外,联邦政府和州政府或者四分之一的联邦议会议员可以在抽象规范审查程序中,提请联邦宪法法院审查某一法律是否符合基本法。具体规范审查程序也扮演了重要角色,依据该程序,如果其他法院认为,对其裁判具有重要意义的法律违反了基本法,则该法院可以而且必须将该法律提交联邦宪法法院审查。在德国宪法诉愿的形式上,每个人都能基于以下主张提起宪法诉愿,即公权力的行为——法律规定、行政活动或者法院的裁判——侵害了其基本权利或者和基本权利同等的权利。

在宪法法院对诉愿的内部受理上,起初,第一庭负责所有宪法诉愿及其他类型诉讼,包括抽象的和具体的规范审查以及政党禁止程序,而第二庭则负责机关诉讼、联邦和州之间的法律争议和一些数量上微不足道的其他类型争议。这种分类并未贯彻到底,因为这会导致负担分配的完全不平衡。如今,第二庭也审理大量的宪法诉愿;此外第二庭还重点负责国家组织法的相关案件。除了这两个审判庭之外,为解决其他争议,还设立了其他审判庭:现在被称为分庭。每个审判庭中有三个分庭,每个分庭由该审判庭的三个法官组成。如果各州法院的法官呈件不可受理,则由分庭就这些呈件作出裁判,粗略地说,在不予接收的情况下,根据审判庭的现有判例,分庭决定宪法诉愿中可裁判的明显可受理的案件。绝大部分诉讼都由分庭审理。

福尔克曼教授（Uwe-Volkmann）认为，基本权利解释是宪法解释的核心和重点。基本权利解释与社会敏感性相联系，面向社会发展未来，对法律的进一步发展具有影响。因此，基本权利解释与未来实现的正义概念存在紧密的联系。这种正义概念存在于法律文本中，通过法律文本发挥作用。基本权利解释作为基本权利与社会的桥梁，能够使基本权利的实现融入社会。一方面，基本权利解释是一个论辩的、流动的、适应的过程。虽然宪法教义学的发展表现出强烈的形式化和规则化，但这种观点不是绝对的，宪法解释必须具备灵活性，以期能够反映社会话语过程中的变化和挑战。另一方面，基本权利解释是社会性的自我确立结果。基本权利解释始终是政治共同体保证其规范性取向的一种形式。基本权利解释反映了成员共同体的想法和观点。解释结果是在政治经济文化中关于社会秩序现有观念的一种自我阐释，并能将行为基本取向反映到社会话语体系。

最后，汉马克博士致闭幕词，宣布本届中德宪法解释研讨会圆满结束。2019 年党的十九届四中全会决定提出，落实宪法解释程序机制。《法治中国建设规划（2020—2025 年）》中也提出要"加强宪法解释工作，落实宪法解释程序机制，回应涉及宪法有关问题的关切"。在国家宪法日对我国宪法解释议题进行集中研讨，对于全面贯彻实施宪法、坚持依宪治国依宪执政具有重要意义。

《备案审查研究》编辑部

主　　编　胡锦光

副主编　王　锴　郑　磊

编　　辑　袁　勇　谭清值　朱学磊　蒋清华　张　鹏　江　辉　邢斌文
　　　　　王理万　孙如意

　　《备案审查研究》是在全国人大常委会法制工作委员会有关方面指导下、由北京航空航天大学备案审查制度研究中心主办、中国民主法制出版社出版发行的全国首部备案审查领域的专业连续出版物。本书于 2021 年 3 月首次出版,立足于打造成为备案审查的理论与实务交流的园地,从而推动我国备案审查事业的全面发展。《备案审查研究》主要设以下十个栏目:

　　1. 特稿。主要刊登有关备案审查和立法领域的政策解读、宏观展望、领导讲话、名家访谈等类的文章。

　　2. 主题研讨。每期就备案审查的热点问题邀请国内外专家进行分析。

　　3. 理论研究。主要刊登备案审查领域包括立法学的理论研究文章,欢迎高校教师、学生、科研人员投稿。

　　4. 实务探讨。主要面向各级从事备案审查实务工作的机构或人员,刊登在实务中的所思所感、心得体会、发现的新问题、产生的新思路以及其他值得探讨的问题。

　　5. 备审案析。主要针对全国人大常委会法工委法规备案审查室公开发布的备案审查案例进行评析,侧重于展现分析案例的思路和理由。

　　6. 备审案选。主要面向各级从事备案审查实务工作的机构或人员,欢迎推荐在审查实践中发现的比较典型的、具有成为指导案例潜力的备案审查案例。

　　7. 比较研究。主要刊登将我国备案审查制度与国外相关规范性文件审查制度进行比较或者对国外有关规范性文件审查制度的论文和立法进行翻译的文章。

　　8. 硕博文摘。主要对全国研究备案审查制度的优秀硕博士论文的主要内容进行介绍。

　　9. 数据统计。主要刊登有关备案审查或者立法领域的综述性或者统计性的文章。

　　10. 来稿撷英。主要摘登一些来稿中的精华内容。

　　我们常年接受投稿,投稿邮箱为:beianshenchayanjiu@ 126. com。来稿请注明所投栏目,文章的著录格式请参考《中华人民共和国国家标准 GB/T 7714-2015(信息与文献　参考文献著录规则)》。

　　一经刊用,即赠样书并付稿酬。

　　邮政系统征订代码:16-1705。

有意征订或购买《备案审查研究》的,可与中国民主法制出版社发行部联系。联系电话:010-63529600(传真)、010-63053381、010-63525808。

或在淘宝搜索"人大书刊直销店",在微店搜索"履职工作通"。

淘宝二维码

微店二维码